“十三五”国家重点图书出版规划项目

交通运输科技丛书·水运基础设施建设与养护

The Key Technology of High Grade Waterway Network Construction in Pearl River Delta

珠江三角洲高等级航道网建设关键技术

谢凌峰 等 编著

人民交通出版社股份有限公司
China Communications Press Co.,Ltd.

内 容 提 要

本书以广东省交通科技项目——“珠江三角洲高等级航道网建设关键技术研究”为依托，通过分析珠江三角洲高等级航道网的水文特征、河道演变、通航要求和整治工程的经验以及数值物理模型研究，提出珠江三角洲高等级航道网建设的整治原则、方法和模拟计算等关键技术。本书体现了攻克珠江三角洲高等级航道网建设和维护的多项关键技术难题，在整治思路、整治原则和模型技术等方面取得的多项创新技术成果，为珠江三角洲高等级航道网的建设和维护提供技术支撑，促使珠江三角洲航道网较快较好地实现了高等级化。

本书可供从事航道设计、科研、管理、施工等工作的人员使用，也可供高等院校相关专业师生参考使用。

图书在版编目(CIP)数据

珠江三角洲高等级航道网建设关键技术 / 谢凌峰等编著
. — 北京 : 人民交通出版社股份有限公司, 2017.6
ISBN 978-7-114-13459-3

Ⅰ. ①珠… Ⅱ. ①谢… Ⅲ. ①珠江三角洲—水运网—研究 Ⅳ. ①U612.1

中国版本图书馆 CIP 数据核字(2016)第 273057 号

“十三五”国家重点图书出版规划项目
交通运输科技丛书·水运基础设施建设与养护

书　　名：珠江三角洲高等级航道网建设关键技术
著 作 者：谢凌峰　等
责任编辑：尤　伟
出版发行：人民交通出版社股份有限公司
地　　址：(100011)北京市朝阳区安定门外外馆斜街 3 号
网　　址：http://www.ccpress.com.cn
销售电话：(010)59757973
总 经 销：人民交通出版社股份有限公司发行部
经　　销：各地新华书店
印　　刷：中国电影出版社印刷厂
开　　本：787×1092　1/16
印　　张：12.75
字　　数：296 千
版　　次：2017 年 6 月　第 1 版
印　　次：2017 年 6 月　第 1 次印刷
书　　号：ISBN 978-7-114-13459-3
定　　价：80.00 元

《珠江三角洲高等级航道网建设关键技术》

编 委 会

总　序

科技是国家强盛之基，创新是民族进步之魂。中华民族正处在全面建成小康社会的决胜阶段，比以往任何时候都更加需要强大的科技创新力量。党的十八大以来，以习近平同志为总书记的党中央作出了实施创新驱动发展战略的重大部署。党的十八届五中全会提出必须牢固树立并切实贯彻创新、协调、绿色、开放、共享的发展理念，进一步发挥科技创新在全面创新中的引领作用。在最近召开的全国科技创新大会上，习近平总书记指出要在我国发展新的历史起点上，把科技创新摆在更加重要的位置，吹响了建设世界科技强国的号角。大会强调，实现"两个一百年"奋斗目标，实现中华民族伟大复兴的中国梦，必须坚持走中国特色自主创新道路，面向世界科技前沿、面向经济主战场、面向国家重大需求。这是党中央综合分析国内外大势、立足我国发展全局提出的重大战略目标和战略部署，为加快推进我国科技创新指明了战略方向。

科技创新为我国交通运输事业发展提供了不竭的动力。交通运输部党组坚决贯彻落实中央战略部署，将科技创新摆在交通运输现代化建设全局的突出位置，坚持面向需求、面向世界、面向未来，把智慧交通建设作为主战场，深入实施创新驱动发展战略，以科技创新引领交通运输的全面创新。通过全行业广大科研工作者长期不懈的努力，交通运输科技创新取得了重大进展与突出成效，在黄金水道能力提升、跨海集群工程建设、沥青路面新材料、智能化水面溢油处置、饱和潜水成套技术等方面取得了一系列具有国际领先水平的重大成果，培养了一批高素质的科技创新人才，支撑了行业持续快速发展。同时，通过科技示范工程、科技成果推广计划、专项行动计划、科技成果推广目录等，推广应用了千余项科研成果，有力促进了科研向现实生产力转化。组织出版《交通运输建设科技丛书》，是推进科技成果公开、加强科技成果推广应用的一项重要举措。"十二五"期间，该丛书共出版72册，全部列入"十二五"国家重点图书出版规划项目，其中12册获得国家出版基金支持，6册获中华优秀出版物奖图书提名奖，行业影响力和社会知名度不断扩大，逐渐成为交通运输高端学术交流和科技成果公开的重要平台。

"十三五"时期，交通运输改革发展任务更加艰巨繁重，政策制定、基础设施建设、运输管理等领域更加迫切需要科技创新提供有力支撑。为适应形势变化的需要，在以往工作的基础上，我们将组织出版《交通运输科技丛书》，其覆盖内容由建设技术扩展到交通运输科学技术各领域，汇集交通运输行业高水平的学术专著，及时集中展示交通运输重大科技成果，将对提升交通运输决策管理水平、促进高层次学术交流、技术传播和专业人才培养发挥积极作用。

当前，全党全国各族人民正在为全面建成小康社会、实现中华民族伟大复兴的中国梦而团结奋斗。交通运输肩负着经济社会发展先行官的政治使命和重大任务，并力争在第二个百年目标实现之前建成世界交通强国，我们迫切需要以科技创新推动转型升级。创新的事业呼唤创新的人才。希望广大科技工作者牢牢抓住科技创新的重要历史机遇，紧密结合交通运输发展的中心任务，锐意进取、锐意创新，以科技创新的丰硕成果为建设综合交通、智慧交通、绿色交通、平安交通贡献新的更大的力量！

杨传堂

2016年6月24日

序

珠江三角洲是我国南方地区对外开放的重要门户，又有中国的“南大门”之称。改革开放以来，这一坐落在广东省中南部、毗邻港澳的城市群，凭借良好的自然条件和特有的区位优势，先后经历了乡村工业化、城市工业化、大都市区化等发展阶段，迅速发展成为全国人口集聚最多、创新能力最强、综合实力最强的都市圈。2011 年，国务院颁布的《国家主体功能区划》明确将珠三角地区列为国家层面的优先开发区域，成为中国经济发展的重要引擎之一。

内河航运是现代交通运输体系的重要组成，也是流域经济社会发展的重要依托。放眼全球，世界各国特别是水系发达的国家和地区无一不高度重视利用内河和发展内河航运。珠江三角洲区域内河道密布、河海相连、天然成网，形成“三江汇集、八口分流”的态势，其主干西江上游腹地可深入滇、黔、桂等西南地区，经北江、东江，其运输腹地可达粤北及粤东山区，经虎门、蕉门、洪奇沥（洪奇门）、横门、磨刀门、鸡啼门、虎跳门和崖门八大口门，可实现至港澳和沿海地区的江海直达运输。这些得天独厚的内河水运自然条件，在密切粤港澳经贸合作和物资交流、发展广州等港口的集疏运畅通、促进沿江产业带形成和区域经济发展等方面起着举足轻重的作用。

航道是水运发展的基础性设施，是航运经济的关键支撑和保障，是落实“珠江—西江经济带”战略的基础性支撑。新中国成立以来，党和国家高度重视航道整治建设，按照“先通后畅、逐步提高”的总体方针，在大力发展水运主通道的同时，对一些重要支流、地方航道开展清障、炸礁、扒沙、导流整治等措施，开辟安全航道，水运通航能力不断提高，航道整治技术得到全面发展。20 世纪 90 年代以后，我国航道建设进入了投资规模大、建设规格高、发展速度快的黄金时期。在此期间，广东省以海船进江航道为核心，着力加快珠江水系高等级航道网规划建设，逐步建成了以西江干流和珠江三角洲“三纵三横三线”三级及三级以上航道为骨干，四级航道为基础的高等级航道网。同时，针对高等级航道网规划建设中面临的许多重大难题和关键技术问题，广东省有关部门和研究机构开展了大量深入的联合攻关研究，取得了许多重要的进展和突破，使珠江三角洲高等级航道网技术迈上了一个新的台阶。

但同时也要看到,随着自然条件和经济社会发展形势不断变化,作为世界上最为复杂的三角洲网河区之一,珠江三角洲高等级航道网的建设治理仍然面临着不少困难和挑战。一是河网复杂程度高,开发利用难度大。珠江三角洲水系呈现"诸河汇集、八口分流"的典型特征,各分支河道既相对独立又相互影响,有着密切的内在联系,在整治过程中必须考虑河网的整体性,对航道进行统筹规划和有序推进。二是河床演变频繁,对航道建设产生影响。珠江三角洲网河水多沙少、河势稳定,但近年来受大规模挖掘河床泥沙等因素的影响,河床条件发生了较大程度的演变,远远超过了同期河流自然演变的程度。三是高等级航道网建设要求高,增加了开发利用难度。珠江三角洲网河和河口区原来的河道水深较浅,航道等级较低,按高等级航道网发展要求,航道水深需要在现有程度上相应增加。在复杂多变的水沙条件下,如何大幅度提高航道尺度并维持其稳定,是高等级航道网建设中必须面对并加以解决的巨大挑战。有必要针对这些新问题和新形势,对珠江三角洲高等级航道网的建设、管理和维护开展持续深入的研究和实践探索。

本著作正是从这一角度出发,在总结现有高等级航道开发建设的经验与教训的基础上,对珠江三角洲高等级航道网的整治经验和关键技术进行了针对性的提炼,提出了科学可行的航道网建设维护技术,旨在为高等级航道网的建设与维护提供智力支持和技术保障。研究贡献主要在于:一是系统分析了珠江三角洲河道近年的河床演变和水文变化情势,为珠江三角洲高等级航道整治新思路的确立提供了理论支持;二是创新提出珠江三角洲网河区多口门汊道整治以疏浚引流为主的航道整治新思路和河口湾深水航道选线以落潮流动力轴线为宜的新原则,对西江下游航道等珠江三角洲航道的工程建设方案进行及时调整;三是采用多口门边界联合控制技术,成功模拟了网河区的潮流分汇和海滨区的旋转流态,丰富和发展了我国潮汐河口物理模型的试验技术;四是提出了基于数字航道的珠江三角洲高等级航道网的技术维护管理信息系统,旨在提高珠江三角洲航道网现代化管理水平和航道维护效率。本著作不但对航道建设和管理实践的成就作了全面而系统的回顾,而且在大量实践中提炼了一系列行之有效的高等级航道建设的新理念、新思路和新方法,是一部从学术上和实用上皆有较高参考价值的科技专著。

当前,中国经济发展进入新常态,全面建成小康社会进入决胜阶段,经济社会转型升级、"一带一路"和"珠江—西江经济带"等国家重大战略实施对航运经济发展影响深远,对航道建设管理提出新的更高要求。希望本书的出版能够对加快建设珠江三角洲高等级航道网，提升我国高等级航道网规划建设水平和管理效率起到一定的参考作用，同时也希望有关领域的专家和学者们能够对本书提出宝贵意见，加强交流与合作，共同致力于高等级航道网技术的研究及实践；更希望以谢凌峰为代表的设计与科研相结合的综合研究团队在河口出海深水航道和沿海航道建设方面开展进一步的创新性研究。相信，随着珠江三角洲高等级航道网的不断完善，内河航运的优势将得到更大程度的发挥，从而更加有力地促进“珠江—西江经济带”战略的实施和沿江地区经济社会发展，让这颗闪耀的“南海明珠”，放射出更加绚丽璀璨的光芒。

全国人大常委，教科文卫委员会副主任委员，致公党中央副主席

2016 年 12 月 19 日

目　录

第1章 绪 论

世界上各个国家都非常重视利用内河和发展内河航运,欧美国家拥有现代化的交通运输业,内河航运与铁路、公路等其他运输方式能够相互支持,相互促进[1]。国外有代表性的高等级内河航道网包括美国密西西比内河航道网、以莱茵河为主干的欧洲内河航道网和以伏尔加河为主干的俄罗斯内河航道网[2-4]。密西西比河航道网通航里程约 2 万 km,水深在 2.74m 以上的航道约占 2/3。经过多年建设,密西西比河水系已形成江、河、湖、海贯通,水深标准统一的内河航道网络。莱茵河航道网以莱茵河为主干,并由运河连接埃姆斯河、威悉河、易北河、奥德河、多瑙河而构成,总长约 2 万 km,在欧洲经济共同体范围内起着运输人动脉的作用。俄罗斯内河航道网以伏尔加河为主干,伏尔加河全长 3 530km,通航里程 3 256km,占 92.2%,航道网总长约 6 600km,干线水深达 3.65m 以上,可通行 5 000 吨级的货轮和 3 万吨级的船队,干线年货运量可达 2 亿 t 以上。现代化航道网在航道建设上经历了三个阶段[4]:第一阶段是在河流的中下游主要以改善航道条件为目的的航道整治;第二阶段是在干流上游和主要支流进行以航运、防洪、发电为主要内容的多目标综合开发,也就是航道梯级渠化;第三阶段是在流域间以沟通天然航道与工业区、出海口为主要内容的人工运河建设,这是航道建设的高级阶段。

在我国,交通部在新中国成立初期就提出航道整治实行“先通后畅,逐步提高”的方针。在建设水运主通道的同时,对一些重要支流、地方航道进行清障、炸礁、扒沙、导流整治等,开辟安全航道。随着航道整治工作的不断开展,我国的航道整治技术不断积累和提高。航道整治技术发展可分为三个阶段[5]。1952 ~ 1965 年为第一阶段,即艰难起步探索前进阶段。整治工程重点由碍航滩险的炸礁、清障、扒沙、轻便导流整治到石坝整治和采用挖泥船进行浅滩挖泥,观察浅滩水流变化和泥沙冲淤变化,选择挖泥航线,维护航道畅通。1966 ~ 1983 年为第二阶段,为积累整治经验、研究规律、全面发展我国航道整治技术阶段。工作重点是扩大我国水运主通道的通航能力,对三江两河航道滩险进行先重点后一般的整治及相应研究。1984 至今为第三阶段,该阶段是技术上系统总结、分析研究提高理论水平、整治技术日趋成熟的阶段,这个时期是我国航道建设规模最大、速度最快的时期。

在近几十年的航道整治研究与建设实践过程中,我国在网河区航道整治河工模型技术、水沙数值模拟技术、航道管理维护技术方面开展了大量的工作。

在内河航道整治和疏浚工程中,重大的问题通常借助航道整治河工模型研究解决。定床河工模型技术在理论和实践上都已经比较成熟。相对而言,动床河工模型方面,国外的研究发展不快,国内的研究较为详细。动床河工模型相似原理,在不同试验要求中能够使决定性环节保持相似,模型相似度较高,变态模型的适用范围已经比较明确,泥沙粒径级配变化较大的河段能够进行全沙模型试验。珠三角河口往往是多口门,受潮汐影响情况复杂,物理模型模拟相似重要条件之一——边界条件相似,要求模型上游径流、口门潮汐运动过程与原型相似,模型控制系统显得非常重要。针对平原河网多边界非恒定流水沙运动过程同步模拟难题，河海大学唐洪武等[6-8]自主开发研制了多边界非恒定流自动采集、控制、监视系统及大型物理模型表面流场测量系统，实现了平原河网多边界非恒定流水位、流量模拟控制和多点流速水位含沙量过程同步采集，已成功地应用于珠江三角洲航道整治及国内其他潮汐河段航道整治河工模型试验[9-11]。随着量测技术的发展和先进量测设备的应用，河工模型的测量精度、自动化程度、稳定性等都得到大大的提高。

珠江三角洲网河区水道呈放射状河道水系。流域降雨流经虎门、蕉门、洪奇门、横门、磨刀门、鸡啼门、虎跳门、崖门8大口门注入南海。河口海岸线由东至西长450km，构成独特的"诸河汇集、八口分流"的水系特征。西江、北江自思贤滘以下，河道时分时合，加上各口门涨、落潮的时间差异，水体在各河道间频繁交换；东江自石龙以下进入位于南支流和北干流两大水道之间的三角洲网河区，后经大盛、麻涌、漳澎、泗盛等多个口门汇入狮子洋，最终经虎门入海。

据研究，珠江三角洲网河是世界上最复杂的三角洲网河，河网是一个有机整体，各分支河道相互影响、相互制约，有着密切的内在联系。在某一河段进行整治设计时，如果忽略这种影响而将其视为单一河道，往往难以达到预期的整治目标，因此，其航道治理难度非常大。

珠江三角洲网河水多沙少，河势稳定，但近20年来的大规模挖掘河床泥沙，在很大程度上改变了网河河床演变的过程，这种改变已远远超过和涵盖了同期河流自然演变的程度，其主要影响包括：网河河道由总体缓慢淤积为主转变为总体快速侵蚀为主；河槽容积普遍增大，河床普遍下切；河床挖深不均衡；河床过水断面向窄深发展；床沙普遍细化与严重亏损；泄洪能力与进潮量增大；同流量水位明显下降；水面比降沿程波动；网河水道及口门分流比发生变化。

由于珠江三角洲河口水网密集，外接江、海，内连湖泊、蓄滞洪区，不同区域的模拟时空尺度差异巨大，加上复杂多样的地貌特征和水沙动力特性，使水沙数值模拟难度极大。由于受潮汐的影响和河道的蓄潮作用，潮汐河口下游的河道比上游的河道的过水断面更大，河宽沿程呈逐渐增大趋势，在潮汐河口的航道整治中，还需要确定治导线的放宽率，进而适应河口水沙运动特性[12]。这些都要求数学模型应能适应多口门、多次分汊和汇流的复杂边界条件并具有较好的灵敏度和可靠的计算精度。国内外众多的学者研究和发展了大量的二维水流、泥沙数学模型，比较有代表性的包括：美国普林斯顿大学的POM模型[13]；美国陆军工程兵团的CH3D系列模型[14]；荷兰Delft水力学实验室的TRISULA模型[15]。严以新[16-18]、诸裕良[19-22]、郑金海[23]、张蔚[24-27]等都开展过珠江三角洲河网区水沙数学模型方面的研究，对网河区域的水动力变化及航道地形冲淤变化进行计算分析。陆永军[28]在二维紊流泥沙数学模型的基础上，根据窦国仁的紊流随机理论，建立了三维紊流泥沙数学模型。王船海等[29-31]将平原河网水流运动概化为湖泊和蓄洪区的零维模拟、河道水流的一维模拟、行洪区水流的二维模拟，提出了全流域基于节点水位的耦合求解算法；在分汊河口处采用全隐式离散格式与矩阵追赶法，构建了内部水力要素与边界节点水位的函数关系，提出实时校正卡尔曼交替滤波算法，构建水流校正模拟模式，实现了模型的实时校正，提升了实时模拟精度。唐洪武[32-34]、李义天等[35]将人工神经网络模型引入河网数学模型中，将人工智能模型与河网水沙连续方程联系，建立了具有河网水沙运动特点的人工神经网络模型，提高了模型的计算效率。以上很多研究成果都成功应用于西江、北江、东江、潭江和洪奇沥河道整治工程实践。

广东省组织国内优秀管理、科研及设计人员，针对复杂变化过程中的水沙特征，因地制宜、因势利导，进行科学研究与精心设计，进行了东平水道航道整治，东莞水道、白坭水道、江门水道、广州港出海航道、西江下游肇庆至虎跳门航道整治，莲沙容水道航道整治，小榄水道航道整治，潭江航道整治，横门出海航道整治，陈村水道航道整治，劳龙虎水道航道整治等工程研究，在珠江三角洲，特别是河网区积累了非常丰富的整治经验。现在大部分工程已付之实施，达到了预期的整治效果，取得了巨大的社会经济效益，高等级航道网已初步形成。

本书通过总结现有高等级航道开发建设的经验与教训，总结出有特色的珠江三角洲高等级航道网的整治经验和关键技术，提出科学可行的航道网管理维护技术，为高等级航道网的管理与维护提供技术保障。主要研究成果如下：

(1)系统分析了珠江三角洲河道近年的河床演变和水文变化，明确地提出珠江三角洲网河区河床近期产生剧烈变化，河道总体由淤积转为大幅下切、中枯水纳潮动力增加等河性变化的特点和趋势；应用大范围近海河网耦合水动力数学模型对珠江三角洲不同年代河床地形的水动力特性进行对比研究，首次提出网河区河床大幅下切引起的河槽容量增加是珠江三角洲网河区和河口区潮汐动力增强的主要原因，并给出了各水动力要素变化的定量结果，为珠江三角洲高等级航道整治新思路的确立提供了理论支持。

(2)首次提出珠江三角洲网河区多口门汊道整治以疏浚引流为主的航道整治新思路和河口湾深水航道选线以落潮流动力轴线为宜的新原则；及时调整西江下游航道等珠江三角洲航道的工程建设方案，并在珠江三角洲高等级航道网和珠江河口出海航道工程建设中成功应用。

(3)珠江三角洲及河口区物理模型采用多口门边界联合控制技术，成功模拟了网河区的潮流分、汇和海滨区的旋转流态；采用底沙起动相似的当量粒径所确定的模型沙，克服了细颗粒模型沙选择的技术难题，模拟了径、潮或波、潮动力作用下河口的泥沙运动及其在航槽内的淤积分布，丰富和发展了我国潮汐河口物理模型的试验技术。

(4)针对珠江三角洲网河及河口区径、潮、风、浪相互作用的复杂动力特点，基于不平衡输沙理论建立和发展了一、二维嵌套水沙数学模型；构建了多因子动力地貌演变数学模型，实现了短时间尺度的水沙输运过程与长时间尺度的滩槽冲淤演变之间的耦合和衔接，成功模拟了河道大幅下切引起的网河区潮波变形、复杂水系航道选线与整治后的冲淤演变趋势。

(5)建立了基于GIS平台和边界自响应的珠江三角洲航道网管理维护信息系统。

第2章 珠江三角洲高等级航道网的基本情况

2.1 珠江三角洲航道的概况

珠江是我国南方最大的河流，它是西江、北江、东江和珠江三角洲诸河4个水系的总称，跨越我国的滇、黔、桂、粤、湘、赣六省（自治区）和越南的东北部，流域总面积453 690km²。西江是珠江水系的主干，西、北两江在三水思贤滘，东江在东莞市石龙镇附近汇入三角洲平原地区的网河，后经虎门、蕉门、洪奇沥、横门、磨刀门、鸡啼门、虎跳门和崖门八大口门注入南海。珠江三角洲是由西江、北江、东江及潭江、绥江、流溪河、增江等在珠江口古海湾内堆积而成的复合型三角洲。珠江三角洲口门的界线明确，以八大口门的位置为界，上界习惯上以思贤滘和石龙为界，将思贤滘、广州、石龙一线以南至各河口口门一带的冲积平原网河地区以及流入该地区的流溪河、增江、沙河、高明河和潭江等河流划为珠江三角洲的范围；土地总面积26 820km²，其中网河区9 750km²，诸河占17 070km²。

珠江三角洲水道纵横交错，河海相连，形成"三江汇集、八口分流"的态势，是我国水运资源最丰富和内河水运最发达的地区之一。经西江航运干线及其主要支流，其上游腹地可深入滇、黔、桂等西南地区，经北江、东江，其运输腹地可达粤北及粤东山区，经虎门、虎跳门、横门、崖门等八大口门，可实现至港澳和沿海地区的江海直达运输，内河水运自然条件十分优越，是交通运输部规划的"两横一纵两网"（长江干线、西江航运干线、京杭运河、长江三角洲高等级航道网和珠江三角洲高等级航道网）中重要的"一横一网"。

珠江三角洲河网有通航河流823条，通航里程5 823km，但自然条件下河道的通航等级低，经过"七五、八五和九五"（1986～2000年）的建设，四级以上的高等级航道里程有所增加，总体上高等级航道的里程仍较短。截至2000年底，通航河流中，水深2m及2m以上的航道里程1 483km，水深1m及1m以上的航道3 142km，分别占珠江三角洲航道里程的25.47%和53.92%。主要航道状态见表2-1。

2000年珠江三角洲主要内河航道状况表 表2-1

序号	航道名称	起讫点	维护里程（km）	等级	航道尺度（m）			河面宽度（m）	规划等级
					航深	航宽	弯曲半径		
1	西江干流	思贤滘～百顷头	86	三	2.5	50	360	850	2 000t级海轮
2	东平水道	思贤滘～大尾角	68	三	2.5	60～80	400	350	三
3	莲沙容水道	南华～莲花山	90	三	2.5	50	360	400	三、港澳
4	小榄水道	莺歌咀～大南尾	30	四	2.5	40	300	180	三
		大南尾～横门口	15	四	2.5	40	300	1 000	三、港澳

续上表

序号	航道名称	起讫点	维护里程（km）	等级	航道尺度（m）			河面宽度（m）	规划等级
					航深	航宽	弯曲半径		
5	虎跳门水道	百顷头～虎跳门	45	三	2.5	50	360	250	3 000t 级海轮
6	磨刀门水道	百顷头～灯笼沙尾	44		2.5	50	360	800	
7	白坭水	渡槽桥～巴江桥	18	五	2.0	35	275	100	五
		巴江桥～珠江东桥	25	四	2.5	50	330	750	四
8	陈村水道	三山口～濠滘口	22	四	2.0	50	330	250	三
9	洪奇沥	北围头～洪奇门	25	四	2.0	40	330	500	三、港澳
		板沙尾～北围头	16	三	2.0	50	360		
10	东莞水道	石龙～东莞	15	四	2.0	50	330	350	四
		东莞～坭尾	27	四	2.5	40	275	400	三
11	江门水道	北街～烂大船	17	四	2.5	40	220	300	四
		烂大船～熊海口	8	四	2.0	50	330		
12	潭江水道	三埠～熊海口	58	四	2.0	30	360	400	三
13	崖门水道	熊海口～崖南	25	三	2.5	100	1 000	600	3 000t 级海轮
14	佛山水道	沙口～中山桥	13	五	1.3	15	90	200	五
		中山桥～三尾桥	14	五	1.3	15	90		
		五丫口～花地口	10	六	1.0	15	90		
15	顺德水道	紫洞口～三槽口	25	四	2.0	30	90	450	四
		三槽口～火烧头	25	四	2.5	30	90		
16	鸡鸦水道	蛇头～大南尾	33	五	2.0	30	250	450	四
17	鸡啼门水道	竹洲头～小木乃	44	五	2.0	30	250	400	三
18	劳劳溪	狗尾～横坑西口	12	六	1.5	20	90	250	三
19	石岐水道	张家边～磨刀洲尾	54	五	2.0	20	120	200	四
20	前山水道	联石湾船闸～湾仔	23	六	1.2	15	90	200	
21	洪湾水道	灯笼沙尾～湾仔	20	四	2.0	50	360	1 000	
22	深圳河	布吉河口～上步码头	3	七	1.0	20	160	150	
		上步码头～沙田咀	8	六	1.3	30	180	150	

2.2　珠江三角洲高等级航道网的构成和标准

珠江三角洲高等级航道网的标准是由一定规模的内河骨干航道组成江海衔接、干支相通、标准统一的航道网，逐步实现内河航道管理智能化和可持续发展。

根据珠江三角洲航道的自然条件和发展规划，珠江三角洲高等级航道网由“三纵三横三线”为核心组成。“三纵”是西江下游出海航道、白坭水道—陈村水道—洪奇沥水道、广州港出海航道；“三横”是东平水道、潭江—劳龙虎水道—莲沙容水道—东江北干流、小榄水道—横门出海航道；“三线”是崖门水道—崖门出海航道、虎跳门水道、顺德水道。“三纵三横三线”的各航道形成纵横交错、江海衔接的航道网，各航道的等级均在千吨级或以上。珠江三角洲高等级航道网的组成如图 2-1 所示，其等级标准见表 2-2。

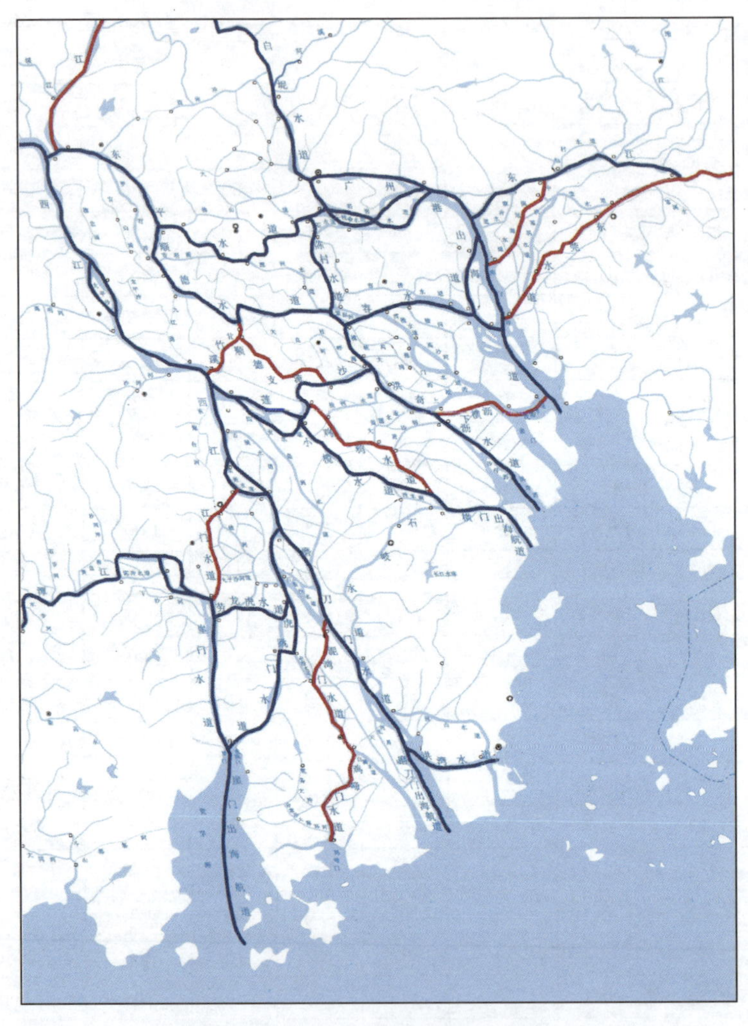

图 2-1　珠江三角洲高等级航道网示意图

珠江三角洲高等级航道网等级标准　　表 2-2

序号	航道名称	起讫点	里程(km)	等级	航道尺度(m)		
					航深	航宽	弯曲半径
1	西江干流	思贤滘～百顷头	86	一	6.0	100	650
2	东平水道	思贤滘～大尾角	68	三	4.0	80	480
3	莲沙容水道	南华～莲花山	90	三	4.0	80	480
4	小榄水道	莺歌咀～大南尾	30	三	4.0	80	480
		大南尾～横门口	15	一	6.0	120	580
5	虎跳门水道	百顷头～虎跳门	45	一	6.0	100	580

续上表

序号	航道名称	起讫点	里程(km)	等级	航道尺度(m)		
					航深	航宽	弯曲半径
6	磨刀门水道	百顷头～灯笼沙尾	44	一	6.0	100	650
7	白坭水道	渡槽桥～巴江桥	18	三	3.2	60	480
		巴江桥～珠江东桥	25	三	4.0	60	480
8	陈村水道	三山口～濠滘口	22	三	3.2	60	330
9	洪奇沥水道	北围头～洪奇门	25	三	4.0	80	480
		板沙尾～北围头	16	三	4.0	80	480
10	劳龙虎水道	虎坑口～狗尾	16	三	4.0	60	275
11	潭江水道	三埠～熊海口	58	三	4.0	80	480
12	崖门水道	熊海口～崖南	25	一	7.2	120	5 000
13	顺德水道	紫洞口～三槽口	25	三	4.0	80	480
		三槽口～火烧头	25	三	4.0	80	480
14	崖门出海航道	崖南～荷包岛		一	7.2	90	
15	广州出海航道	黄埔～桂山岛		一	17.0	243	

由“三纵三横三线”组成的珠江三角洲高等级航道网总里程达939km，连通珠江三角洲主要城市和重要港口。形成了三个层次的功能：第一是沿海河口港的进港航道功能，如广州出海航道、崖门出海航道，满足大型远洋船舶到达港口的要求；第二是沿海船舶直达运输的功能，如虎跳门水道、西江下游出海航道和磨刀门出海航道等，满足沿海3 000吨级船舶直达运输的要求；第三是内河集疏运通道的功能，如莲沙容水道、东平水道、潭江水道、东江北干流、东莞水道、白坭水道和陈村水道等。

从水动力形态和港口功能划分，珠江三角洲高等级航道网包含了河口区和网河区，河口区是指珠江口八大口门的河口港区以下区域，网河区是指珠江三角洲主要河流干流段进入珠江三角洲起至河口口门港区之间的网河区域。河口区航道建设关键技术主要以研究伶仃洋和黄茅海海域及各出海口门港区航道为主，如广州港出海航道、崖门出海航道、横门出海航道、西江出海航道河口拦门沙等；珠江三角洲网河区高等级航道建设关键技术主要研究其中的网河区，以西江下游出海航道干流、洪奇沥水道、东平水道、陈村水道、劳龙虎水道、莲沙容水道、虎跳门水道和顺德水道为主进行研究。

2.3　珠江三角洲高等级航道网的综合评价

以“三纵三横三线”为核心的高等级航道网建成后，将形成由5条3 000吨级以上海船航道、6条1 000吨级海船航道和4条内河三级航道组成的高等级航道网，为珠江三角洲地区的江海物资运输、粤港澳间的集装箱运输和西南地区物资江海转运提供通畅、高效和有竞争力的内河水运服务。

高等级航道网建成后，将有效覆盖珠江三角洲7个地级市所辖68%的县级以上城镇及主要港口，与公路、铁路、民航、管道等运输方式共同构筑起各展其长、优势互补、协调发展的综合运输体系，为珠江三角洲地区全面建设小康社会、率先实现现代化提供支撑和保障。

高等级航道网建成后，珠江三角洲的通航条件将得到显著改善，航道通过能力和船舶航行速度明显提高，船舶航行安全得到保障，船型大型化和标准化进程加快，船舶运输成本明显降低，运输效益大幅提高，内河水运的规模运输优势得以充分体现，内河水运在珠江三角洲综合运输体系的地位得以巩固和提高。

2.4 珠江三角洲高等级航道网的发展方向

珠江三角洲高等级航道网的发展方向可总结为深水化、网络标准化、信息化和综合利用。

1）深水化

全球经济一体化的发展，国际贸易额的增长，使得港口向大型化、深水化发展，船舶向大型化、智能化发展，对航道水深的要求越来越高。而集装箱运输的发展对港口水深提出了更高的要求。目前主要担任远洋运输的三、四代集装箱船要求港口的航道与码头前沿水深至少13.5m。河口区航道开发目标主要是满足港口大型化要求，建设大型深水航道，其中，广州港南沙港区、深圳港西部港区、珠海港高栏港区等的进港航道满足10万～15万吨级集装箱船舶运输要求，崖门出海航道、川鼻水道等达到5万～7万吨级的要求，横门出海航道和西江下游出海航道满足3 000吨级的要求。

2）网络标准化

珠江三角洲内河航道发展有网络标准化的趋势。珠江三角洲将建成以西江3 000吨级海轮航道为主干、1 000吨级航道为骨架的江海运输网络，满足内河船舶大型化、标准化与船型的复合化。

3）信息化

信息化建设是通过政府机构的管理信息化，重点建立航道维护管理信息化系统、广东省航运基础数据库和动态数据交换体系，引导行业信息化；推进现代信息技术在维护管理、安全保障等方面的应用。

4）综合利用

高等级航道网的发展是建立在水资源综合利用的基础上，因此，要把加强高等级航道网建设与水资源综合开发利用结合起来综合考虑。在区域总体规划指导下，争取产业布局及其经济结构的调整与高等级航道网建设结合，争取水利、城建、环保、土管、渔业等各部门的建设工程与航道网项目工程结合，变单一开发为综合开发利用，满足资源共享、共同发展的目标。

2.5 珠江三角洲高等级航道网建设面临的主要问题

根据珠江三角洲高等级航道网的发展方面和规划标准，其建设面临许多重大难题。

（1）珠江三角洲网河河道密布，各河道的天然水深在1980年以前均较浅，除西江和河口湾区等少数航道以外，大部分航道的水深为1.0m左右，传统上只选择条件较好的汊道作为西、北江与河口港连接的通航主通道，其余航道的通航标准较低，随着网河水沙条件的变化，如何在纵横交错的密集网河中根据航运发展需要科学规划航道成网络并将其高等级化？

（2）1980 年以前，珠江三角洲网河及河口区在自然条件下的演变规律性较好，相关研究成果丰富；1980 年之后，河床产生剧烈变化并引起水沙的变化。在复杂多变的水沙条件下，如何准确系统进行河床演变和水文特征分析以了解河性变化？

（3）珠江三角洲网河和河口区原来河道水深较浅，航道等级较低，按高等级航道网发展要求，航道按功能划分三大层次，满足大型远洋船舶到达港口要求的河口区航道需提高 5 万～15 万吨级，航道水深需增加 10～15m；满足沿海船舶直达运输的功能径流型航道需提高至海轮 3 000吨级，航道水深需增加 3.5m；满足内河集疏运通道的功能内河分汊河道需提高至内河三级，航道水深需增加 1.5～3m。在复杂多变的水沙条件下如何大幅度提高航道尺度并维持其稳定？

第3章 珠江三角洲的河床演变和水沙特征

3.1 珠江三角洲的特征

珠江是我国南方最大的河流，它是西江和北江、东江、珠江三角洲诸河4个水系的总称，跨越中国的滇、黔、桂、粤、湘、赣六省(自治区)和越南的东北部，流域总面积453 690km^2。西江是珠江水系的主干，西、北两江在三水思贤滘，东江在东莞市石龙镇附近汇入三角洲平原地区，珠江三角洲网河区水道呈放射状河道水系，后经虎门、蕉门、洪奇门、横门、磨刀门、鸡啼门、虎跳门和崖门八大口门注入南海。河口海岸线由东至西长450km，构成独特的“诸河汇集、八口分流”的水系特征。

珠江三角洲的河口与河网相互连接，河口口门之间、河口与河网之间互相影响，形成相互影响和制约的复杂系统。

珠江三角洲由多条河流输沙汇聚于大珠江河口湾并不断沉积而形成，在珠江三角洲径潮动力条件下，河口滨外区域开始发育水下网河系统，围垦促进了网河成型，联围简化了河系，经过近代和现代的演变，形成了相互连通的四个相对独立的网河水系，组成三角洲网河体系。从河床演变分类，珠江三角洲是由一个三角洲(西江主通道)和两个三角港(珠江干流—伶仃洋和潭江—黄茅海)组成的复合三角洲，在两个三角港内又迭加了东江三角洲、西北江东部三角洲和西江西部三角洲三个次一级的三角洲，其中，西、北江东部三角洲是网河密集的最复杂的三角洲。

从水动力变化与河床底质分析，珠江三角洲网河区可分为上部径流占优区和下部潮流占优区两部分，上部径优区从思贤滘至西江的百顷头、北江的三善滘，东江从石龙至东莞大王洲头和中堂。上部径优区河道河床以中粗砂为主，沙洲多，河床质运动活跃，以沙波运动为主；下部潮优区以中细沙或淤泥及黏土为主，河床相对稳定，以悬沙淤积为主。

河口区从河口类型可划分为三类：第一类为海湾型河口，如伶仃洋和黄茅海；第二类为入湾型河口，其径流汇入海湾或内海，如虎门、蕉门、洪奇门、横门、虎跳门和崖门等；第三类为入海型河口，如磨刀门和鸡啼门。

珠江三角洲各区域范围及口门类型如图3-1所示。

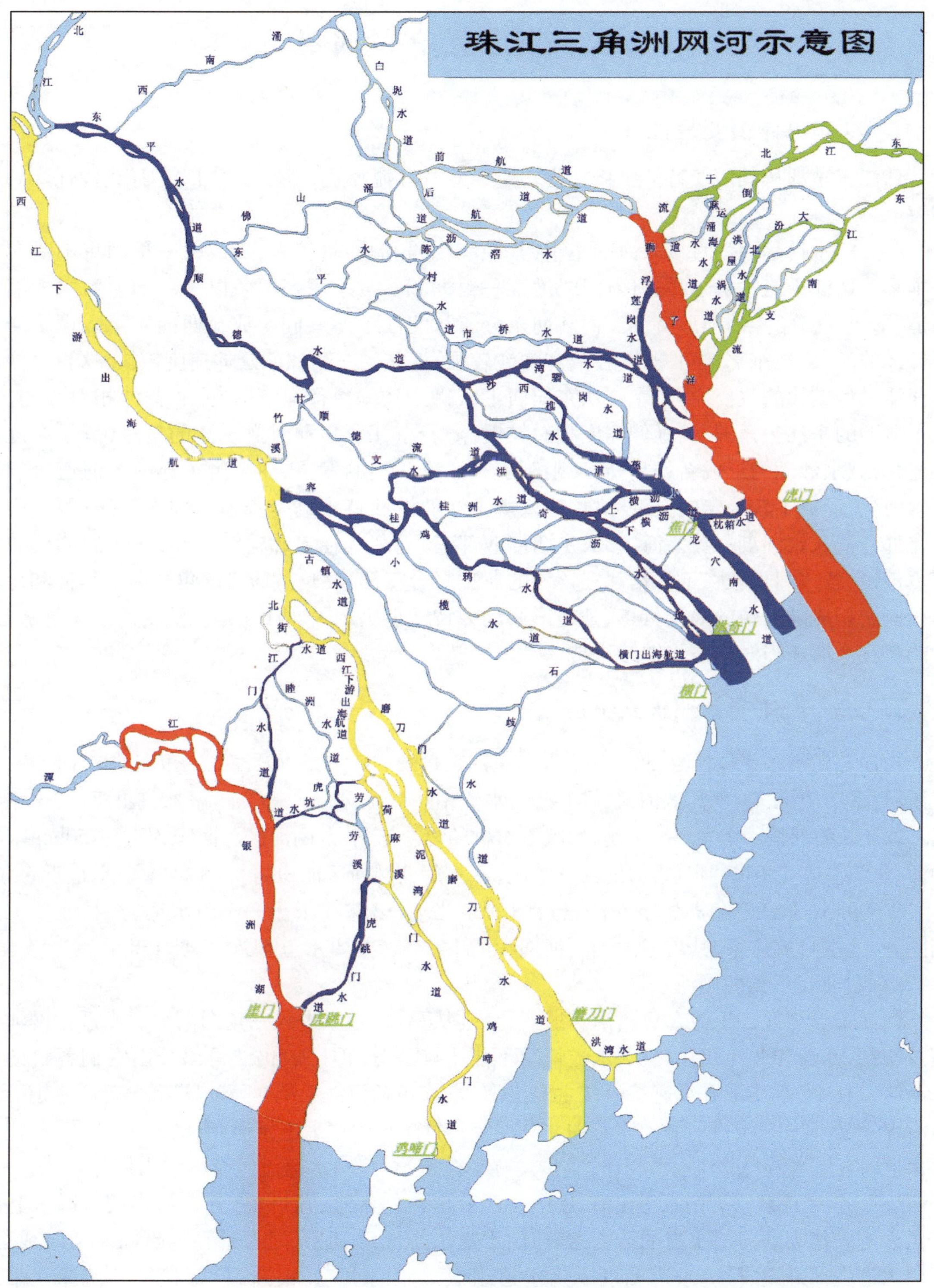

图 3-1　珠江三角洲网河示意图

3.2 珠江三角洲的演变

3.2.1 总体演变特征

珠江三角洲从其演变特征可概化为一干二海及分流汊道，即西江主干磨刀门、伶仃洋和黄茅海。

磨刀门水道是西江直接入海的主干，其径流较强、输沙量较大，形成的三角洲将不断向南海推移。珠江干流—狮子洋—伶仃洋、潭江—银洲湖—黄茅海是两条以潮汐动力为主的潮流通道，形成了三角港的地形特征。西江向东分流与北江下游共同组成自西向东汇入狮子洋—伶仃洋的西、北江东部三角洲，其径流和输沙较强，形成的三角洲的延伸速度较快，这也是伶仃洋西滩淤积较快的主要原因；东江从东向西汇入狮子洋—伶仃洋，其径流和输沙相对较弱，形成了典型的东江三角洲，其延伸速度相对较慢，随着东江三角洲对狮子洋的挤占，狮子洋逐渐河道化，其水沙动力形成新的平衡，又限制了东江三角洲的发展，注入狮子洋的各河道口门逐渐内河化，形成了较稳定的交汇流口，注入狮子洋的泥沙将被进一步输送到伶仃洋；西江向西分流部分汇入银洲湖—黄茅海，形成了西江西部三角洲，其径流和输沙最弱，三角洲的延伸速度也最慢，各口门也较稳定。珠江三角洲的典型复合特征，反映了珠江三角洲向南延伸和伶仃洋西侧淤积成陆较快的演变特点，其地形和动力特征也决定了珠江三角洲演变的总体趋势，这种趋势在今后相当时期内将继续维持。

3.2.2 珠江三角洲水系组成

珠江三角洲水系包括西、北江三角洲和东江三角洲网河水系以及注入三角洲的诸小河流，如流溪河、潭江、增江等；网河区河道纵横交错，水流相互贯通，构成“三江汇流，八口出海”的水系格局。珠江三角洲是一个发展不平衡、形状不对称的复合三角洲，网河区总面积约为 9 750km^2。其中西、北江水道互相贯通形成西、北江三角洲，占三角洲网河区面积的 85.8%，主要水道近百条，总长 1 600km；东江三角洲位于珠江三角洲的东北端，以珠江干流—虎门水道与西、北江三角洲隔开，基本自成体系，其占三角洲网河面积的 14.2%，主要水道 5 条，总长 138km。

1）西、北江三角洲网河水系

西江干流与北江干流在思贤滘贯通后，分别从马口、三水进入三角洲网河区水系。网河区河汊交错，西江和北江相互交织，水流情况不能明确区分，但一般仍然可以分出它们各自的水道系统。其中，西江干流水道是西江主要出海水道，包括西江干流、西海水道和磨刀门水道。水道沿程分汊，其中一支在甘竹滩附近向北分汊经甘竹溪与顺德水道相通；流至天河、南华，分出东海水道即容桂水道与北江水系相连，途中又有小榄水道、鸡鸦水道流经横门注入伶仃洋；另一支为西海水道，主流从磨刀门水道出海，途中往西分出江门水道、荷麻溪，分别从崖门、虎跳门、鸡啼门出海。作为磨刀门水道的分支，鸡啼门水道由螺洲溪、坭湾门水道和鸡啼门水道组成；虎跳门水道由荷麻溪、横坑水道和虎跳门水道组成。崖门水道（银洲湖）除接纳上游潭江来水外，还有西江分支的江门水道、虎坑水道的流量注入，最后与虎跳门水道汇合流入黄茅海。

北江干流经三水流至紫洞分为顺德水道、东平水道、佛山水道等；顺德水道沿途通过甘竹溪与西江三角洲水系连通,在三善滘附近分出沙湾水道、李家沙水道等。沙湾水道沿途分出榄核涌、西樵水道和骝岗涌水道,主流在三沙口汇合莲花山水道后进入狮子洋。榄核涌、西樵水道和骝岗涌水道在亭角汇合为蕉门水道,经蕉门的凫洲水道和蕉门延伸段一主一支进入伶仃洋。李家沙水道下接洪奇沥水道,洪奇沥水道沿途旁通西江分支容桂水道,主流从洪奇门进入伶仃洋,分支上横沥、下横沥与蕉门水道相连。北江水系的另一主流东平水道北上在大石、沙洛围附近与广州水道水系的沥滘水道汇合,沿途通过吉利涌、潭洲水道、陈村水道与顺德水道相连。

2)东江三角洲网河水系

东江三角洲网河水系相对自成一体,下游汇入狮子洋并与广州水道相连,与北江三角洲分踞狮子洋两岸。东江干流在石龙进入三角洲网河水系,分成南北两汊,北汊为东江干流,南汊为东莞水道。北干流在新家铺接纳增江来水后,分北干流、麻涌和倒运海三支注入狮子洋;南支流经东莞,从泗盛围汇入狮子洋。东莞水道在樟村以西分出中堂水道、大汾北水道等5条支汊。东江网河区内分汊众多,汊河有分有合,网河密度较西江、北江网河大。

3)三角洲其他诸河水系

流溪河发源于广东从化县贵峰顶,河长174km,在老鸦岗附近汇入珠江干流。珠江干流即广州水道在老鸦岗附近承纳流溪河、白坭水道来流后,于黄沙附近分为沥滘水道(即广州后航道)、广州前航道,前、后航道在黄埔汇合流入狮子洋。珠江干流—虎门水道对北江和东江起泄洪与纳潮两大作用,具有重要航运价值。

潭江发源于广东恩平县的乌丰顶,河长248km,最后流入银洲湖从崖门出海。潭江—崖门水道与珠江干流—虎门水道相似,自天马以下的长约30km的银洲湖段为宽深水道,潮流作用较强,泄洪纳潮能力仅次于珠江干流—虎门水道,亦有重要的航运价值。

3.3 珠江三角洲河床近期演变特征分析

珠江是西江、北江、东江、珠江干流和潭江水系的总称,流域总面积$45.369\times10^4km^2$,西江和北江在思贤滘以下、东江石龙以下,与珠江干流和潭江水系组成了珠江三角洲。

珠江三角洲网河河床近年产生剧烈变化,河道大规模取砂是河床下切的主要原因,西、北江三角洲各水道形成网络水道,相互之间不是完全独立的水道,具有相互影响的因果关系,对西、北江三角洲的主要水道的演变进行综合比较分析,珠江三角洲主要河道的主要变化特点如下:

1)河床取砂量巨大,河床下切严重

根据珠江三角洲网河的河床演变分析,1985~2005年,珠江三角洲河床被取床砂或冲刷的总量达10亿m^3,河床平均下切深度达1.5m以上。表3-1~表3-3统计了1990~2005年间西、北江三角洲各河段的冲淤量,6个河段共长249.76km。1990(1991)~2004(2005)年14年间共冲刷$79\ 535\times10^4m^3$,三角洲部分为$70\ 788.8\times10^4m^3$,统计河段内14年内平均每延米冲刷$3\ 184m^3$。

东江下游自20世纪70年代末或80年代初河床普遍加深,特别是20世纪90年代以来深泓大幅下切,河床的大规模加深先在石龙以下河段开始,逐年向上游推进。2002~2009年,东江下游航道的深泓平均下降了2.95m,平均水深增加了1.99m。

西、北江三角洲主干水道冲淤量统计表

表 3-1

统计河段名称	距离(km)	冲淤量($\times 10^4 m^3$)	冲淤厚度(m)	冲淤量($\times 10^4 m^3$)	冲淤厚度(m)	冲淤量($\times 10^4 m^3$)	冲淤厚度(m)	冲淤量($\times 10^4 m^3$)	冲淤厚度(m)	平均水面宽(m)	每延米年冲淤量(m^3/m)
羚羊峡出口~思贤滘(西江干流)	26.7	1991~1997		1997~2000		2000~2005		1991~2005			
		-2 709.6	-0.76	-3 127.46	-0.87	-2 909.15	-0.81	-8 746.21	-2.44	1 343	3 276(234)
思贤滘~天河(西江干流水道)	55.95	1991~1997		1997~2000		2000~2005		1991~2005			
		-7 769.54	-1	-8 703.39	-1.12	-17 302.06	-2.22	-33 774.99	-4.34	1 391	6 037(431)
天河~百顷头(西江干流水道)	30.29	1991~1997		1997~2000		2000~2005		1991~2005			
		-2 855.35	-0.93	-1 620.66	-0.52	-4 547.61	-1.48	-9 023.61	-2.93	1 016	2 973(212)
思贤滘~紫洞口(北江干流水道)	27.502	1990~1994		1994~1998		1998~2004		1990~2004			
		-2 520.01	-2.39	-2 343.26	-2.06	-3 590.74	-2.98	-8 454	-7.43	414	3 074(220)
紫洞口~火烧头(顺德水道)	49	1990~1995		1995~1999		1999~2004		1990~2004			
		-703.5	-0.33	-5 298.8	-2.51	-1 501.4	-0.71	-7 503.7	-3.56	430	1 531(109)
天河~火烧头(莲沙容水道)	60.318	1991~1996		1996~1999		1999~2005		1991~2005			
		-2 492.75	-0.89	-3 730.68	-1.33	-5 809.1	-2.07	-12 032.5	-4.29	465	1 995(143)
小计	249.76	-19 050.75		-24 824.25		-35 660.06		-79 535.01			3 184(227)

注:1. 顺德水道 1990~1995 年冲淤量 $703.5\times 10^4 m^3$,是从 1983~1995 年冲刷量分解出来的。1999~2004 年资料中,濠滘口~火烧头河段冲淤计算值采用三槽口至濠滘口同年代冲淤强度补充而得。

2. 莲沙容水道 1991~1996 年冲刷量 $2\ 492.75\times 10^4 m^3$ 是从 1986~1996 年资料分解出来的。

西、北江三角洲主要入海口门水道冲淤量统计表

表 3-2

统计河段名称	距离（km）	冲淤量（$\times 10^4 m^3$）	冲淤厚度（m）	年均冲淤量（$\times 10^4 m^3$）	年均冲淤厚度（m）	平均水面宽（m）	年均每延米冲淤量（m^3/m）
虎跳门水道（百顷头～虎跳门口）	45	2000～2005		2000～2005		450	
		-1 035	-0.51	-205	-0.10		-45.0
洪奇沥水道（板沙尾～洪奇门口）	41	1999～2004		1999～2004			
		-4 273	-1.30	-854	-0.26	800	-208.3
下横沥和枕箱水道（至蕉门口）	21	1999～2004		1999～2004			
		-279	-0.11	-55.8	-0.02	300/1 100	-26.6
沙湾水道（火烧头～大沙尾）	23.4	1999～2005		1999～2005			
		-496	-0.52	-82.72	-0.09	320	-35.4

注：虎跳门水道在 2002～2003 年间的疏浚开挖量约 $620 \times 10^4 m^3$，裁弯疏浚量为 $337.3 \times 10^4 m^3$，实际冲刷量为 $77.7 \times 10^4 m^3$。

不同年份西、北江三角洲河床容积变化对比表

表 3-3

西江(2.0m 水位以下) (容积单位 $\times 10^4 m^3$)					北江(2.0m 水位以下) (容积单位 $\times 10^4 m^3$)				
河段	年份	河道容积	差积容	变化率(%)	河段	年份	河道容积	差积容	变化率(%)
思贤滘～天河	20 世纪 60 年代	75 547.02	0		思贤滘～西樵	20 世纪 60 年代	6 553.33		
	1997～1999 年	84 106.39	8 559.37	11.33		1997～1999 年	13 673.41	7 120.08	108.64
	2005～2006 年	108 860.53	24 754.14	29.43		2005～2006 年	16 507.21	2 833.79	20.72
天河～百顷头	20 世纪 60 年代	20 689.32			西樵～三善滘	20 世纪 60 年代	12 013.11		
	1997～1999 年	23 405.57	2 716.25	13.13		1997～1999 年	17 777.19	5 764.08	47.98
	2005～2006 年	28 349.43	4 943.86	21.12		2005～2006 年	18 187	409.81	2.31
百顷头～竹排沙	20 世纪 60 年代	52 580.61			三善滘～冯马庙	20 世纪 60 年代	14 762.09		
	1997～1999 年	56 843.07	4 262.46	8.11		1997～1999 年	13 994.75	-767.34	-5.20
	2005～2006 年	66 164.75	9 321.68	16.40		2005～2006 年	15 411.67	1 416.92	10.12
虎跳门及鸡啼门水道	20 世纪 60 年代	16 169.17			沙湾水道	20 世纪 60 年代	6 717.78		
	1997～1999 年	14 557.56	-1 611.61	-9.97		1997～1999 年	7 866.32	1 148.54	17.10
	2005～2006 年	17 475.71	2 918.15	20.05		2005～2006 年	8 111.36	245.04	3.12
合计	20 世纪 60 年代	164 986.12			合计	20 世纪 60 年代	40 046.31		
	1997～1999 年	178 912.59	13 926.47	8.44		1997～1999 年	53 311.67	13 265.36	33.12
	2005～2006 年	220 850.42	41 937.83	23.44		2005～2006 年	57 807.43	4 495.75	8.43

2）三角洲各河道的河床下切深度在时间与空间的分布不同

河床的下切使河床的容量大幅增加，从时间分布上，西、北江三角洲向伶仃洋汇流的北江水系早于西江水系，在1995年之前，河道取沙主要集中在东平水道上段、顺德水道等北江水系范围，1995年之后主要集中在西江下游，包括容桂水道入口段等西江水系范围；从空间分布上，三角洲的上部取沙强度大于下部，西江水系大于北江水系，纵向水道大于横向水道。北江的思贤滘～紫洞口和西江的天河～百顷头两个河段冲刷量为3 000m^3/m左右，为冲刷中等程度；西江的思贤滘～天河为强烈冲刷河段，其每延米冲刷量为6 000m^3/m左右；而莲沙容水道及顺德水道每延米冲刷量为1 750m^3/m左右，为较小冲刷程度。可见纵向水道的冲刷量为横向连接水道的2倍，最大为4倍。

北江水系紫洞口以下的顺德水道，其冲刷深度为3.56m；西江干流水道天河以下及莲沙容水道，其冲刷的平均深度为3.81m，两者冲刷深度相当。

西、北江汇入伶仃洋和黄茅海等通道的口门段（虎跳门水道、下横沥、沙湾水道）的冲刷强度明显弱于主干水道，每延米的年冲刷强度只有其主干水道的1/10～1/3，主要原因是这些河段的河床质以粉沙和淤泥或黏土为主，取沙较少（除洪奇沥水道外），河流本身的冲刷较弱，其次是河面宽度较窄。

3）河床下切变化与城市发展密切相关

根据珠江三角洲内西、北江各河道冲淤变化分析，珠江三角洲的河道冲刷始于20世纪80年代初，改革开放后，城市及交通基础设施建设加快，开始在河道取沙，从而导致河道的河床下切，取沙的河道所在区域与城市建设发展水平基本相应，由近及远，沙质由好及差。1980年以前，珠江三角洲各河道基本处于微淤状态，1980年以后才开始出现单向冲刷下切的状态；1980～2000年，北江片区河道的下切大于西江片区，中上部大于下部，以北江的东平水道至顺德水道的下切幅度最大，其河床在2.0m水位以下的容积增加了一倍多，下切深度达4.45m；2000年以后，西江片区的取沙量大于北江片区，中上部略大于下部，其中，西江思贤滘～天河段平均下切深度与思贤滘～紫洞口段相近，前者冲刷量是后者的4.8倍。

4）大洪水塑造新的河床形态

人为采沙是以优质沙和浅水区为优先对象，首先在珠江三角洲河网中段进行大规模开挖，在河床的表面形成坑坑洼洼的河床地形，为洪水的进一步造床提供条件。通过洪水的造床作用，形成真正的河床演变，达到规模效应，最后的结果是按河势的发展方向演变。从河演强度上来看，在2000～2005年是相对较大的；2000年以后社会上的人为采沙现象受到控制，挖沙量减少，但河床下切仍在继续，主要是上游来沙减少和水流的造床作用增强引起的，关键是2005年的洪水造床作用，使局部的河床演变成为一个整体的演变；2005年以后，珠江三角网河区的演变逐渐趋缓，河道进入相对稳定期。因此，近期珠江三角洲网河的剧烈演变，人为大量取沙是主因，特大洪水对塑造河床形态有重要影响，目前的河床形态是人为取沙的河床变化与自然演变的综合结果。

3.4　口门区的形态及特征

3.4.1　口门区的形态

珠江三角洲网河自东向西汇集于虎门、蕉门、洪奇门（沥）、横门、磨刀门、鸡啼门、虎跳门和崖门八个口门入注南海。其中虎门、蕉门、洪奇门(沥)和横门等东四口门入注伶仃洋,磨刀门和鸡啼门入注三灶岛与横琴岛之间的海域,虎跳门和崖门则入注黄茅海。珠江口八大口门上承珠江流域的来水来沙,网河区水道内的水沙运动和口外的潮汐与波浪动力共同作用对口门区有着重要的影响。

1)八大口门

虎门位于东莞市沙角,伶仃洋河口湾的顶部,坐南偏东,是虎门水道的出口,出口断面在大虎,属潮汐优势型河口。通过虎门注入伶仃洋的径流包括东江的全部径流,西、北江的部分径流以及珠江三角洲本身的部分径流。由于口内狮子洋有庞大的潮库容,虎门是个潮汐作用较强的口门,潮汐吞吐量居八大口门之首。

蕉门位于番禺县广兴围,虎门以西约 8km 处,东南走向,是蕉门水道的出口,出口断面在南沙,为过渡型河口。蕉门口外有两条水道:一条沿万顷沙东侧向南延伸;另一条沿南沙尾向东延伸,称凫洲水道,它与虎门出口深槽相交汇。蕉门水道的水沙大部分经凫洲水道到达虎门口并入注伶仃洋。

洪奇门(沥)位于番禺县沥口,走向基本与蕉门相平行,是洪奇沥水道的出海口门,出口断面在冯马庙,为过渡型河口。洪奇门尾闾堵塞严重,泄洪能力降低,下横沥水道取代洪奇门成为出海航道,并使蕉门水道分流激增。洪奇门外浅滩蔓延,万顷沙尾至淇澳岛之间有大片浅滩发育。

横门位于中山市横门山,距洪奇门约 4km,是横门水道的出海口,口门方向近正东,出口断面在横门,为过渡型河口。横门水道出横门后分南汊和北汊,北汊与洪奇门相汇后入伶仃洋,南汊受芙蓉峡谷限制,分流比稳定,为主要泄洪通道。

磨刀门位于珠海市大横琴,是西江径流和泥沙的主要出海口门,出口断面在灯笼山,口门坐南偏东。磨刀门为强径弱潮型河口,海区滩涂资源丰富。经过整治后,磨刀门海区现有一主一支两条出海水道,其中“磨刀门水道”“灯笼山~横洲口”河段为泄洪纳潮的主通道,洪湾水道则为侧向分洪通道。

鸡啼门位于斗门县大霖,邻接磨刀门内海区的西侧,是鸡啼门水道的出海口,出口断面在黄金镇,口门方向近正南,为过渡型河口。鸡啼门是 1959 年泥湾门堵海工程完成以后形成的出海口门,此前,位于鸡啼门上游 16km 处的泥湾门才是珠江八大出海口门之一。

虎跳门位于斗门县雷蛛仔,是虎跳门水道的出海口门,出口断面在西炮台,口门坐南偏西,为过渡型河口。虎跳门西侧紧邻崖门口,都是注入黄茅海的口门,并且都在黄茅海的湾头部。

崖门位于新会县崖南,是银洲湖的入海口门,出口断面在官冲,口门方向近正南,属强潮弱径型河口。它与虎跳门均位于黄茅海湾的顶部,崖门口外的西侧是崖南围垦区。崖门是珠江八大口门中最西边的一个口门,潭江流域的径流主要通过银洲湖从崖门出海。

根据珠江河口八大口门位置及入海的海况不同,其可分为入湾型河口和入海型河口。虎门、蕉门、洪奇门、横门、虎跳门和崖门分别汇入伶仃洋和黄茅海,伶仃洋和黄茅海受口门岛屿的遮挡,形成内海型海湾,汇入其中的河口受波浪影响较小,称为入湾型河口。磨刀门和鸡啼门直接汇入南海,河口受波浪影响较大,称为入海型河口。

2)伶仃洋海域

伶仃洋位于珠江三角洲东部,它主要汇集东四口门(虎门、蕉门、洪奇门和横门)的来水来沙,为珠江主要出口和最大的河口湾。伶仃洋呈喇叭状,走向接近 NNW-SSE 方向,湾顶(虎门口)宽约4km,湾口(澳门至香港大濠岛之间)宽约30km,纵向长达72km,水域面积超过2 000km^2。伶仃洋湾顶由沙角和大角山对峙形成峡口,湾口面对万山群岛天然屏障。东部沿岸多湾,由北往南有交椅湾、大铲湾、深圳湾;西岸由北往南多滩,蕉门、洪奇门和横门的出口附近堆积着许多浅滩;中部有淇澳岛和内伶仃岛扼守湾腰,东南有暗士顿水道经香港的汲水门入维多利亚港,西南有洪湾水道与磨刀门河口相通。伶仃洋的水下地形具有西部浅、东部深和湾顶窄深、湾腰宽浅、湾口宽深的分布特点,以"三滩两槽"为基本格局,其中"三滩"指西滩、中滩和东滩,"两槽"指西槽(伶仃水道)和东槽(矾石水道—暗士顿水道)。

3)黄茅海海域

黄茅海位于珠江三角洲西部,是崖门及虎跳门出口处的一个喇叭状的河口湾。湾顶有崖门水道和虎跳门水道汇入,自交汇处至白排岛以东为汇流水道深槽,然后分为东、西两槽,东槽经三角山西的峡口,由出荷包岛与高栏岛峡口入南海;西槽经大杧岛~大襟岛峡口入南海。深槽和西槽以西为西滩,赤鼻岛西北广阔浅滩已被围垦,下段浅滩依岸缘分布;深槽和东槽以东为东滩,上段基本上已被围垦,下段为大海环浅滩;东槽与西槽之间的浅滩,即大杧岛西北部的浅滩,称为中滩,呈西北走向。其水下地形总的趋势是中间高、两侧低、西北高、东南低,呈二槽三滩格局。由于湾口有两列NEE-SWW向的岛屿为其屏障,使其具有内湾性质,南北长约40km,湾顶宽约2km,中腰宽约17km,海湾面积约为538km^2。

伶仃洋和黄茅海既是海湾,也是入湾型河口的延伸,称为海湾型河口。

综上分析,珠江口河口区从河口形态特征可划分为三种类型:第一类为海湾型河口,如伶仃洋和黄茅海;第二类为入湾型河口,其径流汇入海湾或内海,如虎门、蕉门、洪奇门、横门、虎跳门和崖门等;第三类为入海型河口,如磨刀门和鸡啼门。

3.4.2 口门区演变的主要特征

第一类型的海湾型河口总体稳定,主要随着大型深水航道的开发,海床深槽的深泓线明显增深,边滩变化较小,总体上呈轻微回淤。

第二类型的入湾型河口变化较大,原口门位置逐渐内河化,部分口门延伸、汇合或分汊形成新口门,如蕉门主要出口枕箱水道已内河化,新的主要口门为龙穴南水道;横门与洪奇门汇合形成新口门并延伸至淇澳东侧出口,横门的北汊延伸至淇澳西侧出口形成金星门,虎跳门内河化趋势也较明显。内河化后的口门段泥沙回淤减少,随着河口港口开发,河床大幅加深,而延伸段成为泥沙的新淤积区,总体上水深较浅,开挖后泥沙回淤明显。

第三类型的入海型口门,随着口门滩涂围垦,河口延伸迅速,河口拦门沙外移,河口重新分汊。

3.5 近期人类活动对河口区的影响

珠江三角洲网河主要是在自然环境下演变形成,洪水期三角洲平原常有洪水泛滥,水流分散度较大,故网河水深较浅,随三角洲向海推进,网河水系亦向海推移,纵向水道向海延长,年均速度在10m以下。横向汊河经历淤浅和更新过程,上段的汊河在网河水系向海推进中渐次淤废,口门附近会新产生横向汊河。网河河床深槽缓慢冲刷加深,滩地淤高,滩槽分异逐渐显著。由于土地肥沃,资源丰富,人类开始在珠江流域大规模垦荒和在珠江三角洲围垦滩涂,使其一直都处在不断接受各种人类活动改造的过程中。近年来，日益增强的人类活动（如联围筑闸、口门围涂、上游水电枢纽建设、人为取沙等）已经成为影响河流水沙条件与河床边界条件的最重要因素，珠江三角洲网河发育演变进入了人类活动影响的新时期。

20 世纪 50～70 年代中期的“控支强干、联围并流”，简化了河系、缩短了防洪堤线，使数百条纵横交错的大小河道简化成与西、北江主干走向大体一致的数十条行洪干道。联围筑闸对三角洲网河最根本性的影响是确立了现在的水系基本格局，使珠江流域的泥沙更直接地进入伶仃洋、黄茅海或由磨刀门输出口外。

珠江输出河口的泥沙淤积成河口滩涂，由于 2 000 多年以来人们不断围垦，形成了近 7 000km^2的受堤围保护的通常免受水淹的三角洲平原，平均围垦面积 3.5km^2/a。现在珠江口外水深 -5m 以上的滩涂和浅海面积约 1 751km^2，-2m 以上滩涂面积约 547km^2，1988～1997 年间围垦面积达到350km^2，平均35km^2/a，为滩涂成长速度的3.5 倍。围垦加快了河口区河道的延长和河口滨线向海推移与河口向海推进的速度，使口门区或海湾水域的面积急剧减少，在磨刀门河口，1984～1997 年间的整治使得原磨刀门河口浅海湾范围内的水域面积和容积（珠基 0m）分别为工程前（1983 年）原内海区水域面积和容积的 21.8% 和 60%，口门位置已从挂定角外移至石栏洲附近的开阔水域，口门位置向海推进了约 16km，成为珠江三角洲八大口门首先面海的口门。

珠江流域水库主要在 20 世纪 90 年代以前建成，至 20 世纪末全流域建成大、中、小水库 8 936 座，总库容 518 $\times 10^8 m^3$，占珠江流域多年平均径流量（3 260 $\times 10^8 m^3$）的 15.9%。水库的调洪库容小，总的来说未能对洪水流量调节起控制性作用，但对枯水流量增大的影响较明显，对水沙动力条件与河床演变产生的影响主要表现在调节年径流量与减少含沙量、输沙量，进入 21 世纪以来，上游的输沙量持续减少，近年珠江流域下游的输沙量约为 20 世纪 80 年代的一半。

3.6 珠江三角洲网河的水动力特点分析

3.6.1 珠江三角洲水系组成的水动力特点

从水动力特点分析，组成珠江三角洲水系的河道可分为径流主泄洪河道、潮流主河道及径流分流河道。径流主泄洪河道为河流的主要泄洪通道，也是河流的正干，如西江主干思贤滘至磨刀门口、北江主干三水河口经东平水道上段、顺德水道、沙湾水道至大沙尾、东江石龙至东江口，磨刀门的径潮比达 5.53。潮流主河道是以潮流作用为主，如珠江正干白坭河至虎门水道、潭江至崖门水道，虎门的径潮比为 0.25，崖门的径潮比为 0.30，径弱潮强，均为潮流型口门。径流分流河道是由河流主要泄洪通道向潮流主河道分流的分汊河道，西江位于两潮流通道之间，以天河为界，上段向东分流，向东分流的汊道主要是容桂水道至小榄水道、鸡鸦水道及洪奇沥水道，下段向西分流，向西分流的汊道主要是江门水道、荷麻溪至虎跳门水道及鸡啼门水道；北江位于东侧潮流通道与西江径流通道之间，主要是向东南分流，如东平水道、蕉门水道等，部分向南分流与西江分流汊道汇合，如顺德支流和李家沙水道等；东江位于潮流主通道的东侧，向西南方向分流，形成了相对独立的东江三角洲。

因此，珠江三角洲水系可概括为“三干（西江、北江和东江主干）三网（东江三角洲网，西、北江东部三角洲网，西、北江西部三角洲网）二通道（潭江至崖门和白坭河至虎门潮流通道）”。珠江三角洲高等级航道网正是利用分流河道连通主干河道和潮汐通道形成纵横交错的航道网。

珠江三角洲水系的自然演变过程是从西江、北江和东江三江的泥沙下泄在海湾堆积形成水下三角洲，浅滩渐渐出露和人工围垦形成三角洲平原，河口不断向海延伸，河流动力作用逐渐向海方向下移的过程。

珠江口河口水沙动力条件变化与珠江三角洲网河的河床及水沙条件的变化密不可分，20世纪80年代以来，珠江三角洲河道的大规模取沙，引起了河道的河床剧烈下切变化，从而引起网河中各河道分流比变化、潮汐动力向河流上游方向上溯，河口附近区域出现了河流泥沙向海湾下泄减少、海湾的水下泥沙缓慢淤积和部分海岸侵蚀并存的新演变方式。珠江三角洲网河河床边界的剧烈变化是引起水沙动力条件变化的主要原因，重点对近期珠江三角洲水动力变化特点进行分析。

3.6.2　珠江三角洲流域来流量变化不大、来沙量减少明显

20世纪60～70年代，珠江三角洲来水来沙处于一个增长阶段，年均流量、输沙率都增长至较高或者最高水平；20世纪70～80年代，除博罗的来水量和石角来沙量外，来水来沙基本处于下降状态；20世纪80年代以后，珠江三角洲的来沙量全面下降，三个主要水文测站输沙率都在20世纪90年代降至多年平均或以下水平，而来水量则在20世纪90年代开始全面下降，2000～2008年的9年间，珠江三角洲各站的来水来沙量，都降到多年平均或以下水平。具体见表3-4。

主要测站来水来沙年代变化　　表3-4

年代	年均流量（m^3/s）				年均输沙率（kg/s）			
	高要	石角	博罗	总计	高要	石角	博罗	总计
20世纪60年代	6 702	1 202	687	8 591	2 131	171	96	2 398
20世纪70年代	7 352	1 439	776	9 567	2 444	194	82	2 720
20世纪80年代	6 412	1 296	782	8 490	2 387	216	81	2 684
20世纪90年代	7 556	1 430	745	9 731	2 165	178	44	2 387
21世纪初	6 627	1 337	759	8 723	1 031	127	57	1 215
1960～2008年	6 936	1 341	750	9 027	2 052	178	70	2 300

西江、北江和东江三角洲主要控制站的历年平均流量如图3-2～图3-4所示。三站的年平均流量基本围绕着多年平均值变动，多年来基本稳定，年际变化较小，但年极值较大。统计表明，1980～2005年间西江高要站多年平均流量为6 970m^3/s，最大年平均流量为10 254m^3/s（1994年），最小年平均流量为4 276m^3/s（1989年），最大年平均流量为最小年平均流量的2.4倍；由于西江流域面积大，干流的径流年际变化在珠江三角洲各干、支流中最小。石角站1954～2005年间多年平均流量为1 324m^3/s，最大年平均流量为2 290m^3/s（1973年），最小年平均流量为516m^3/s（1963年），最大年平均流量为最小年平均流量的4.4倍。博罗站1954～2005年间多年平均流量为731m^3/s，最大年平均流量为1 310m^3/s（1983年），最小年平均流量为283m^3/s（1964年），最大年平均流量为最小年平均流量的4.6倍。

据多年资料统计，高要站1957～2005年多年平均含沙量为0.309kg/m^3，多年平均输沙量为6 800万t；石角站1954～2005年多年平均含沙量为0.129kg/m^3，多年平均输沙量为541万t；博罗站1954～2005年多年平均含沙量为0.103kg/m^3，年均悬移质输沙量为237.8万t，最大年输

沙量为586.9万t(1959年),最小年输沙量为32.4万t(1963年)。从高要、石角和博罗年输沙量历年变化看(图3-2~图3-4和表3-5),1992~2004年高要站年输沙量除1994年、1997年略大于多年平均值外,其余年份输沙量比多年平均值小10%~75%;石角站1995~2004年除1997年年输沙量略大于多年平均值外,其余年份输沙量比多年平均值小15%~85%;博罗站从20世纪60年代起至今,输沙量一直呈明显的减少趋势,目前年平均输沙量为145万t,尚不足20世纪60年代的50%。由表3-5分析可知,马口站在20世纪80年代之前输沙量逐渐增加,但是20世纪80年代之后输沙量有所减少;三水站的输沙量从20世纪60~90年代一直在增加,增幅甚至达到了61%,这主要是马口、三水分流、分沙比发生变化所致。综上所述,自20世纪90年代中期以来,进入珠江三角洲网河的泥沙具有明显减少的趋势,这主要与中上游河道大量取沙、上游河段兴建大量水利枢纽工程和上游流域水土保持发挥效用引起的水土流失减小有关。

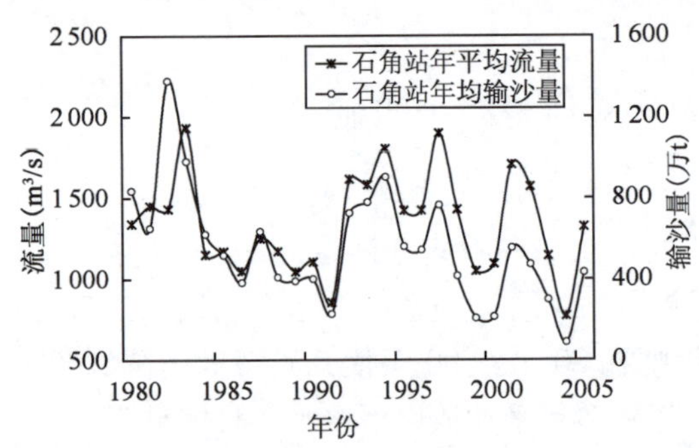

图3-2 西江来水来沙年际变化图

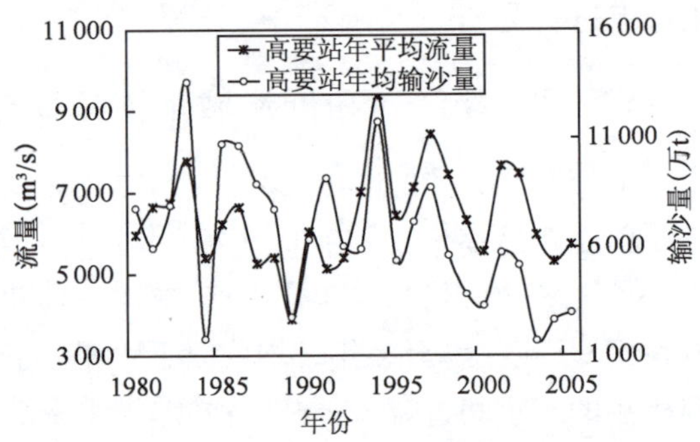

图3-3 北江来水来沙年际变化图

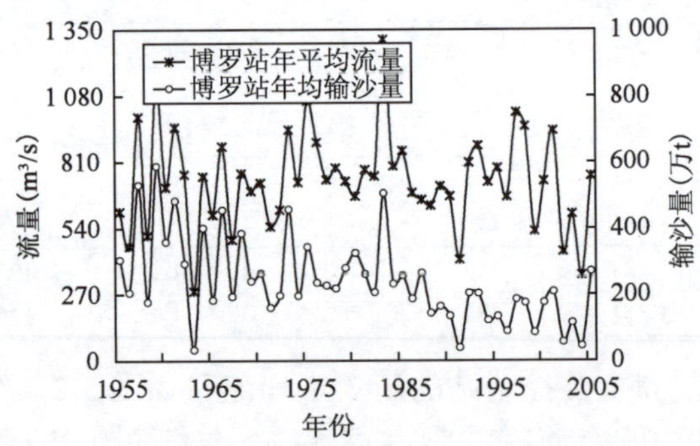

图3-4 东江来水来沙年际变化图

珠江三角洲主要测站输沙量变化(单位:万t) 表3-5

测　站	马　口	三　水	博　罗
20世纪60年代	7 170	745	3
20世纪70年代	8 010	910	258
20世纪80年代	8 080	917	25
20世纪90年代	6 090	1 200	138
2000年以来	3 390	80	145

从多年平均流量、平均含沙量和平均输沙率可以看出,西江的来水来沙量最大,北江次之,东江最小。高要的平均流量是石角平均流量的5.2倍、东江博罗站流量的9.5倍,高要的平均含沙量是石角平均含沙量的2.4倍、博罗的3.1倍。而进入三角洲网河区后,因网河的分水分沙

调节作用,水沙格局发生了变化,如马口站的平均含沙量是三水站的1.4倍,是西江往北江分沙使北江三水站含沙量增大的结果。可以认为,思贤滘是西、北江三角洲网河区西江和北江水、沙联系和交换的纽带。由表3-5可知,珠江是径流充沛、含沙量低的河流,即具有丰水少沙的特点。

通过对高要、石角和博罗三个水文站月均流量、月均输沙率序列(1960~2008年)的小波分解,得到的长期变化趋势见图3-5~图3-8。

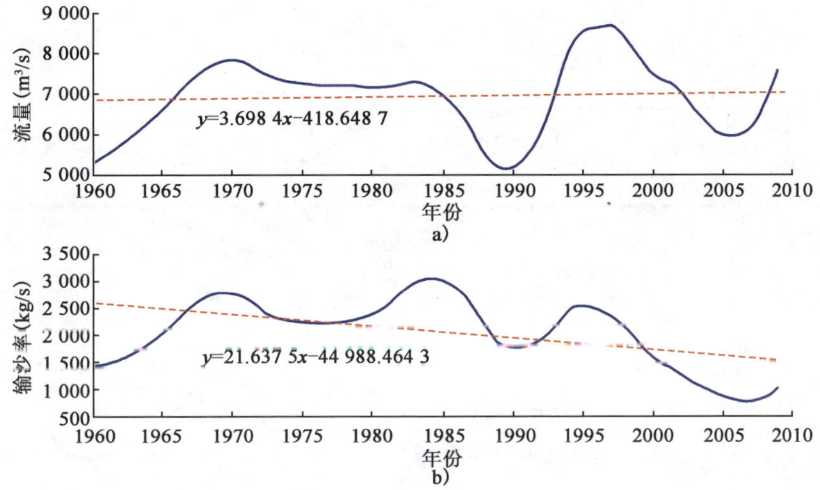

图3-5　西江高要站来水来沙的长期变化趋势

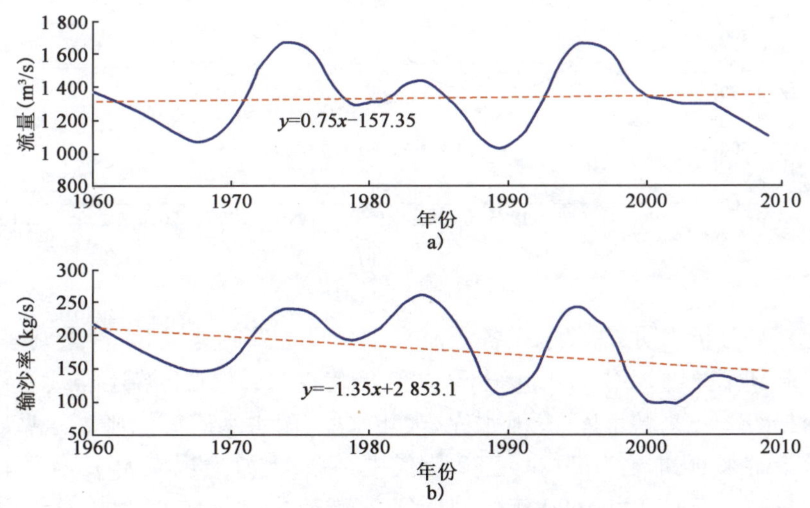

图3-6　北江石角站来水来沙的长期变化趋势

(1)1960~2008年的49年间,西江、北江和东江三个主要测站来水量增率约5.58m^3/(s·a),从总的来水趋势变化看,珠江口来水量保持着总体平衡、略有递增的趋势。

(2)珠江三角洲来沙量的长期变化呈明显的递减趋势,年递减率达−24.20kg/(s·a)。高要、石角、博罗水文站的输沙率的长期变化趋势均表现为递减趋势,下降率最大的为高要站,达−21.64kg/(s·a);其次为石角站,为−1.35kg/(s·a);平均下降速率最小的是博罗站,为−1.22kg/(s·a)。

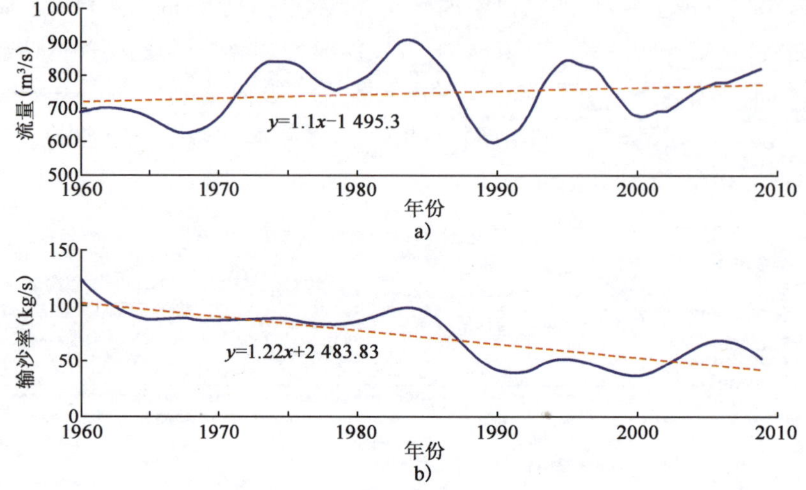

图 3-7　东江博罗站来水来沙的长期变化趋势

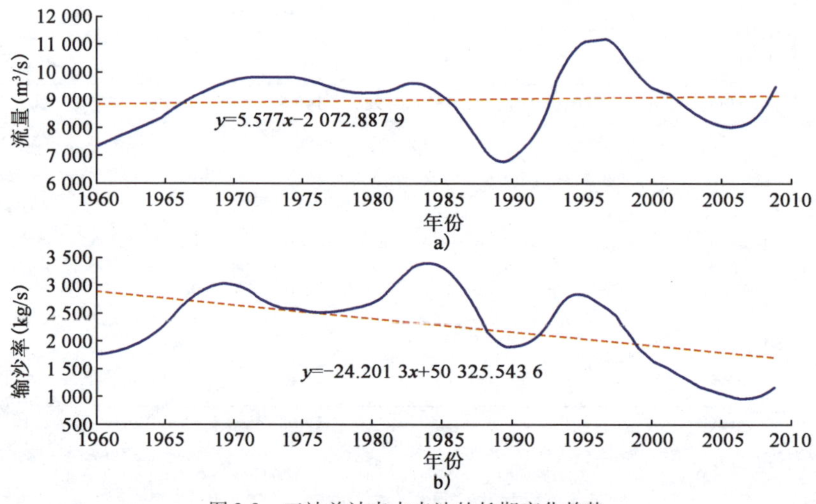

图 3-8　三站总计来水来沙的长期变化趋势

长期变化趋势分析表明，珠江水系各干流来水量呈上升趋势，而来沙量则呈下降趋势，人类活动在其中起到了关键作用。20 世纪 60 ~ 80 年代以来，珠江上游还陆续建设了一些大型水库（如新丰江水库、飞来峡水库、龙滩水库、大化水库、南水水库等），随着这些水库的投入使用拦截了部分上游来沙；加之自 20 世纪 80 年代中至今，上游大规模无序、无度的河道采沙活动导致河沙大量减少，到 20 世纪 90 年代初达到高潮，近年有所减少，但规模仍很大。

3.6.3　来沙量年内分布集中并略提前于洪峰

珠江三角洲来水来沙特征表现出明显的季节变化，即水沙在年内的分配极不均匀，在汛期和非汛期各月的水沙分配有明显的不同，各月在年内所占的百分比有较大的差异。珠江流域径流主要由降雨形成，流域内的洪、枯水期出现和降雨时空分布具有同一规律性。一般而言，每年 10 月至翌年 3 月为旱季，降水量最少，此时段为枯水期；4 ~ 9 月为雨季，为主要降水集中时期，属洪水期。具体到西江、北江和东江三角洲主要控制站的多年平均水沙年内分配如

表3-6和图3-9～图3-11所示。

珠江三角洲主要控制站洪枯季水沙分配比　　表3-6

项目	径流量(%)					输沙量(%)				
水文站	西江		北江		东江	西江		北江		东江
	高要	马口	石角	三水	博罗	高要	马口	石角	三水	博罗
洪季(4～9月)	77.9	76.8	76.0	77.3	71.7	94.8	94.6	87.9	96.0	89.4
枯季(10～翌年3月)	22.1	23.2	24.0	22.7	28.3	5.2	5.4	12.1	4.0	10.6

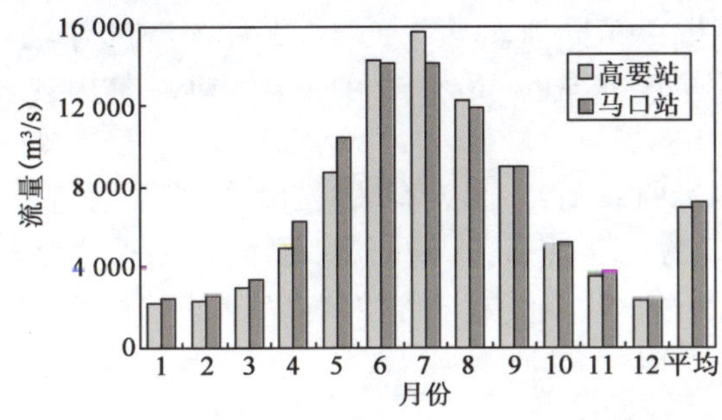

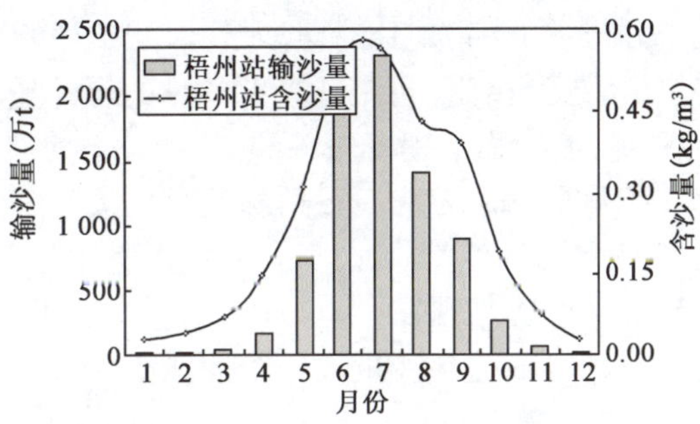

图3-9　西江来水来沙多年平均年内分布图

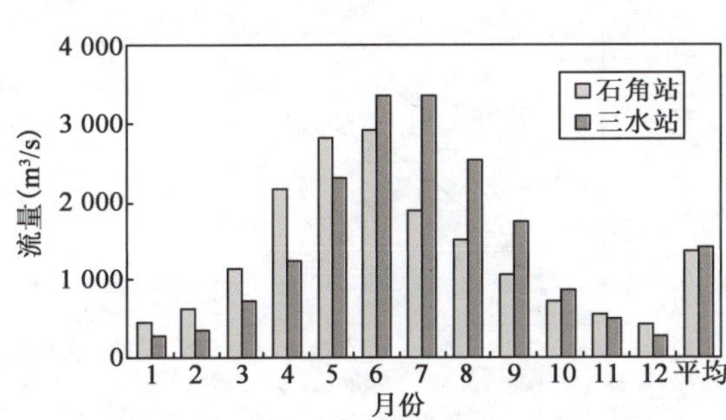

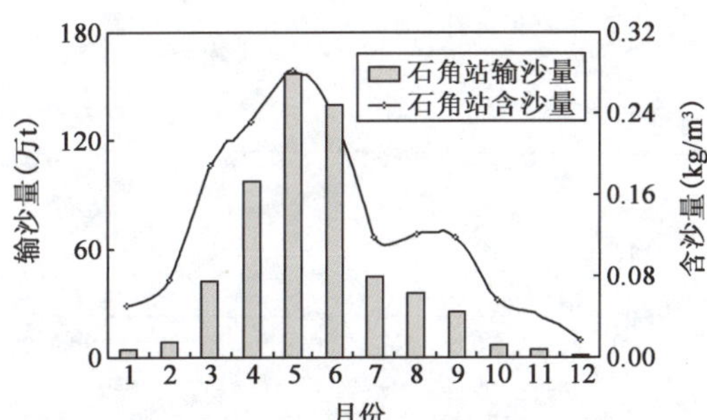

图3-10　北江来水来沙多年平均年内分布图

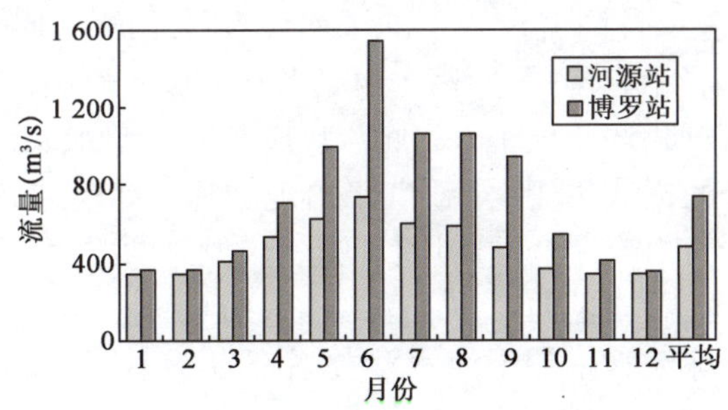

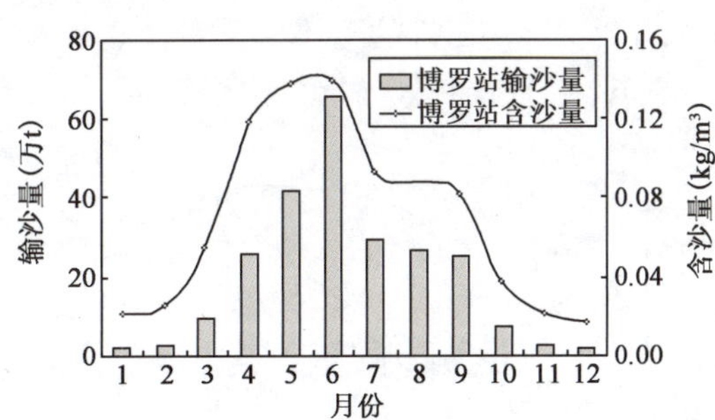

图3-11　东江来水来沙多年平均年内分布图

由图3-9～图3-11和表3-6分析可知，径流年内分配主要集中在洪季，西江、北江和东江的汛期4～9月的径流量均占全年的70%以上，其中5～8月最大，约占全年径流量的一半左右。但三大流域略有差异，北江流域、东江流域比西江流域早一个月进入汛期，一般情况下在

4月即进入汛期，而西江流域迟一个月即5月才进入汛期。枯水期10～翌年3月的径流量所占比例不足全年的30%，其中12～翌年2月为最枯，只占10.0%左右。由于汛期流量大，含沙量高，输沙量的年内分配与径流相比更为集中，其中大部分泥沙主要通过汛期内的几次主要洪水向下游集中输运。如表3-6所示，西江、北江和东江主要控制的汛期输沙量都接近或超过全年的90%。2005年6月西江恰逢百年一遇的洪水，据统计该月输沙量占全年的70%，汛期4～9月的输沙量所占比例更是高达年输沙量的99%。

西江、北江和东江干流水沙关系特征（图3-12～图3-14）归纳如下：

（1）图3-12为西江高要站的月均流量—含沙量曲线图，该图曲线较为复杂，呈多重型绳套关系。这一复合型水沙关系不同于北江、东江干流的顺时针型绳套。上半年1～3月的含沙量大于同流量下的12月的含沙量，8～10月的含沙量大于同流量级下的4～5月含沙量；但是，与东江、北江相比，同流量级下各月的含沙量相差幅度非常小；最大沙峰和最大洪峰都出现在6～8月，水沙集中程度较一致。

（2）图3-13为北江石角站的月均流量—含沙量曲线图，该图具有顺时针型绳套显著特征。上半年1～6月含沙量大于同流量下下半年7～12月的含沙量，水沙同源，基本同步；最大沙峰和最大洪峰皆出现在4～6月。从图上还可以看到，4～6月石角站含沙量非常集中，其比同级流量下其他月的含沙量大一个数量级。

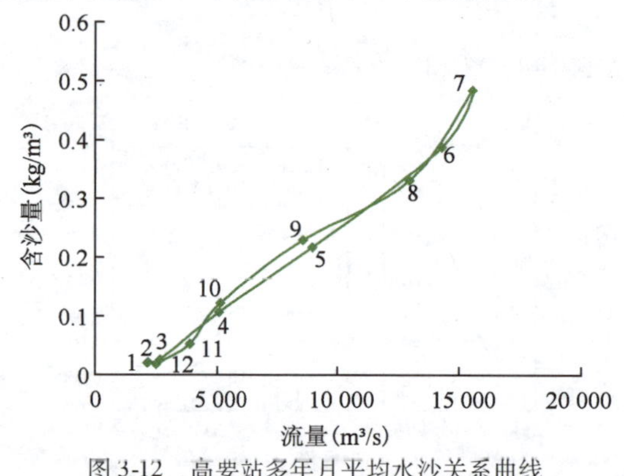

图3-12 高要站多年月平均水沙关系曲线

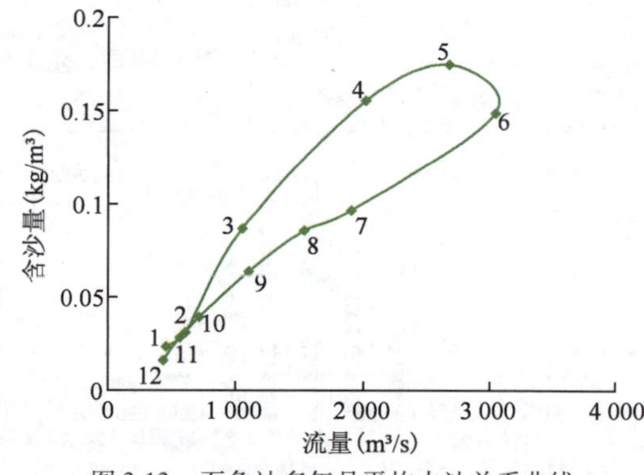

图3-13 石角站多年月平均水沙关系曲线

（3）如图3-14所示，东江博罗站的月均流量—含沙量曲线呈顺时针方向的特征，水沙基本同源，上半年1～6月的平均含沙量大于下半年7～12月同流量级下的平均含沙量。最大洪峰出现在6～7月，而最大沙峰则出现在5～6月，两者稍有不同，原因主要是东江流域面积小，水沙的自我调节能力小，加之上游多个大型水库对水沙的拦截作用，导致洪峰出现较迟。尽管水沙并未能出现完全同步增长的态势，但总的来说，含沙量随着流量的增大而呈现增大的趋势。

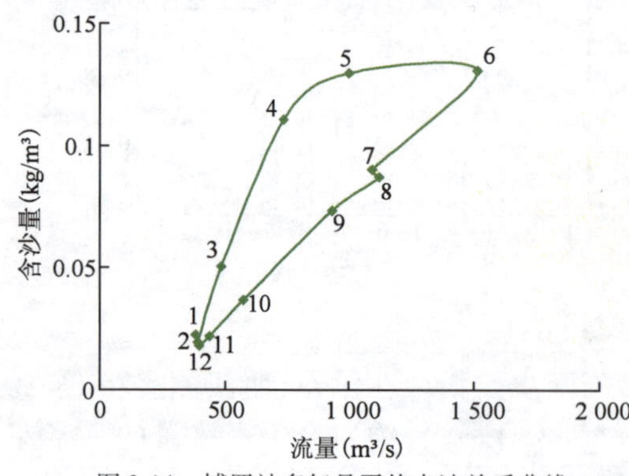

图3-14 博罗站多年月平均水沙关系曲线

珠江水系各干流水沙关系都有所不同，各有特点，形成原因也有所不同。

东江干流和北江干流水沙皆呈顺时针方向的相关关系，这是由东江干流和北江干流流域所特有的气候条件、自然地理条件以及人类干扰措施等因素决定的。

东江、北江分别是珠江流域的第三、第二大水系,东江和北江流域面积分别占珠江流域总面积的5.96%和10.3%,就流域面积、径流量、输沙量大小而言,东江和北江均远远小于西江。并且东江和北江流域形态均为扇状,这往往是单一天气系统影响流域的降水和产沙过程,因而水沙同源,与水沙异源的西江大不相同。再者,北江、东江上游大量兴建水库,很大程度上调节了东江干流的来水来沙情况。

西江流域面积约占珠江流域总面积的78.4%,长年水沙充沛,是珠江水沙通量的主要组成部分。西江上游是西江流域的主要产沙地,受西南暖湿气流影响显著,其流量、含沙量的峰值出现的时间较东江和北江迟;另外,产水产沙区不一致亦是造成复杂绳套的原因之一。

由于来沙高峰期集中于5~6月,而流量高峰集中于6~7月,来沙高峰略提前于流量高峰,因此,5月的沙峰更容易引起河道的淤积。

3.6.4 水位与流量关系变化明显

图3-15给出了高要站和马口站1965~2005年间的年平均水位和最低水位的变化过程。由图分析可知,1997年之前两测站的平均水位均基本围绕多年平均值上下变动,但近10年来水位却有较明显下降的趋势。如高要水文站1997年以前年最低水位最小为0.49m,而2003年、2004年和2005年分别为0.24m、0.18m和0.25m;马口水文站多年平均水位约1.68m,但自2000年来年平均水位均在1.0m以下。水位显著下降,径流量则基本不变,表现在水位(Z)—流量(Q)关系曲线上,就是使Z-Q关系曲线逐年右偏,即同流量级的水位明显下降,或同级水位下河道断面过流量明显增加。如图3-15所示,1996~2005年,马口站在流量分别为7 500m^3/s、15 000m^3/s和20 000m^3/s的情况下,水位分别下降了0.8m、1.7m和2.1m。

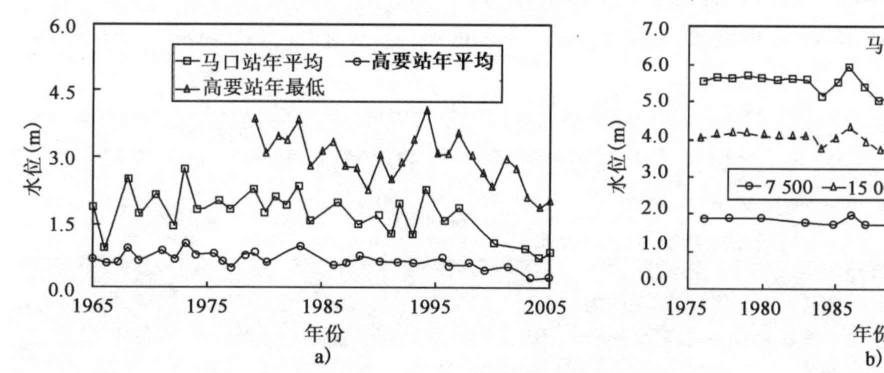

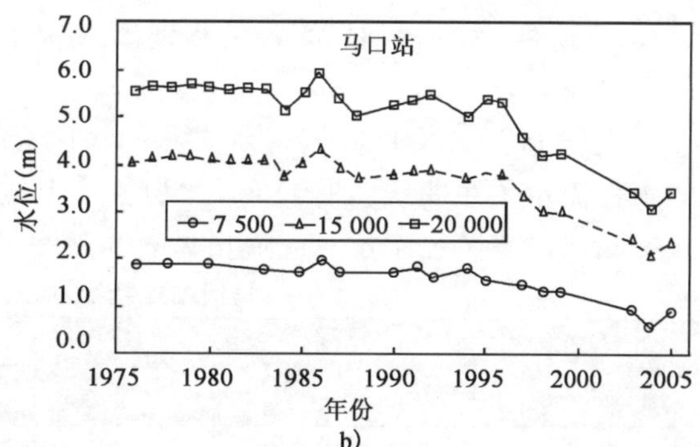

图3-15 西江主要测站历年特征水位及同流量下的水位变化图

如图3-16和图3-17所示,北江三角洲和东江三角洲主要测站近年来的水位变化同样也具有明显下降的变化规律。北江三水站大约在1992年后出现水位明显下降趋势,比西江马口站提前了约5年;据统计,1992~2005年,三水站在流量分别为2 000m^3/s、6 000m^3/s和10 000m^3/s的情况下,水位分别下降了2.0m、2.8m和2.6m。东江博罗站出现水位下降趋势的年份和北江三水站基本一致,但水位下降幅度要比西江和北江大得多。据统计,博罗站近年中、枯水水位下降严重,年最低水位连创新低,截至2005年底,年最低水位降至1.68m,较1997年已下降了3.13m。

20世纪90年代后珠江三角洲网河顶点主要测站水位明显下降,主要是由于三角洲地区水道大规模人工采沙导致河床大幅下切所造成的。如东江下游博罗河段,由于采沙规模极大,

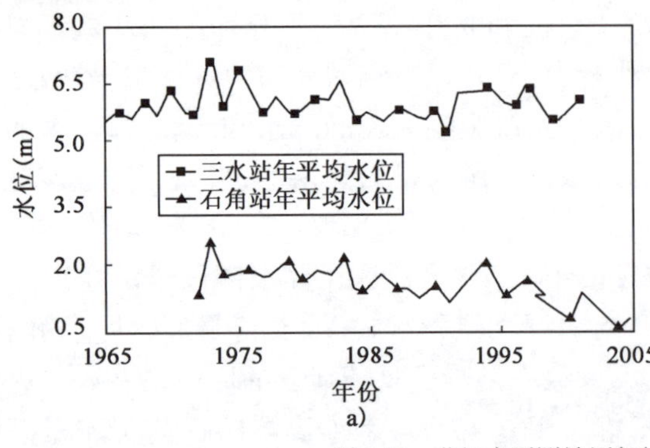

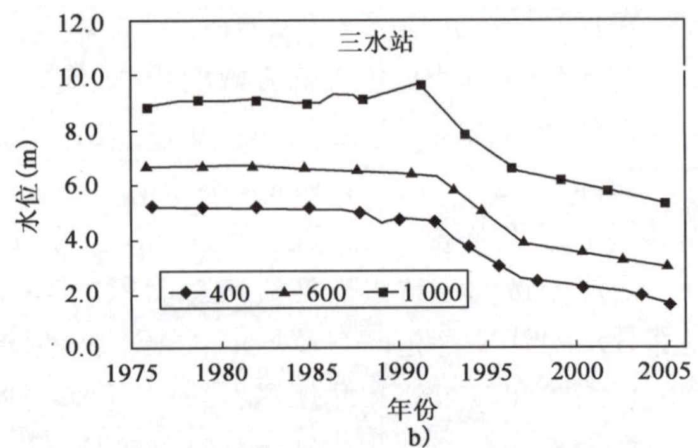

图 3-16 北江主要测站历年特征水位及同流量下的水位变化图

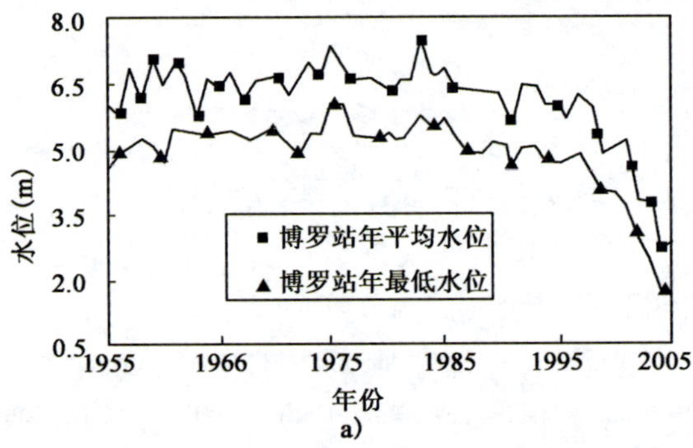

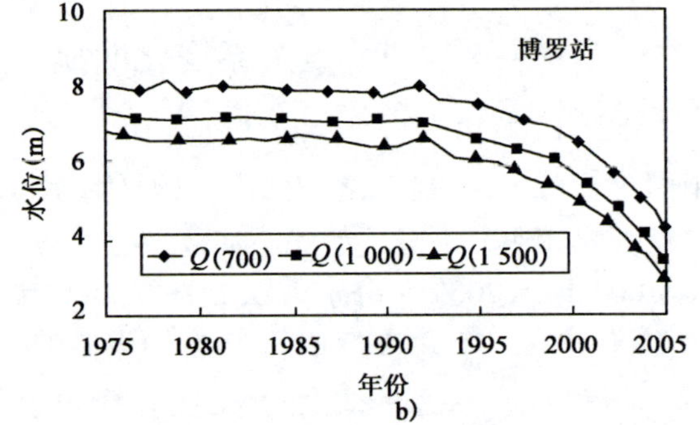

图 3-17 东江博罗站历年特征水位及同流量下的水位变化图

河床被大幅挖深，自 2002 ~ 2005 年河道平均水深由 2.2m 增至 7.9m，河床平均高程下切 5.7m。显然，大规模河床采沙使得河床大幅下切是引起近 10 多年来水位出现明显下降趋势的主要原因。

根据 1999 ~ 2005 年马口水文站的水位、流量资料点绘的以水位为纵坐标，流量为横坐标的水位流量关系曲线(图 3-18)，此为各年水位流量关系变化的趋势线，能判别其发展趋势。

马口站各特征水位对应流量见表 3-7。

马口站各特征水位对应流量(单位：m^3/s) 表 3-7

水位＼流量	1999 年	2000 年	2001 年	2002 年	2003 年	2004 年	2005 年	2001 ~ 2005 年流量差值
1	6 900	7 000	6 000	7 000	7 800	8 100	8 100	2 100
2	11 800	12 000	11 000	11 900	12 500	14 000	14 000	3 000
3	15 000	16 300	15 000	16 000	16 500	18 000	19 500	3 500
4	19 000	20 500	19 500	20 000	20 200	22 000	25 000	5 500
5	22 500	24 000	23 000	23 800		25 800	30 500	7 500
6	26 000	27 000	26 300	26 800		28 800	35 900	9 600
7			29 200	30 000			41 000	11 800
8			32 000				46 000	14 000
年最大流量	27 000	27 200	32 100	31 300	21 800	29 400	52 700	
对应水位(m)	6.03	5.73	7.3	6.86	4.22	5.93	8.92	

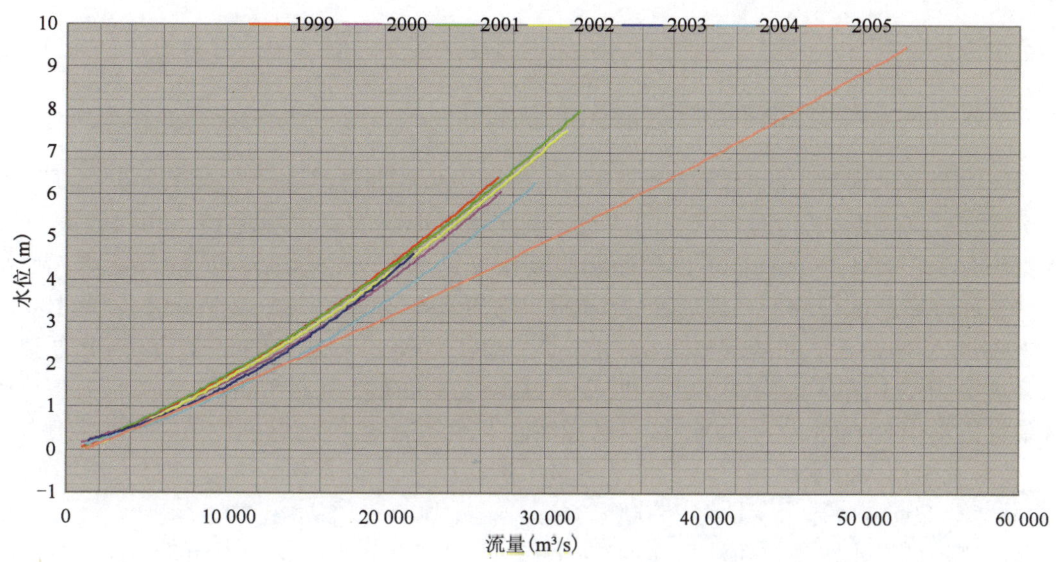

图 3-18　马口水文站 1999～2005 年水位—流量关系曲线

从表 3-7 可知：

(1)1999～2004 年6 年间，西江的最大洪水均不大，属枯水年。2001 年的洪峰流量最大为 32 100m³/s，2003 年的洪峰流量最小为 20 200m³/s，6 年洪峰流量平均值为 28 133m³/s。而 2005 年为特大洪水年，洪峰流量为 52 700m³/s(相应水位为 8.92m)，是前 6 年平均峰值流量的 1.87 倍。与珠江水利委员会编制的珠江流域综合规划中马口站两百年一遇($P=0.5\%$)洪水流量 51 800m³/s(相应水位为 11.23m)相当，但其水位却相差甚远，达 2.31m。

(2)为与河床演变取得同期的计算资料作动力条件变化的分析，取表中的 2001～2005 年共 5 年时段的资料说明如下：

①同水位时，2001～2004 年流量缓慢增长，而 2004～2005 年是跳跃式增长。

②低水位部分增加的流量值较小，例如 1m 水位时增加的流量值为 2 100m³/s。随着水位的升高，增加的流量值越来越大，到 8m 水位时增加的流量值为 14 000m³/s，估计到 9m 水位时可增加到 17 000m³/s。由此可见，马口水文站水位流量关系曲线是河流径流动力变化的依据，同样水位下，流量的增加表征着动力作用条件增长。

③中枯水期，也就是说当流量小于多年平均流量 7 500m³/s(采用初步设计值)，同水位时增加的流量较小，说明中小流量时，虽然河床下切，水深大幅增加，但水位变化较小，有利于航道水深的维持。

④中洪水期河流动力增加较大，西江下游航道整治时采用的整治流量为多年平均流量 7 500m³/s，相应的整治水位为珠基 1.6m。若以 2005 年水位流量关系查得 1.6m 水位时的流量已达 12 000m³/s 左右，增加了 4 500m³/s。其增加的流量为增加的动力，说明河流的造床能力提高。

⑤当水位为 0m 时，流量大体上为 1 100m³/s(相当于设计流量)，水位基本上无变化，说明此时径流动力很弱，主要受潮汐动力作用，潮流动力增加是枯水航道水深维持的主要动力

因素。

水位流量关系及水流动力条件的变化，无论对防洪还是对航道都是有利的。

3.6.5 洪水特征和河道行洪能力变化较大

珠江三角洲洪水发生的时间和地区分布与暴雨一致。西江洪水一般出现在6~8月，往往由几次连续暴雨所形成，历时3~7d的一次连续降雨所形成的洪水历时15~20d，较大的洪水过程则历时30~40d；洪水特征可以梧州和高要水文站为代表，其峰高、量大、历时长，洪水过程线呈多峰或肥胖的单峰形。据统计，高要站一次洪水平均历时36d、最长68d、最短10d。高要站1968年实测最大30d的洪量为927亿m^3，占西江当年总径流量的29%；多年平均30d的洪水径流量为593亿m^3。由表3-8可知，梧州站洪峰最大流量为54 500m^3/s(1915.7)，高要站洪峰最大流量为55 000m^3/s(2005.6)。思贤滘以下网河受西、北江共同调节，如果两江的洪峰遭遇，极易发生特大洪水。马口站多年平均最大洪峰流量为27 400m^3/s，实测最大洪峰流量为53 200m^3/s(2005.6)，造床流量约25 000m^3/s。

北江流域的洪水出现较西江早，一般在4~7月，以5~6月居多，每年汛期发生洪水3~4次，每次洪水历时7~15d，洪水暴涨暴落，水位变幅大。北江洪水的特点是峰高而量相对不大，涨落历时相对较短，峰形尖瘦。由于经常出现连续多次降雨过程，洪水过程线呈连续性多峰形式。“94·6”特大洪水是西、北江同时发洪的一场流域性大洪水，北江石角水文站实测洪峰流量16 700m^3/s，洪峰水位14.68m，比历史最高水位高出0.66m；两江的洪峰在思贤滘相遇，加上大潮顶托，造成珠江三角洲部分地区水位超200年一遇，其中位于思贤滘两侧的北江三水站和西江马口站分别出现10.39m和10.06m的洪峰水位，前者比历史最高水位高出0.48m(表3-8)。图3-19给出近10年来西、北江“94·6”“98·6”“05·6”三次特大洪水期间，马口站和三水站洪水水位过程。

西、北江主要洪水特征流量、水位统计 表3-8

项目	西江洪水				北江洪水		
	时间	梧州	高要	马口	时间	石角	三水
洪峰水位(m)	1915.7	27.07	13.16	11.17	1915.7	13.48	9.17
洪峰流量(m^3/s)		54 500	54 500	51 700		18 800	17 100
洪峰水位(m)	1949.7	25.55	12.91	10.08	1968.6	13.79	9.91
洪峰流量(m^3/s)		48 900	49 700	42 800		14 900	—
洪峰水位(m)	1988.9	23.88	12.21	8.96	1982.5	14.02	8.45
洪峰流量(m^3/s)		42 500	44 800	37 000		15 000	9 060
洪峰水位(m)	1994.6	25.91	13.62	10.06	1994.6	14.68	10.39
洪峰流量(m^3/s)		48 500	48 700	47 000		16 700	16 000
洪峰水位(m)	1998.6	26.51	13.32	9.48	1998.6	13.02	9.59
洪峰流量(m^3/s)		52 900	52 600	46 200		12 500	16 200
洪峰水位(m)	2005.6	26.68	12.68	8.97	2005.6	11.5	9.19
洪峰流量(m^3/s)		53 700	55 000	53 200		11 700	16 400

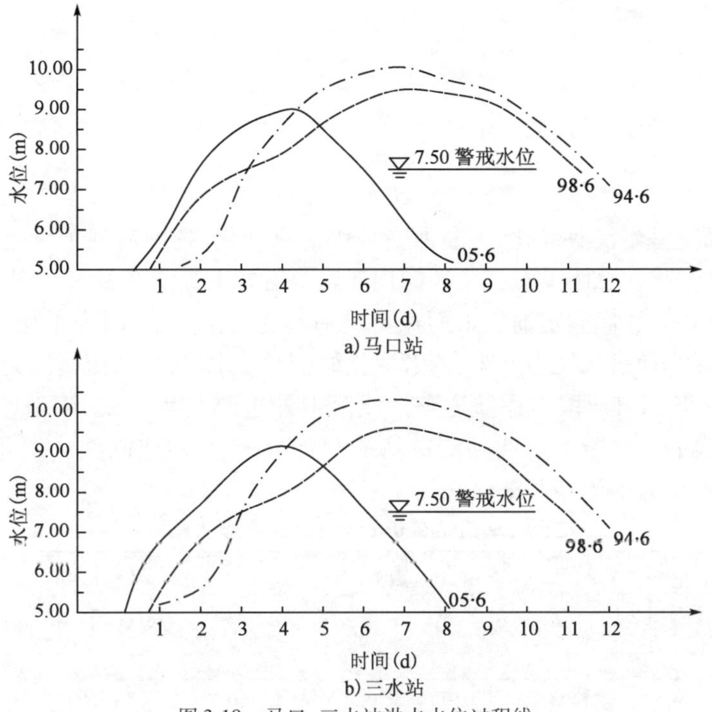

图3-19 马口、三水站洪水水位过程线

东江与西、北江存在地理条件的差异,发洪时间不一致,洪水遭遇机会极少;同时东江三角洲与西、北江三角洲隔狮子洋相望,因此东江洪水对西、北江三角洲影响不大。东江洪水一般出现在5~10月,以6~8月最为集中,洪水涨落较快,一次洪水过程历时10~20d,多为单峰型。东江洪水主要来自河源以上,由于面积较小,干、支流洪水发生遭遇的机会较多。新丰江、枫树坝和白盆珠三大水库总库容170.6亿m^3,总控制面积11 740km^2,占下游防洪控制断面博罗站以上流域面积的46.4%。三库建成后,东江流域的洪水基本得到了控制。经三库联合调洪,可将博罗站100年一遇的洪峰流量由14 400m^3/s降低为11 670~12 070m^3/s,接近20年一遇洪峰流量11 200m^3/s。博罗站历年实测最大洪峰流量为12 800m^3/s(1959.6),2005年6月特大洪水最大洪峰流量为7 840m^3/s,洪峰水位为9.81m。

从上述洪峰流量分析,洪峰进入珠江三角洲地区后,相同流量的水位明显下降,说明河道的行洪能力明显提高。

河道的行洪能力,是指某特定水位下的河段的过流能力。在水力学中$Q=W\cdot V$(其中Q为流量,W为过水断面积,V为流速)。

在天然河段中$W=B\cdot H$(式中B为水面宽,H为过水断面的平均水深),$V=C\sqrt{RI}$(式中C为谢才系数,R为水力半径,在天然河道中$R=H/I$为河道水面比降。$C=\frac{H^{\frac{1}{6}}}{n}$,$n$为糙率)。

则

$$V=\frac{H^{\frac{1}{6}}}{n}\quad H^{\frac{1}{2}}\cdot I^{\frac{1}{2}}=\frac{H^{\frac{2}{3}}}{n}I^{\frac{1}{2}}$$

$$Q = \frac{B \cdot H^{\frac{5}{3}}}{n}\sqrt{I}$$

令$\frac{B \cdot H^{\frac{5}{3}}}{n}$为 K,K 为流量模数,则

$$Q = K\sqrt{I}$$

挖沙前后水面宽基本没有变化,但断面平均水深有变化,挖沙后河道发生纵向下切,纵向下切使水面线也发生变化。总体上对三角洲的顶部思贤滘处水位下降多,三角洲中腰水位下降少。最终使水面下降变小。我们假定前后水面宽及糙率不变的情况下,因为平均水深的增加过流能力加大,水面比降减小使过流能力变小,两者变化综合对三水、马口的流量及分流比产生影响。

北江思贤滘~紫洞口河段考虑航道整治线范围外边滩高程不变,河道断面可概化为由滩(滩边)槽共同组成的复式断面。西江河道基本没有边滩,其河道断面可概化为矩形断面。三水、马口站 9.0m 水位时的流量见表 3-9。

三水、马口站 9.0m 水位时的流量估算值 表 3-9

估算流量 计算状态	流量模数 K		河床平均比降$\sqrt{I}$		计算流量(m^3/s)			相当于珠江水利委员会计算频率 P(%)
	东平水道	西江干流	东平水道	西江干流	东平水道	西江干流	总流量	
起始状态	1 033 928	4 714 900	0.010 19	0.008 26	10 538	38 945	49 483	10
1996 年	1 346 198	5 216 320	0.009 8	0.008 16	13 193	42 565	55 758	5
1999 年	1 647 214	5 801 704	0.009 17	0.007 85	15 105	45 543	60 648	2
2005 年	2 060 517	7 034 400	0.008 528	0.007 85	17 573	53 321	70 894	0.5

计算结果与其他计算或实测成果比较见表 3-10。

各种方法三水、马口两站的流量、水位及分流比变化对照表 表 3-10

方法	项目 计算状态	流量(m^3/s)		水位(m)		总流量(m^3/s)	三水分流比(%)	流量增值比(%)	
		三水站(东平水道)	马口站(西江干流水道)	三水站(东平水道)	马口站(西江干流水道)			三水站 其他状态/初始状态	马口站 其他状态/初始状态
本文估算	起始状态(1990 年前)	10 538	38 945	9	9	41 483	21.3		
	1996 年状态	13 193	42 565	9	9	55 758	23.7	25.2	9.3
	1999 年状态	15 105	45 543	9	9	60 648	24.9	43.34	16.9
	2005 年状态	17 573	53 321	9	9	70 894	24.8	66.76	36.9
实测资料	1968 年 6 月	13 100	40 700	9.9	9.58	53 800	24.3		
	1994 年 6 月	16 200	40 700	10.38	10.01	63 200	25.6		
	1998 年 6 月	15 900	46 100	9.56	9.37	62 000	25.6		
	2005 年 6 月	16 200	52 700	9.14	8.92	68 900	23.5		

估算法的成果与实测成果定性一致，定量接近，将人为采沙的河床断面变化概化为一个平均断面（由平均水面宽和平均水深组成），利用 $Q=K\sqrt{I}$ 的水力学计算公式，考虑平均水深及水面比降两大因子的变化，估算三水、马口站的流量变化及分流比变化，是一种简易计算法。计算公式反映河床下切后，虽然河道水面比降减小，河道宽度基本不变，河道的流量模数仍大幅提高，因此，河道水深大幅提高是河道行洪能力提高的主要原因。

3.6.6 网河区与口门的分水分沙比变化明显

珠江三角洲是典型的网河型三角洲，珠江三角洲的水道亦是典型的网河型水道，网河型水道具有不同于其他类型三角洲水道的非常独特的动力特征：径流动力除一般考虑干流的来水来沙外，各汊道来水来沙的再次分配也同样引人注目。若网河型水道的某一汊道的分流比、分沙比发生了变化，势必影响网河区其余各汊道的径流动力，进而影响三角洲网河区径潮动力的相互作用，因此探讨网河区的分水分沙变化具有重要意义。

1）西、北江分水分沙

西、北江下游在思贤滘相汇后，思贤滘就成了两大水系水沙交换的通道，过滘水沙的方向和数量，直接影响西、北江网河的径流动力，进而影响西、北江网河水沙的分配与调整。因此，思贤滘的分水分沙作为三角洲网河第一级汊道的分沙分配，对分析珠江三角洲水沙运动具有重要意义。图3-20给出了马口站和三水站1960～2005年分水分沙比的变化。由图分析可知，1993年是马口、三水站分流比和分沙比变化的一个转折点。由马口站和三水站不同年代的分水分沙统计结果分析可知（表3-11），1993年之前两站的分流比基本稳定，其中1959～1980年和1981～1989年两站的分流比同为85.8%和14.2%，1990～1992年两站的分流比为85.2%和14.8%，马口站分流比略有降低，三水站略有增大，但此变化在河道调整及上游来水多少的变化范围内；1993～1998年两站分流比发生明显变化，马口站由1990～1992年的85.2%突降为76.8%，三水站由1990～1992年的14.8%陡增至23.2%，这表明北江来水量几乎增加了一倍，西江的径流经思贤滘注入北江使得三水站流量增大，马口站流量则相应减少；然而这种变化远远超出河道自身调整和上游来水情况变化的范围。据研究，大规模河床采沙是导致此种变化的主要原因。两站分流比的变化，表明北江网河区水流动力增强，而西江网河水流动力减弱。

20世纪80年代中期以来，随着珠江三角洲经济的快速发展，河道采沙业也开始兴旺发达，大规模河床采沙首先在北江三角洲主要水道展开，致使北滘口及其附近河床深切、同流量级下水位大幅度下降，而同时期西江干流采沙量较少，河床下切幅度小于北江，因此形成横向水位差使得西江增加了经思贤滘注入北江三水站的流量，由此导致分流比的急剧变化。1999～2005年马口、三水站分流比调整为80.3%和19.7%，相比于1993～1998年的情况，马口站分流比有所增大，三水站分流比减小。据分析，此段时期内北江网河水道由于沙源减少和政府的严格监控，采沙规模和河床下切幅度远小于西江，因此西江过水断面增大、水流顺畅，进而使得马口站分流比增大。

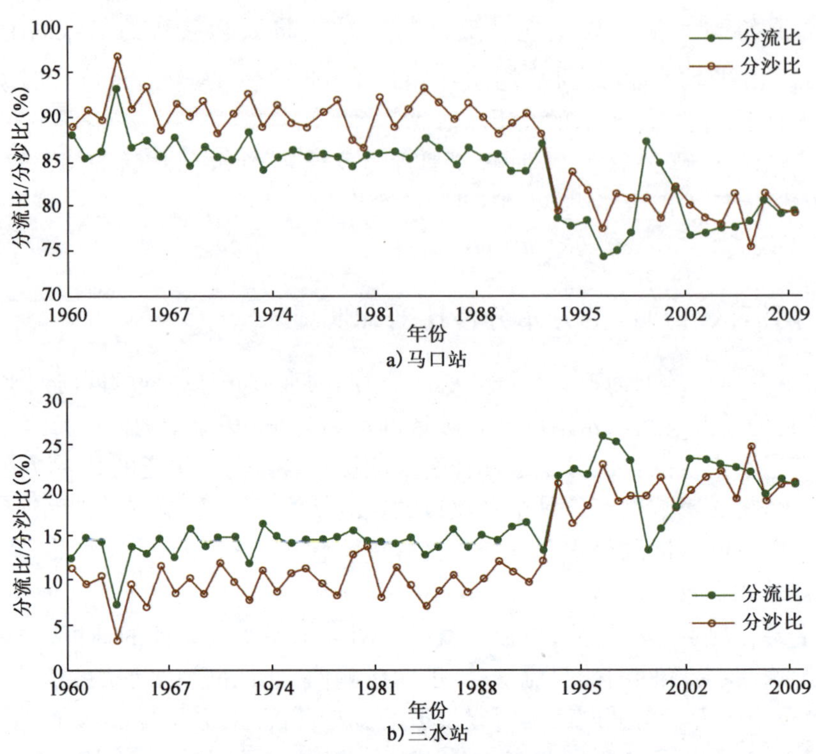

图 3-20 马口站和三水站分水分沙比变化

思贤滘节点分流比与分沙比多年平均变化 表 3-11

年 份	马口站		三水站	
	分流比(%)	分沙比(%)	分流比(%)	分沙比(%)
多年平均	83.6	86.7	16.4	13.3
1960~1980	86.2	90.2	13.8	9.8
1981~1989	85.8	85.8	14.2	14.2
1990~1992	85.2	85.2	14.8	14.8
1993~1998	76.8	76.8	23.2	23.2
1999~2001	84.3	84.3	15.7	15.7
2001~2005	77.2	77.2	22.8	22.8
2006~2009	79.4	78.9	20.6	21.1

从表 3-12 所示思贤滘节点分流比和分沙比变化分析可知,变化具有如下特征:

(1)西江干流分流比和分沙比总体呈减少趋势,北江干流分流比和分沙比总体呈增加趋势。西江干流多年平均分流比、分沙比分别为 83.6% 和 86.7%,北江干流多年平均分流比、分沙比分别为 16.4% 和 13.3%。

(2)从相互关系分析,三水站的分流比大于分沙比,而马口站则正好相反,两站分流比与分沙比都有趋于一致的发展趋势。分流比与分沙比这种大小关系和发展趋势的主要原因:一是西江干流和北江干流洪水组成不同,西江干流洪水主要来自西江,北江干流洪水主要来自北江，且西江洪水含沙量明显大于北江洪水含沙量；二是近年来西江洪水年输沙量减少速度明显比北江年输沙量减小速度要快，因此西江洪水含沙量下降速度比北江含沙量下降速度要大。

思贤滘节点分流比与分沙比年平均变化　　表3-12

年份	全　年				全　年			
	马　口		三　水		马　口		三　水	
	流量（m^3/s）	分流比（%）	流量（m^3/s）	分流比（%）	输沙率（kg/s）	分沙比（%）	输沙率（kg/s）	分沙比（%）
1960	6 078	87.7	851	12.3	1 401	88.7	179	11.3
1961	8 830	85.3	1 518	14.7	2 439	90.6	254	9.4
1962	7 284	85.9	1 194	14.1	1 822	89.6	211	10.4
1963	3 818	92.8	297	7.2	506	96.6	18	3.4
1964	7 264	86.3	1 153	13.7	2 439	90.6	253	9.4
1965	7 252	87.2	1 063	12.8	2 580	93.1	192	6.9
1966	7 033	85.4	1 205	14.6	2 225	88.4	293	11.6
1967	6 748	87.6	956	12.4	2 329	91.4	218	8.6
1968	9 956	84.3	1 852	15.7	4 172	89.9	471	10.1
1969	6 736	86.5	1 053	13.5	2 673	91.6	246	8.4
1970	8 273	85.4	1 410	14.6	2 552	88.0	346	12.0
1971	7 878	85.1	1 381	14.9	2 934	90.2	318	9.8
1972	5 918	88.3	782	11.7	1 595	92.4	132	7.6
1973	9 978	83.9	1 910	16.1	2 349	88.7	301	11.3
1974	7 479	85.4	1 282	14.6	2 925	91.2	283	8.8
1975	7 432	86.1	1 202	13.9	1 368	89.3	165	10.7
1976	7 848	85.5	1 329	14.5	2 582	88.7	330	11.3
1977	7 265	85.8	1 199	14.2	2 560	90.5	270	9.5
1978	7 673	85.3	1 321	14.7	2 519	91.7	228	8.3
1979	8 508	84.4	1 572	15.6	3 417	87.3	495	12.7
1980	6 926	85.8	1 143	14.2	1 994	86.3	318	13.7
1981	8 040	85.8	1 330	14.2	2 157	92.0	187	8.0
1982	7 839	86.0	1 272	14.0	2 754	88.6	355	11.4
1983	9 278	85.3	1 600	14.7	4 186	90.7	428	9.3
1984	6 744	87.4	973	12.6	1 974	93.1	147	6.9
1985	7 337	86.4	1 152	13.6	3 230	91.3	306	8.7
1986	7 038	84.4	1 304	15.6	3 283	89.5	386	10.5
1987	6 183	86.4	971	13.6	2 672	91.4	253	8.7

续上表

年份	全年				全年			
	马口		三水		马口		三水	
	流量（m^3/s）	分流比（%）	流量（m^3/s）	分流比（%）	输沙率（kg/s）	分沙比（%）	输沙率（kg/s）	分沙比（%）
1988	5 728	85.2	997	14.8	2 395	90.0	266	10.0
1989	4 863	85.7	814	14.3	865	87.9	119	12.1
1990	6 703	84.1	1 272	15.9	2 074	89.2	251	10.8
1991	5 228	83.8	1 012	16.2	2 509	90.3	270	9.7
1992	9 268	86.8	1 409	13.2	2 289	88.0	311	12.0
1993	7 379	78.7	2 002	21.3	1 781	79.4	461	20.6
1994	9 602	77.7	2 755	22.3	3 012	83.9	578	16.1
1995	6 985	78.4	1 930	21.6	1 658	81.7	303	18.3
1996	6 969	74.3	2 410	25.7	1 703	77.3	500	22.7
1997	8 753	74.9	2 937	25.1	2 292	81.5	520	18.5
1998	8 053	77.0	2 411	23.0	1 540	80.7	367	19.3
1999	6 717	87.0	1 007	13.0	1 007	80.8	240	19.2
2000	6 296	84.6	1 145	15.4	856	78.7	231	21.3
2001	7 900	81.9	1 745	18.1	1 680	82.2	364	17.8
2002	7 770	76.7	2 364	23.3	1 339	80.1	332	19.9
2003	5 850	77.0	1 750	23.0	428	78.7	116	21.3
2004	5 063	77.5	1 468	22.5	519	78.1	145	21.9
2005	6 120	77.7	1 752	22.3	881	81.3	203	18.7
2006	6 687	78.2	1 860	21.8	919	75.3	302	24.7
2007	5 029	80.7	1 204	19.3	259	81.5	59	18.5
2008	8 240	79.0	2 188	21.0	927	79.6	238	20.4
2009	5 177	79.6	1 328	20.4	417	79.2	110	20.8

(3)1960～1989 年，马口、三水两站的分流比是稳定的，一直保持在 86.1%:13.6% 的平均值范围内，此段时间内三水站的多年平均流量为 1 202.9m^3/s。

1990 年开始发生变化，到 1993～1998 年发生西江向北江泄水的情况。期间，其平均分流比为 76.8%:23.2%，此时段内三水站的多年平均流量为 2 408m^3/s，相当于 1959～1989 年时段内的 2 倍，也就是说西江分给北江的流量等于北江流域的正常流量。

1999 年马口站分流比大增，接近 1990 年的分流比。据分析，造成此种变化的原因主要是：1998 年特大洪水后，西江河床下切、过水断面增大、水流顺畅，进而使得马口站分流比增大;近年来对东平水道的河道采沙的禁止抑制了北江网河水道河床继续深切,而西江下游的情况则相反,正是大量采用的过程。

2001 年以后,随着顺德水道和李家沙水道的取沙和河床的下切,三水方面的分流比又增加,2002 ~2009 年的分流比与 1993 ~1998 年的分流比较接近。

由此可见,从 1990 年开始,受人类无序大规模采沙及其河床演变的影响,其分流比和分沙比开始调整,且存在着如上所述的两个转折点,即 1993 年开始的马口站分流比变小,1999 ~2001 年急剧增大后下降,2002 ~2009 年缓慢增大,呈现出向 20 世纪 90 年代前格局恢复的趋势。

(4)马口、三水站分流的变化也引起了西、北江分沙比的变化。根据 1960 ~2009 年马口、三水站年均输沙率和分沙比的变化,可知 1993 年马口、三水站分沙比也发生了明显变化,马口站分沙比由 1992 年的 90.3% 下降到 79.4%,三水站由 9.7% 上升到 20.6%,这种变化与马口、三水站分流比的变化以及含沙量变化是相对应的。

2)网河汊道分水分沙

对于网河区中腹部的一些分汊河段,由于两侧水道不均匀采沙而导致过水断面面积比值的变化,从而使得分水分沙形势发生改变。如西江干流天河附近的东海水道(容桂水道)与西海水道(西江干流)两分汊,东海水道入口处河床采沙量和断面增加面积比西海大。容桂水道 1977 ~1996 年平均过水断面增加 35%,而西江干流天河 ~ 潮莲洲河段 1977 ~1997 年平均过水断面只增加 21.5%。因此,近年西江经东海水道向东分水有所增加,其分流比也从 20 世纪 50 ~80 年代的 42% 增加为 20 世纪 90 年代的 48%(图 3-21)。

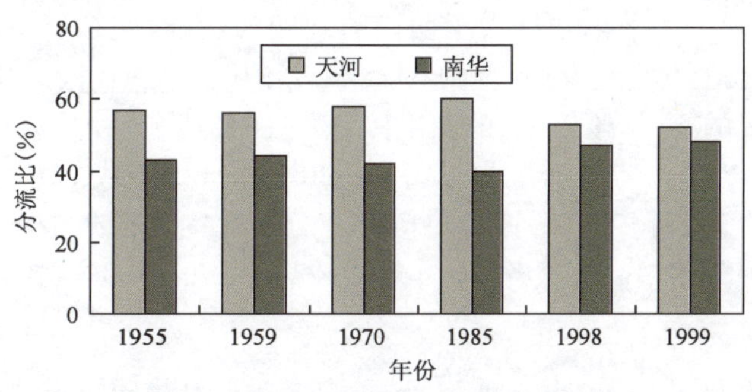

图 3-21 西江天河、南华分流比变化图

东江三角洲顶点北干流与南干流(东莞水道)的分流比也具有类似的变化趋势。在 20 世纪 60 ~80 年代,其流量分配规律为北干流大于东莞水道,当石龙流量约为 500m^3/s 时两水道分流比为 0.55:0.45。近 20 多年来,河床采沙使北干流河床过水断面面积从 1976 年的 851m^2 增加到 2003 年的 1 022m^2,增大约 20%,东莞水道则从 688m^2 增加到 1 846m^2,增大约 168%。河道过水断面的巨大变化,直接影响南、北水道的流量分配规律,使两水道的分流形势逆转。目前,当石龙流量约为 500m^3/s 时,北干流与东莞水道的分流比约为 0.43:0.57。

3)八大口门分水分沙

根据 1950—1980 年期间的水文资料统计,珠江出海年平均总径流量约为 3 260 亿 m^3。其中东四口门多年平均径流量约为 1 742 亿 m^3,占总径流量的 53.4%;西四口门的多年平均径流量约为 1 518 亿 m^3,占总径流量的 46.6%,见表 3-13。八大口门的分水分沙比均以磨刀门最大,分别占总径流量和总输沙量的28.3%和33.0%;崖门的分水分沙比最小,分别占总径流量和总输沙量的6.0%和5.1%。

珠江三角洲八大口门入海水沙分配　　表3-13

口门名称	虎门	蕉门	洪奇沥	横门	磨刀门	鸡啼门	虎跳门	崖门
测站名称	大虎	南沙	冯马庙	横门	灯笼山	黄金	西炮台	黄冲
年径流量(亿 m^3)	603	565	209	365	923	197	202	196
径流分配比(%)	18.5	17.3	6.4	11.2	28.3	6.1	6.2	6.0
年输沙量(万 t)	658	1 289	517	925	2 341	496	509	363
输沙分配比(%)	9.3	18.1	7.3	13.0	33.0	7.0	7.2	5.1
输沙比/径流比	0.49	1.05	1.14	1.16	1.17	1.15	1.16	0.85
多年平均径潮比	0.25	1.66	2.07	2.64	5.53	2.82	3.41	0.30

注:入海年输沙总量7 098 万 t,年径流总量3 260 亿 m^3。

网河区水道分水分沙的改变,必然导致八大口门的分流比和分沙比发生一定变化。20世纪90年代以来,随着三角洲网河顶点马口、三水站分流分沙比的改变,八大口门的分水分沙也出现了新的变化趋势。据广东水电勘测设计院水动力数学模型计算成果(1999年地形资料,上边界为多年平均流量,下边界按外海中潮)分析,在人类活动及河床自然演变共同作用下,珠江三角洲东南流向河道的下切强度大于西南流向的河道,致使东四口门的分流从20世纪80年代的53.4%增大到20世纪90年代的63.5%,分沙比亦从20世纪80年代的47.7%增大到20世纪90年代的56.8%。东四口门中除蕉门的分水分沙比减少外,其他三个口门均有所增加,其中又以洪奇沥增加最为显著,从20世纪80年代的6.4%和7.3%增加至20世纪90年代的11.3%和12.2%;西四口门分水分沙比则均呈减少态势,且以磨刀门减少最多,分流比和分沙比分别从20世纪80年代的28.3%和33.0%减至20世纪90年代的24.9%和29.3%。

3.6.7　宽深比变小、潮波传播速度加快

对于航道整治工程来说,研究和运用最为广泛的是横断面沿程河相关系,其主要是对河床横断面要素河宽 B 与平均水深 H 的统计分析成果。经验关系式:

$$\frac{\sqrt{B}}{H} = \zeta$$

式中:$\sqrt{B}$——平河漫滩水位下的河宽;

H——平河漫滩水位下的平均水深;

ζ——断面河相系数,一般情况下,与河床稳定性成反比,ζ 值越大,越不稳定。

从表3-14中可以看出,无论在1990年地形,还是在2005年地形下,河相关系沿程都有增大的趋势,在洪水情况下表现得更为明显,主要是因为下游河道比上游河道更为宽深。同时,河相系数沿程的变化幅度较大,最小为1.45,最大为10.23。

西江河相关系比较　　表 3-14

西　江	枯水流量		平均流量	
断面	1990 年地形	2005 年地形	1990 年地形	2005 年地形
	$\sqrt{B}/H$	$\sqrt{B}/H$	$\sqrt{B}/H$	$\sqrt{B}/H$
马口	7.00	4.44	5.90	4.11
天河	5.76	3.59	5.40	3.47
百顷头	10.16	5.41	8.98	5.07
竹洲头	2.64	1.70	2.64	1.66
灯笼山	8.94	6.37	8.36	6.03

河流的横断面要素与水力要素有关，利用所计算的数据，对西江下游的磨刀门航道和虎跳门航道进行分析，得到河宽、水深和流速之间存在的简单的指数关系，如下式：

$$H = \alpha_1 Q^{\beta_1}, B = \alpha_2 Q^{\beta_2}, U = \alpha_3 Q^{\beta_3}$$

式中：H——平均水深；

B——河宽；

U——平均流速；

Q——流量；

α_i、β_i——待定系数（$i=1,2,3$），可根据同河流优良河段进行相关确定。

另外相关系数 R 表示相关性，R 值越大，相关度越高。

通过计算，可以发现虎跳门航道和磨刀门航道中，流量与流速具有较好的相关度，R 值都在 0.9 以上，水深的相关度也在 0.8 左右，河宽由于受到岸边的局限，流量增大到一定值，河宽变化较小或几乎无变化，因此计算的河宽与流量的相关度不是很高。工程前后的河相关系中系数并没有发生太大的变化，对于虎跳门航道和磨刀门航道的整个河段来说，尽管多个支流汇入改变了局部河段的来水来沙条件，且整治工程较大地改变了断面面积和河床高程，但就河段整体来说，其河相关系仍然呈现出较高的相关性，受支流汇流等来流条件影响较少，说明虎跳门航道和磨刀门航道的河相关系具有一定的稳定性。

珠江三角洲河网内由于有潮水的填充和潮汐的顶托，在洪、枯季航道内水深都有所变化。在计算的洪水情况下，西江的沿程平均水深分别增大 1.80m，从而引起潮波传播速度增加了 2.48km/h，在枯季航道平均水深的增加更为明显，西江沿程平均分别达到 3.75m 和 2.11m，潮波传播速度相应增加了 6.77km/h。潮波传播速度的增大直接导致潮流上溯距离的增加，同时伴随着涨潮流量的增大（表 3-15）。

1990 年和 2005 年西航道网内潮波传播速度变化　　表 3-15

项　目	西江干流			
	洪　水		枯　水	
	平均水深（m）	潮波速度（km/h）	平均水深（m）	潮波速度（km/h）
1990 年地形	15.82	44.85	7.96	31.81
2005 年地形	17.62	47.33	11.71	38.58
变化量（%）	11.38	5.53	47.11	21.28

3.7 珠江口水沙动力特点分析

3.7.1 地形地貌总体格局

珠江三角洲是由西江、北江、东江、流溪河及潭江等河流长期共同作用形成的一个湾内复合型三角洲。西江和北江是形成珠江三角洲的主体，径流强，来沙多，所以西、北江三角洲部分，在湾内自西北向东南呈一扇形迅速推进；而其东、西两侧，因河流短小，径流来水来沙少，淤积速度相对缓慢，故此，海湾东、西的边缘至今仍未被填满，暂时变成潮流作用相对强劲的珠江河口湾和潭江河口湾。从三角洲形成发育与海湾演进的整体观来考虑，珠江三角洲既包括强径流、弱潮流的西、北江三角洲和东江三角洲，也包括强潮流、弱径流的珠江河口湾与潭江河口湾，珠江三角洲河口区域主要包括伶仃洋海区、黄茅海海区和磨刀门河口区。

1）伶仃洋海区

伶仃洋是珠江口东部四个口门（虎门、蕉门、洪奇沥和横门）注入的河口湾，位于东经113°33′～114°09′，北纬22°12′～22°45′之间。湾型呈喇叭状，走向接近NNW-SSE方向，湾顶宽约4km（虎门口），湾口宽约30km（澳门至香港大濠岛之间），纵向长达72km，水域面积2 110km^2。

伶仃洋水下地形具有西部浅、东部深的横向分布趋势和湾顶窄深、湾腰宽浅、湾口宽深的纵向分布特点，水下地形呈“三滩两槽”的基本格局（图3-22），三滩指西滩、中滩和东滩，两槽指东槽和西槽。

东槽又称矾石水道，位于东滩和中滩之间，由川鼻水道经丫仔山、大铲岛、赤湾西侧、铜鼓岛东侧，向东流入香港暗士顿水道；西槽又称伶仃水道，位于中滩和西滩之间，由川鼻水道经舢舨洲东侧和内伶仃岛西侧，再由大濠岛与桂山岛之间深槽流入外海，该槽长期以来作为广州港出海的深水航道一直被使用和维护。东滩紧靠矾石水道东侧，呈条带状由北往南贴岸分布；中滩又称矾石浅滩，夹于东槽和西槽之间，形状为南宽北窄狭长状，位于内伶仃岛南侧由伶仃水道、暗士顿水道和大屿山北水道环绕的铜鼓浅滩与中滩连为一体；西滩位于西槽以西，面积广阔，由于被蕉门南北汊道、洪奇门和横门延伸汊道分割而形成几条平行排列的水下沙脊，由鸡抱沙浅滩、孖沙浅滩、沙仙尾滩、进口浅滩、横门浅滩等大小浅滩构成。

伶仃洋湾内有岛屿散布其间，如龙穴岛、舢舨洲、横门山岛、大铲岛、小铲岛、内伶仃岛、淇澳岛和大濠岛等，在湾口和湾外，群岛罗列，如万山群岛、大蜘洲、小蜘洲、桂山岛等。这些岛屿对外海波能的消减、潮流路径的调整以及局部滩槽的塑造起到重要作用。

2）黄茅海海区

黄茅海湾顶位于崖门水道和虎跳门水道的汇合口，宽1.8km，湾口有大襟、大杧、三角山、南水等岛屿扼守，岛屿间水域总宽16km，从湾口至湾顶纵向长36km，水域面积达403km^2，上窄下宽状如漏斗。河口湾内嵌有多个岛屿，如赤鼻岛、独崖山、二崖山、黄茅岛、青洲、白排、獭洲等。目前黄茅海湾口有4个峡口与外海相通，分别是大襟岛西口、大杧岛西口、三角山西口和南水西口，其中大杧岛西口是潮流吞吐的主要通道（图3-23）。

黄茅海湾腰至湾顶段为落潮冲刷槽，三虎以南东槽和西槽为涨潮冲刷槽，拦门沙浅滩位于湾腰以南展宽段，海湾两侧潮坪边滩有东滩、西滩和大海环浅滩。

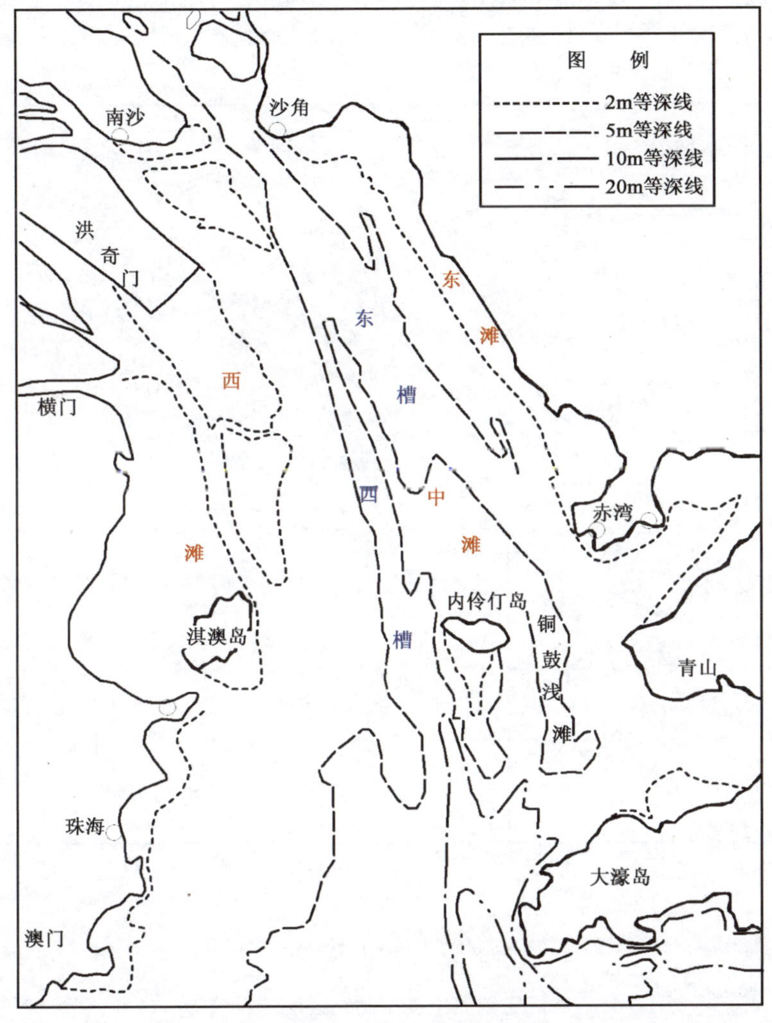

图 3-22 伶仃洋“三滩两槽”水下地形示意图

3）磨刀门河口区

磨刀门内海区经人为治理后形成磨刀门水道和洪湾水道“一主一支”两条人工河道，磨刀门水道口门段的总体形势为东槽和西槽的格局，口门内河道为滩槽分离明显的复式河槽。图 3-24为 2003 年磨刀门河口的地貌形势。

3.7.2 主要动力变化特征

1）径流

珠江流域位于南亚热带地区，常年高温多雨，年径流总量仅次于长江，居全国第二位。从单位面积产水量而论，则为全国之冠。河川水资源的年总水量为 3 360 亿 m^3，八大口门出海径流总量为 3 264 亿 m^3。根据 1954 ~ 2000 年实测资料统计分析，进入珠江三角洲的径流量，西、北江流域(马口+三水)为2 773亿m^3,占出海河川总径流量的85.0%;东江流域为234.6亿m^3,占7.19%;三角洲及诸河为256.2亿m^3,占7.85%,其中麒麟咀38.89亿m^3,占1.19%,流溪河14.58亿m^3,占0.45%,潭江及网河区产流等约占6.21%。珠江三角洲主要控制站径流特征值见表3-16。

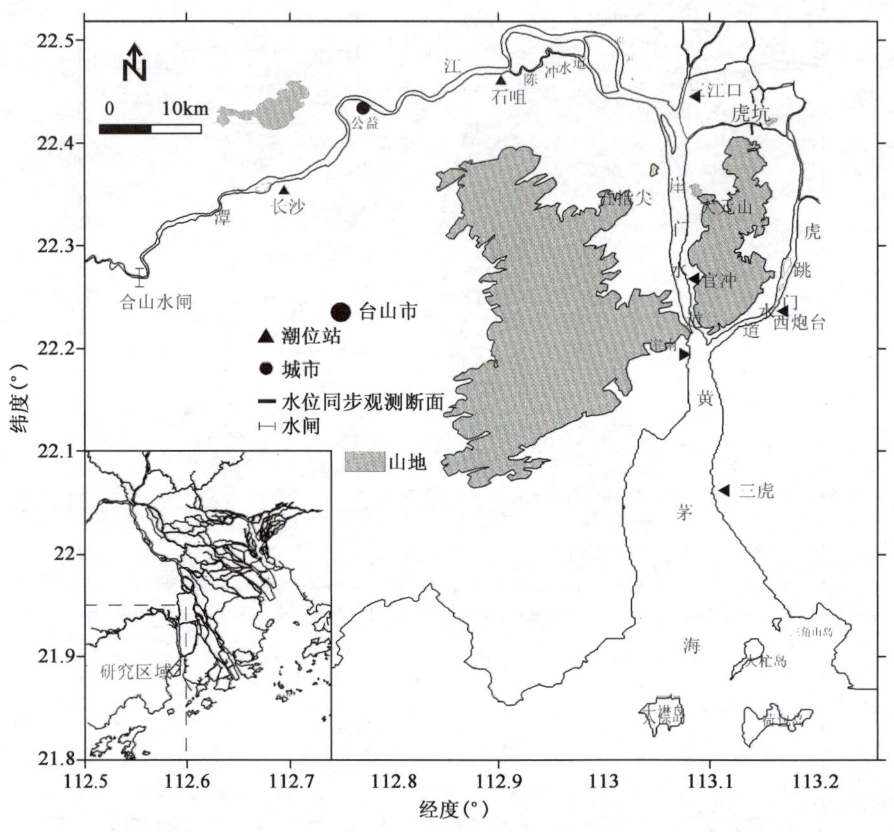

图3-23 黄茅海地形格局示意图

珠江三角洲主要控制站径流特征值 表3-16

站名	最大年径流量(亿m^3)	发生年份	最小年径流量(亿m^3)	发生年份	多年平均径流量(亿m^3)	最大年平均流量(m^3/s)	发生年份	最小年平均流量(m^3/s)	发生年份
马口	3 154	1973	1 210	1963	2 322	10 000	1973	3 840	1963
三水	932.7	1997	94.7	1963	450.8	2 960	1997	300	1963
马口+三水	3 916	1994	1 305	1963	2 773	12 400	1994	4 140	1963
博罗	413	1983	89.37	1963	234.6	1 310	1983	283	1963
麒麟咀	66	1983	11.81	1963	38.14	209	1983	37.4	1963

三水、马口是西、北江洪水进入西、北江三角洲的控制站,自20世纪90年代起,马口、三水占思贤滘(马口+三水)年径流的分流比例发生了较大的变化,马口站由1959~1989年的

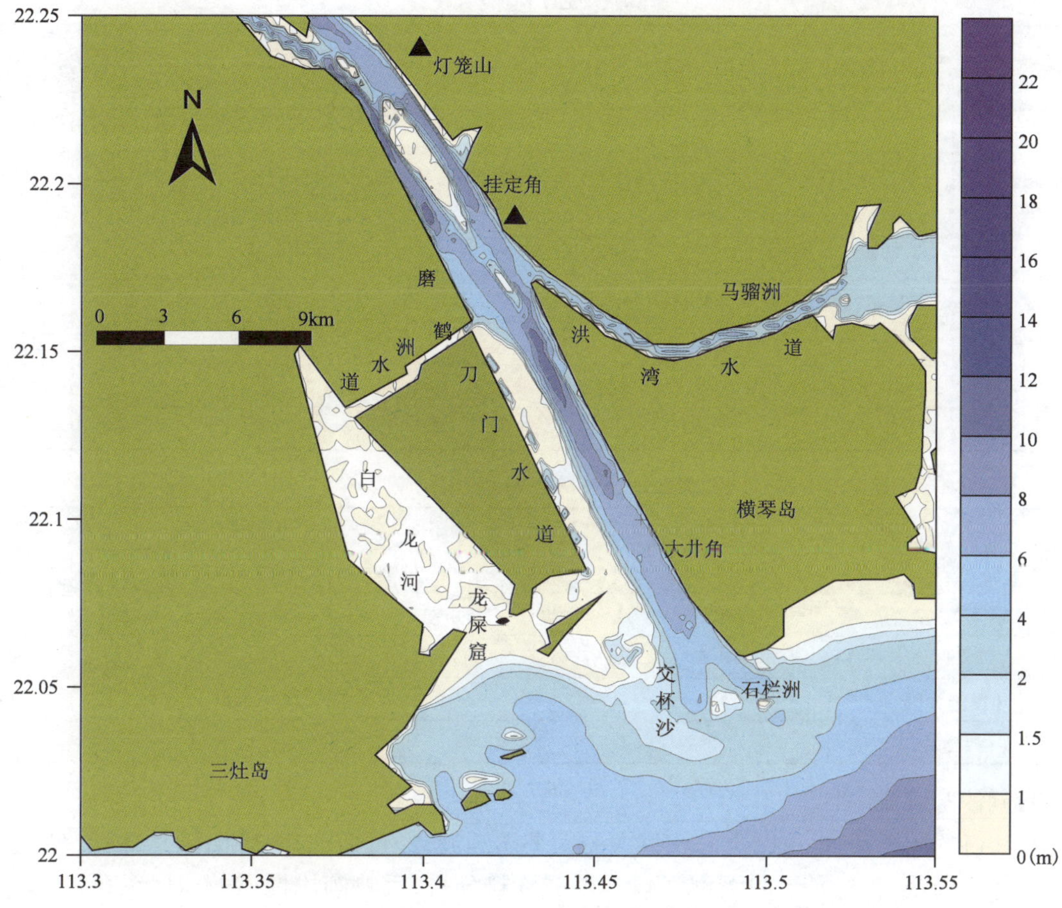

图 3-24　磨刀门河口地貌形势

83.6% ~92.7%(平均 86.0%),下跌为 1993 ~2000 年的 74.3% ~79.2%(平均 77.1%),分流比例平均减少了 8.9%。而三水站在此期间相应地增加了 8.9%。马口站由于其本身径流量大,8.9%只占其多年平均径流量的 10%左右,对其原来基本的水文情势影响不大。而三水站由于原来的分流量不大,增加的径流量占多年平均径流量的 63.5%,增加的径流较多,势必造成三水以下网河区水文情势发生变化,其中包括河流与海洋两种动力相互作用与影响的变化。

根据 1999 年 7 月 15 日 ~7 月 24 日汛期同步水文测验资料和 2001 年 2 月 7 日 ~2 月 15 日枯水期同步水文测验资料(表 3-17),汛期东四口门的径流分配比大于枯水期径流分配比约 14%,西四口门也随之减少 14%左右;汛期的径流量是东四口门大于西四口门,而枯水期是西四口门大于东四口门。与 1988 年完成的珠江流域三角洲综合利用规划报告成果(表 3-18)比较,东四口门有所增大而西四口门略有减少,变化幅度为 7%左右,磨刀门水道仍是径流出海的主要通道,其次为蕉门、虎门、横门、洪奇门、崖门、鸡啼门和虎跳门。出海口门的径流分配,在不同的时间受上游不同的径流来量及潮汐的变化等因素影响,这两次大范围同步水文测验,是近年来测验范围较广、资料精度较高的一次水文测验,具有较好的代表性,能够客观地反映八大口门不同时期的径流分配情况。

实测八大口门径流分配表 表 3-17

口门	项目	东四口门				西四口门				合计
		虎门	蕉门	洪奇门	横门	磨刀门	鸡啼门	虎跳门	崖门	
7月15日~24日	径流量(亿 m^3)	38.49	42.84	21.74	30.56	58.69	8.628	7.623	10.22	218.8
	占八大口门百分比	17.6	19.6	9.94	14	26.8	3.94	3.48	4.67	100
	径流量(亿 m^3)	133.6				85.15				218.8
	占总量百分比(%)	61.1				38.9				100
2月7日~15日	径流量(亿 m^3)	-0.224	1.18	2.6	1.819	2.702	0.263	1.062	1.99	11.39
	占八大口门百分比	-1.97	10.4	22.8	16	23.7	2.31	9.33	17.5	100
	径流量(亿 m^3)	5.376				6.018				11.39
	占总量百分比(%)	47.2				52.8				100

八大口门径流分配表(前规划成果) 表 3-18

口门	东四口门				西四口门				合计
	虎门	蕉门	洪奇门	横门	磨刀门	鸡啼门	虎跳门	崖门	
年径流量(亿 m^3)	603	565	209	365	923	197	202	196	3 260
占总量百分比(%)	18.5	17.3	6.4	11.2	28.3	6.1	6.2	6	100
年径流量(亿 m^3)	1 742				1 518				3 260
占总量(%)	53.4				46.6				100

2)潮汐与潮流

珠江口的潮振动,是由巴士海峡传入的太平洋潮波,经过南海东北部,到达珠江口后引起的。珠江口潮差较小,属于弱潮型河口。根据资料分析,反映潮汐性质的$(H_{K1}+H_{O1})/H_{M2}$比值在0.94~1.77之间,属于不正规半日潮,在一个太阴日中,出现两次高潮和两次低潮,且潮高均不相等,潮差大小和涨落潮历时也不相同。受汛期洪水和风暴潮的影响,最高潮位一般出现在6~9月,最低潮位一般出现在12~翌年2月。潮差变化受地形和径流影响比较显著,外海和河口区的潮差变化有明显差别,沿程潮差自南向北逐渐增大。

与潮汐一样,珠江口的潮流属于不正规半日混合潮流类型。虽然潮差不大,受喇叭状辐聚地形和上游巨大纳潮容积的影响,潮流动力仍较强劲。在口外的三灶、赤湾等站,涨、落潮历时几乎相等,潮水过程对称。往口内,由于浅海分潮高阶调和项的作用,涨潮历时和落潮历时不等,落潮平均历时向外海逐渐递减,涨潮历时则刚好相反,由近岸向外海方向递增;无论洪、枯季,落潮历时均大于涨潮历时;枯季涨潮历时长于洪季,落潮历时则相反。

(1)八大口门

珠江三角洲口门及网河区潮汐属不规则半日潮型,在一太阴日内(约24小时50分钟)两涨两落,且两次高潮和低潮均不相同,潮差和历时也不相等。潮差的大小是衡量河口潮汐强弱的一个重要标准。珠江口平均潮差小于2m,属弱潮河口。一般大潮的潮差大,小潮的潮差小,涨潮潮差和落潮潮差接近。月内有朔望(初一、十五)大潮和上下弦(初八、廿三)小潮,约15d为一个周期,分别出现月最大潮差和最小潮差。此外潮汐还有月周期和年周期的变化,以及由于月球近地点和黄白交点变化所产生的8.85年和18.6年的长周期变化。

潮差变化受地形和径流影响比较显著,珠江三角洲八大口门的潮汐动力条件差异较大,其潮差统计见表3-19。由统计结果可见,各口门平均潮差在0.84～1.60m之间,其中以虎门的潮差最大、涨潮量最多,径潮比0.25(表3-19),径弱潮强,为潮流型口门;除虎门外,蕉门与崖门的平均潮差也较大,但崖门受银洲湖纳潮面积影响较大,涨潮量较大,径潮比0.30,也属潮流型口门。磨刀门是西江主要泄洪口门,潮差最小,灯笼山站平均潮差仅0.84m,属径流型口门;其年径流量及分流比最大,其径潮比为5.53,是八口之冠。其他五个口门也偏向属于径流型河口。

珠江三角洲八大口门潮差统计表(单位:m)　　表3-19

口门		虎门	蕉门	洪奇门	横门	磨刀门	鸡啼门	虎跳门	崖门
代　表　站		舢板洲	南沙	万顷沙西	横门	灯笼山	黄金	西炮台	黄冲
时间系列		56－84	53－98	53－94	53－98	59－98	56－98	57－98	59－98
最大涨潮差	平均	2.60	2.31	2.10	1.96	1.73	1.94	2.20	2.25
	最大	3.17	3.27	2.94	2.97	2.98	2.90	3.08	3.02
最大落潮差	平均	3.19	2.70	2.47	2.28	2.06	2.40	2.55	2.61
	最大	3.58	3.15	2.84	2.75	2.74	2.71	2.70	2.95
年平均潮差	涨潮	1.60	1.38	1.20	1.08	0.84	1.03	1.19	1.23
	落潮	1.60	1.34	1.19	1.06	0.84	1.03	1.19	1.22

珠江三角洲八大口门的潮汐历时如表3-20所示,各口门潮位站落潮历时大于涨潮历时,其中多年平均涨潮历时5小时15分钟左右,平均落潮历时7小时15分钟左右,落潮与涨潮历时多年平均比值在1.15～1.46之间。八大口门中多年平均涨潮历时最短的是虎跳门西炮台站,为5小时4分钟,落潮历时7小时25分钟,相应比值为1.46,为八大口门之最。多年平均涨潮历时最长的是鸡啼门黄金站5小时50分钟,落潮历时6小时43分钟,相应比值最小为1.15。口门涨、落潮历时,20世纪60～90年代变化较大,总的趋势是涨潮历时减少,相应落潮历时增加,比值增大,口门区比值从20世纪60年代平均1.28增加到1.39,增幅8.5%,其中鸡啼门黄金站比值增幅最大,从1.15增加到1.34,增幅0.19,增加16.5%。

珠江三角洲八大口门潮汐历时统计表(单位:h-min)　　表3-20

测站	口门	虎门	蕉门	洪奇门	横门	磨刀门	鸡啼门	虎跳门	崖门
	潮位站	黄埔	南沙	万顷沙西	横门	灯笼山	黄金	西炮台	黄冲
涨潮平均	20世纪60年代	5-33	5-39	5-22	5-31	5-32	5-50	5-17	5-31
	20世纪90年代	5-23	5-13	5-12	5-08	5-19	5-19	5-04	5-13
落潮平均	20世纪60年代	6-59	6-53	7-14	7-07	7-20	6-43	7-12	7-04
	20世纪90年代	7-04	7-17	7-19	7-20	7-12	7-08	7-25	7-16
比值	20世纪60年代	1-26	1-22	1-35	1-29	1-32	1-15	1-36	1-28
	20世纪90年代	1-31	1-40	1-41	1-43	1-35	1-34	1-46	1-39

(2)伶仃洋海域

伶仃洋平均潮差为1.06～1.69m,实测最大潮差为3.36m;潮差呈由东向西渐减和由湾口往湾顶递增的分布特征。最高潮位一般出现在洪季,最低潮位出现在枯季或汛后。汛期高潮位东部高于西部，低潮位则相反；涨潮时海平面向西南倾斜，落潮时向东南倾斜；枯水期无论高低潮位，东部均略低于西部，海平面向东南倾斜。根据伶仃洋1991～2003年间多次实测潮流资料的分析，伶仃洋水域总体为落潮流大于涨潮流，东、西槽涨潮平均流速大致相近，落潮流速则一般是西槽大于东槽（表3-21）。伶仃洋的潮流基本上为较稳定的南北向往复流。东、西槽的潮流流向与深槽走向基本一致；东部浅滩涨潮流经大铲岛附近后沿岸线平行上溯，略有偏向东槽的趋势；西滩因受海区地形和口门来水的影响，涨落潮流与主槽有一定交角，涨潮流介于330°～350°之间，落潮流介于120°～160°之间。湾内涨潮平均流速一般为0.4～0.5m/s，落潮平均流速一般为0.5～0.6m/s。总体而言，东槽涨潮势力较强，枯季尤为明显；西槽落潮动力占优，洪季更为突出。

伶仃洋海域实测涨、落潮平均流速分布（单位：m/s） 表3-21

测点位置	2003.7.26～27（中潮）		2003.7.29～30（大潮）	
	涨潮平均	落潮平均	涨潮平均	落潮平均
伶仃水道北航槽（上）	0.39	0.36	0.54	0.29
伶仃水道北航槽（中）	0.31	0.67	0.42	0.55
内伶仃岛西侧航槽	0.37	0.47	0.37	0.56
伶仃水道桂山岛北侧	0.25	0.43	0.34	0.46

受上游径流影响，伶仃洋潮波的波形是不对称的，涨潮历时5～6h，落潮历时5～8h，表3-22为伶仃洋各站潮汐历时的统计。从总体上看，涨潮历时均较落潮历时为短，亦即涨潮过程线较陡，落潮过程线较缓，潮位上升比降落快。

伶仃洋各站潮汐历时统计表（单位：h-min） 表3-22

测站	低高潮				高高潮				全潮	
	涨潮历时		落潮历时		涨潮历时		落潮历时		洪季	枯季
	洪季	枯季	洪季	枯季	洪季	枯季	洪季	枯季		
大虎	5-05	5-58	6-07	5-25	5-05	5-28	8-35	8-02	24-42	24-53
舢舨洲	5-23	6-08	5-56	5-12	5-09	5-36	8-12	8-01	24-40	24-57
内伶仃	6-11	6-37	5-16	4-39	5-47	6-11	7-24	7-23	24-38	24-50

伶仃洋的潮流基本上为较稳定的南北向往复流。东、西槽的潮流流向与深槽走向基本一致；东部浅滩涨潮流经大铲岛附近后沿岸线平行上溯，略有偏向东槽的趋势；西滩因受海区地形和口门来水的影响，涨落潮流与主槽有一定交角，涨潮流介于330°～350°之间，落潮流介于120°～160°之间（图3-25）。

（3）黄茅海海域

黄茅海属弱潮河口，潮汐为不规则半日潮，日潮不等现象显著，平均潮差湾顶1.20m（西炮台站）、湾腰1.29m（三虎站）、湾口1.16m（荷包岛站），最大潮差湾顶2.66m（西炮台站）、湾腰2.97m（三虎站）、湾口3.07m（荷包岛站）。涨落潮历时也明显不对称，落潮历时普遍大于涨潮历时，且具有由湾口向湾顶涨潮历时逐渐缩短、落潮历时相应延长的纵向变化（表3-23）。

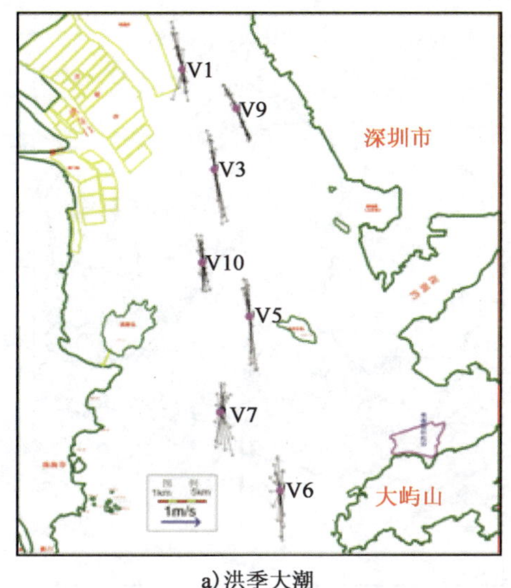

a) 洪季大潮

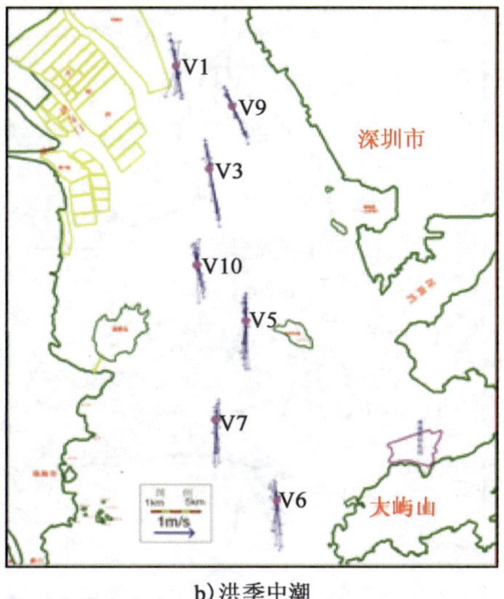

b) 洪季中潮

图 3-25　伶仃洋实测潮流矢量分布

黄茅海各潮位站潮汐特征值表　　表 3-23

项目＼站名	黄冲	西炮台	三虎	荷包岛
历年最高潮位(m)	2.27	2.39	2.58	1.83
历年最低潮位(m)	-1.76	-1.48	-1.62	-1.92
平均高潮位(m)	0.53	0.53	0.59	0.39
平均低潮位(m)	-0.69	-0.67	-0.70	-0.77
最大涨潮潮差(m)	2.73	2.66	2.97	3.07
最大落潮潮差(m)	2.95	2.60		
平均潮差(m)	1.24	1.20	1.29	1.16
平均涨潮历时(h-min)	5-24	4-54	5-29	5-58
平均落潮历时(h-min)	7-23	7-32	6-50	6-32

虽然潮差不大,但因黄茅海的面积可观(超过 400km^2),因此纳潮量巨大(年纳潮总量达 4 600亿 m^3),年径流量与其相比仅占 7%,多年平均山潮比在 0.3 左右,是典型的以潮汐动力为主的河口湾。

黄茅海湾内潮流在岸边界的约束下基本呈往复流运动,湾外潮流旋转性增强,且受西南向沿岸流的影响十分显著(图 3-26)。落潮流速较涨潮流速要稍强一些,最大流速也通常发生在落潮期间,如 1989 年 1 月 10 日枯季大潮期在赤鼻岛东侧观测到 2.14m/s 的落潮流速。

据对历史资料的分析,黄茅海湾口各通道的潮流动力特征不尽相同,如东水道(三角山岛东、西口门)涨潮流占优势,实测最大垂线平均流速涨潮比落潮可大一倍,涨潮历时也明显长于落潮历时;中水道(大襟岛—大杧岛间通道)是黄茅海潮流进出的主要通道,涨、落潮流速都

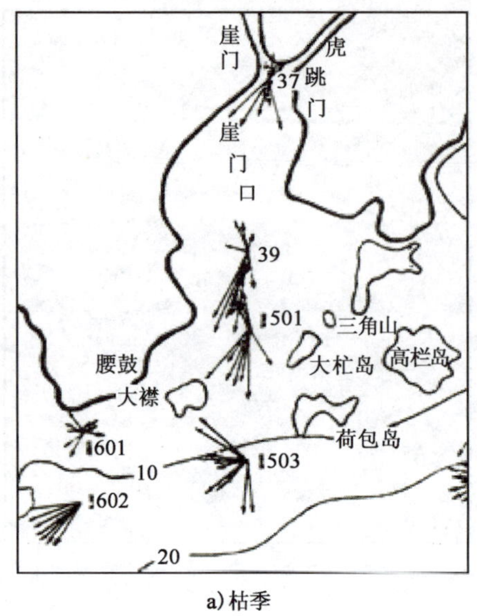

a)枯季

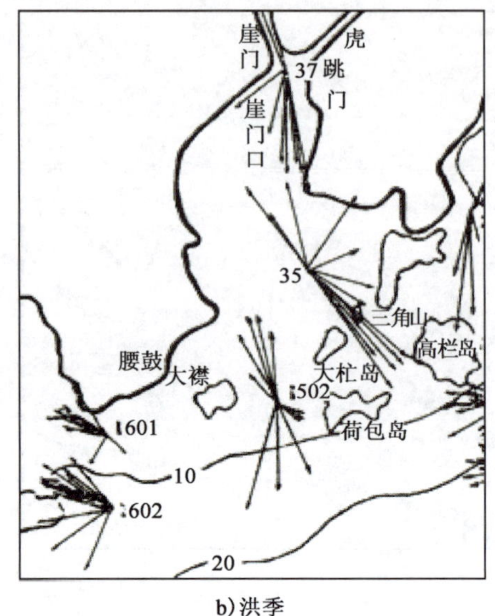

b)洪季

图3-26 1981年洪、枯季黄茅海湾内外表面潮流分布

比较强，洪季落潮流明显占优，枯季涨潮流势力增强；西水道（铜鼓角的蛇鼻咀—大襟岛间通道）枯水期落潮流占优势，落潮平均流速可达0.6m/s，比涨潮流要大一些，潮历时也更长一些，但在洪水期，则涨潮流优势比较突出，如1992年7月15日～16日实测资料反映，该口门曾出现过长达12h持续为涨潮流的特殊景象，而同时相邻的中口门（大襟岛—大杧岛间通道）其潮流仍按正常规律涨落。从河口平面环流机理方面分析，这是洪季落潮主流集中从湾口中部下泄引起侧向补偿流的结果。

（4）磨刀门口外浅海区

磨刀门潮汐属于不规则半日混合潮，日潮不等现象显著，潮位潮期均不相等。磨刀门潮差较小，一般为1m左右。潮差的年际变化不大，年内变化则相对较大，在通常情况下，枯水期潮差大于汛期潮差。潮差沿程变化的规律是由海区向内河递减。磨刀门水道的潮位变化则是由海区向内河沿程递增。涨潮历时从口外向内河递减，落潮历时则从口外向内河递增。

磨刀门外主要潮流方向为西—东南向，涨潮流为西北向，落潮流为东南向，转流时作顺时针旋转。沿岸潮流流速较大，外海较小。流速的垂线分布是中间层流速最大，表层次之，越接近底层流速越小。在沿岸区水深较浅，一般为5～10m层潮流最大。

根据珠江水利科学研究院资料，磨刀门口外浅海区同步测速资料较少，只有1980年冬至1981年夏和2001年7月中旬部分测点的垂线测速资料。磨刀门口外浅海区自20世纪80年代末口门整治规划以来，河口延伸了约15km，口外浅海区移至交杯沙，石栏洲以外海区，据1981年的Ⅱ301测点及2001年的4号测点的流向比较，Ⅱ301涨潮流向大致为280°～60°，落潮流为110°～250°，4号测点涨潮流向约为40°左右，落潮流向为180°～250°，基本上变化不大。流速方面，由于都处于口外海区，受径流影响较小，因此涨、落潮流速都无明显差异（表3-24）。

磨刀门口外海区各测点最大垂线平均流速、测点流向统计表　　表3-24

测验时间	马口相应流量（m^3/s）	项目		测点垂线				
					18	19	Ⅱ301	
1981.7.12～13（农历六月十一日～十二日）	15 000～16 000	涨潮	流速		0.2	0.3	0.42	
			流向				280～60	
		落潮	流速		0.28	0.61	0.4	
			流向				110～250	
2001.7.21～30（农历六月初一～初十）	11 000～24 000	—		1号	2号	3号	4号	5号
		涨潮	流速	0.35	0.52	0.47	0.49	0.56
			流向	346	39	300	38	287
				344	39	300	40	268
		落潮	流速	1.52	0.5	0.93	0.59	0.61
			流向	180	170	182	205	267
				182	156	185	180	247

注：1.表中流向依次为相对水深0.8H、0.2H之值。

2.流速以m/s、流向以（°）计。

3）波浪概况

珠江口的波浪，常见有风浪和涌浪，均受季风制约，冬半年受东北风影响，10月～翌年3月以NE向风浪为主，次为E向涌浪；夏季受西南风的影响，5～8月多S-SW向风浪或涌浪。荷包岛南岸波浪观测站，面向南海，1981年10月～1982年10月，实测一年，SE向浪占24%，居绝对优势；年平均波高为1.12m。

珠江沿海的大浪一般发生于夏季（4～9月），由台风引起，大浪持续时间一般为1天至数天不等。根据国家海洋局统计，1974年6月13日、9月6日、10月12日与10月19日在珠江口外共出现4次波高为6m的大浪，均出现于台风期间，这些台风都在粤西或南海西部登陆，当时大万山风速≥25m/s，风向偏东居多。根据位于珠江口外的大万山海洋站1986年波浪资料统计，强浪向为SE-SSW向，出现$H_{1/10}$大于5.0m的大浪共计3次，波向分别为SSW向和SE向。其中实测最大波高出现于1986年7月12日，最大$H_{1/10}=9.1$m，$H_{max}=11.9$m，$T=12.6$s，波向为SSW向。大万山海洋站常浪向是ESE和SE向，出现频率分别为38.14%和25.86%，强浪向为SE-SSW向。根据香港外海横澜岛测波站1971～1977年测波资料统计，横澜岛实测最大有效波高为7.1m，最大波高为10.7m，发生于1976年9月19日7619号台风期间，当时香港实测风速约8级，大万山风速30m/s。由上述资料可见，珠江口外海大浪主要是台风浪，台风大浪的波向主要为向岸的SE-SSW向，这些方向的波浪通过折射、绕射传播至网河水域。

黄茅海受季风气候影响，冬季以N-ENE向风为主，夏季以E-SSW向风为主，年平均风速2.64～4.0m/s，平均最大风速24m/s左右，而且夏秋季常受台风侵袭，台风最大风速可达36m/s以上。黄茅海波能较高，以涌浪为主，占67.4%，以SSE向浪占优势，实测年平均波高1.12m。受台风入侵影响，潮水位可出现激烈的升高或降低，即增减水，吹南向风时，出现较大增水；吹北向风时，出现较大减水，增减水可使海湾内滩槽出现淤积。

磨刀门河口的波能较高，以涌浪为主，主浪向为SE，冬季盛于夏季。磨刀门河口海区全年均有SE向浪的发生，除6月、7月外，其余10个月均是SE向浪占优势，其中又以冬半年(9月至翌年2月)为高(频率均在80%以上)；夏季则以S向浪为主，发生频率大于40%，其中6、7两个月，S向浪出现频率超过SE向浪。全年各月平均波高为1.01～1.32m，平均周期则为5.15～5.70s，波高和周期的变化范围均较小。

4)风暴潮与增水

风暴潮是一种灾害性的自然现象。由于剧烈的大气扰动，如强风和气压骤变导致海水异常升降，使受其影响的海区的潮位大大超过平常潮位的现象，称为风暴潮。引起海水位异常升高的现象，通常称为风暴潮增水。风暴潮若恰好与天文潮高潮叠加，则往往会发生历史最高潮位，使其影响海域潮位暴涨。按照诱发风暴潮的大气扰动特征，把风暴潮分为由热带气旋所引起的和温带气候所引起的两大类。发生在我国东南沿海及珠江口的风暴潮主要是由热带气旋所引起。对珠江口沿海而言，热带风暴或台风进入20°N以北，114°E以西的海面，都会使珠江口产生风暴潮增水。

在台风过程中，当珠江口吹东向风或偏东风时，伶仃洋西部至崖门均出现增水，其中以磨刀门、横门增水最为显著；吹南向风时，崖门可出现较大增水；吹北向风时，珠江口出现减水，其中以崖门为最。据热带气旋资料统计，风力在8级以上(热带风暴、强热带风暴、台风)，直接在珠江口(深圳以西台山以东)登陆的约有35次。其中，8908号台风使磨刀门以西各口门发生的暴潮水位为建站以来的最高实测潮位，而9316号台风则使鸡啼门及其以东各口门所产生的暴潮位达实测最高纪录。典型个例风暴潮增水统计见表3-25。

珠江河口各站风暴潮最大增水统计表 表3-25

站名	经度	纬度	实测潮位	警戒水位	时间	台风编号	资料年限
港口	114°54′	22°34′	1.75	1.1	2001.07.06	0104	1974～2005
赤湾	113°53′	22°28′	2.23	1.5	1993.09.17	9316	1964～2005
泗盛围	113°36′	22°55′	2.62	1.8	1993.09.17	9316	1964～2005
黄埔	113°28′	23°06′	2.53	1.8	1993.09.17	9316	1954～2005
广州	113°16′	23°04′	2.62	1.8	2001.07.07	0104	1950～2005
南沙	113°34′	22°45′	2.7	1.8	1993.09.17	9316	1954～2005
横门	113°31′	22°35′	2.66	1.8	1993.09.17	9316	1953～2005
灯笼山	113°24′	22°14′	2.69	1.5	1993.09.17	9316	1960～2005
三灶	113°24′	22°02′	2.6	1.5	1989.07.18	8908	1965～2005
黄金	113°17′	22°08′	2.48	1.7	1993.06.27	9302	1965～2005
黄冲(官冲)	113°05′	22°15′	2.49	1.7	1989.07.18	8908	1960～2005
北津港	112°01′	21°48′	3.19	1.7	2003.07.24	0307	1957～2005

5)盐度及咸潮

(1)盐度分布

珠江口盐度分布的总趋势是自北向南递增，等盐度线略呈东北—西南走向。盐度值以径流作用较强的磨刀门海区为最小，以潮流作用较强的伶仃洋为最大。

夏季为珠江入海径流最大时期，海区盐度值达到最小，表层一般在5‰～24‰之间，最低盐度值位于八大口门处，小于1‰，最高盐度值在担杆列岛东侧达32‰。33.5‰等盐度线接近30m等深线处。口门附近表底层盐度差异较大，其差值可达16，因此在河口区产生明显的盐水楔现象。冬季是珠江入海径流最小时期，也是海区盐度值最高时期，表层盐度值变化一般在18‰～32‰之间，最低值位于磨刀门口门处，小于1‰，最高值在担杆列岛附近达33.5‰。33‰的等盐度线进入30m水深处。底层盐度值平均比表层仅高1.6，因此盐跃层现象比夏季大为减弱，但河口内仍能观测到明显的盐水楔现象。

影响珠江口盐度变化的主要因素是径流和外海高盐水进退的相互作用，盐度的年季变化与径流大小有着密切的负相关。实测资料分析表明，珠江口大部分海区的盐淡水属缓混合和弱混合，只有局部海区出现强混合状态。

(2)咸潮特征

影响咸潮上溯的动力是潮汐和径流共同作用的结果，河口及其附近浅海区径流大小及潮汐之强弱是影响盐度分布的主要因素。汛期上游径流来量大，咸潮下压；枯水期上游径流量减小、潮汐作用加强，咸潮乘潮上溯。

从珠江口含氯度等值线中看到，磨刀门海区含氯度等值线是向外弯的，很明显的是受到上游径流量的影响；伶仃洋海区由于上游来水量不大，潮势较强，加上底坡平缓，咸潮自伶仃洋长驱直入，黄茅海区的情况与伶仃洋相似。山潮比是衡量径流与潮汐动力影响作用大小的标志，一般全年或分月山潮比小的口门，咸潮上溯远。如径流强的磨刀门，山潮比为5.54，径流弱的虎门、崖门，山潮比为0.253及0.295。全年山潮比小于0.50的时间，虎门、崖门有12个月，蕉门有7个月，洪奇门有6个月，横门、鸡啼门有5个月，虎跳门有4个月，磨刀门只有1个月。在河口地区，由于降雨在年内分配不均匀，当河川径流处于枯季的时候，咸潮上溯，各河道含氯度大增，以虎门范围影响最广，次为鸡啼门、崖门、洪奇门。通常水稻受咸区范围，虎门影响在前航道至二沙尾，后航道至新造，沙湾水道至市桥；磨刀门口门至竹排沙下；鸡啼门口门至泥湾；崖门口门至银洲湖的双水。若以盐度0.5计，各口门盐水入侵的上界，平水年在东口门为碧头、太平、厚街、南洲、化龙、石基、新沙、万顷沙西、横门东；西口门为灯笼山、黄冲。大旱年在东口门为长安、虎门寨、厚街、莞城、新塘、南岗、黄埔、西村、鹤洞、大石、沙湾、板沙尾、横档、张家边；西口门为竹银以北、三江口、石咀。

各口门多年含氯度特征值统计见表3-26。由于各口门固定测站自1989年起停止含氯度观测，现以枯水期2001年2月实测资料分析各口门在枯水期间含氯度的分布情况。从表3-27中可以看到，平均含氯度最大的是虎门，其次为鸡啼门、崖门、虎跳门、蕉门、磨刀门、横门、洪奇门。与表3-26比较，各口门含氯度分布的基本格局不变。

各口门多年含氯度特征值统计表 表3-26

口门	代表站	涨憩		落憩		最大值	出现日期	统计年限
		平均	最大平均	平均	最大平均			
虎门	黄埔	0.31	2.79	0.15	1.16	5.72	1972.1.21	1959～1988
蕉门	南沙	0.92	8.60	0.23	3.18	10.87	1963.1.27	1962～1988
洪奇门	万顷沙西	0.15	1.80	0.08	1.55	6.30	1971.1.28	1959～1988

续上表

口门	代表站	涨憩		落憩		最大值	出现日期	统计年限
		平均	最大平均	平均	最大平均			
横门	横门	0.15	3.23	0.15	3.11	7.42	1960.3.14	1959～1988
磨刀门	灯笼山	0.29	6.77	0.06	2.36	10.49	1974.2.3	1959～1988
鸡啼门	黄金	2.13	12.68	0.63	6.38	18.92	1966.3.7	1965～1988
虎跳门	西炮台	1.17	7.73	0.16	3.00	8.68	1967.1.29	1959～1988
崖门	黄冲	0.85	6.91	0.34	3.90	8.50	1981.2.3	1959～1988

2001年2月枯水组合各口门含氯度特征值表 表3-27

口　门	代　表　站	涨　潮		落　潮		最大值	出现日期
		平均	最大平均	平均	最大平均		
虎门	大虎	6.82	7.76	6.5	7.52	9.8	2001.2.9
蕉门	南沙	1.43	2.93	1.55	1.43	7.9	2001.2.9
洪奇门	冯马庙	0.04	0.1	0.07	0.2	0.7	2001.2.10
横门	横门	0.05	0.13	0.03	0.1	1.1	2001.2.9
磨刀门	灯笼山	1.02	1.5	0.7	1.37	5.8	2001.2.9
鸡啼门	黄金	5.6	6.7	3.9	5.5	10.7	2001.2.11
虎跳门	西炮台	3.6	4.73	2.27	3.97	7	2001.2.10
崖门	官冲	4.1	4.75	3.76	4.59	7.2	2001.2.9

该组合八大口门中，只有咸潮上溯最强的虎门上游沙洛围、老鸦岗、大石站测得0.1‰的含氯度，其他口门上游测站含氯度均为零。

6）泥沙输移与沉积

尽管珠江属少沙河流，由于水量大，每年经东四口门进入伶仃洋的悬移质总输沙量达3 389万t，占珠江水系进入河口区悬移质总输沙量的47.7%。与径流相比，年输沙量的季节变化更为显著，汛期（4～9月）平均占年输沙总量的88%～96%。最大月输沙量常出现在6、7月，其沙量可占全年的40%。

（1）八大口门输沙情况

出海沙量由珠江河口八大口门出海，东面四门由东到西是虎门、蕉门、洪奇门和横门，同注入伶仃洋浅海区。西面四门自东而西是磨刀门、鸡啼门、虎跳门和崖门，磨刀门和鸡啼门单独注入南海，而虎跳门和崖门同汇入黄茅海浅海区。

根据1999年7月15日～7月24日和2001年2月7日～2月15日同步水文测验资料计算的各口门分沙比见表3-28。

八大口门实测输沙量分配比计算表 表3-28

时间	项目	虎门	蕉门	洪奇门	横门	磨刀门	鸡啼门	虎跳门	崖门	合计
7月15日～24日	输沙量（万t）	29.7	153	67	89.1	231	25.6	20.4	11.1	627
	占八大口门百分比	4.73	24.44	10.68	14.2	36.8	4.09	3.25	1.77	100
	输沙量（万t）	339				288				627
	占总量百分比（%）	54.1				45.9				100

续上表

时间	项目	虎门	蕉门	洪奇门	横门	磨刀门	鸡啼门	虎跳门	崖门	合计
2月7日~15日	输沙量(万 t)	-5.15	-0.81	0.52	-0.6	1.78	-0.66	0.11	-0.9	-5.69
	占八大口门百分比	90.5	14.2	-9.21	10.5	-31.4	11.6	-2.01	15.8	100
	输沙量(万 t)	-6.03				0.34				-5.69
	占总量百分比(%)	106				-6				100

(2)伶仃洋泥沙分布

据珠江水科院多年统计(表3-29),内伶仃洋平均含沙量在0.12~0.2kg/m^3之间,其中西滩含沙量大于东滩,中滩介于两者之间;西滩含沙量大于两槽;东槽含沙量小于西槽含沙量;西槽含沙量上段大于中段,中段又大于下段,东槽亦是上段大于中下段;靠近湾外的水域含沙量最小,在0.04~0.08kg/m^3之间。据实测资料分析可知,伶仃洋海域水体悬移质的中值粒径一般为0.002~0.017mm,其中大潮时粗些,中、小潮时细些,但差别不大。床沙的中值粒径变化范围在0.002~0.64mm之间,有北粗南细、东粗西细、槽粗滩细、峡粗湾细等空间分布特征。

伶仃洋实测含沙量统计表(1978~2003年)(单位:kg/m^3)　　表3-29

区位	表层		中层		底层		垂线	
	潮段平均	潮段最大	潮段平均	潮段最大	潮段平均	潮段最大	潮段平均	潮段最大
西部近口	0.1607	0.5806	0.1906	0.6613	0.2148	0.7419	0.1953	0.7453
西滩	0.1495	0.5869	0.1924	0.5788	0.2316	0.6500	0.1912	0.5788
中滩	0.1159	0.1979	0.1308	0.2176	0.1543	0.2614	0.1337	0.2176
东滩	0.0810	0.1684	0.0839	0.1700	0.0956	0.1754	0.0944	0.1713
川鼻水道	0.0906	0.1862	0.1136	0.2154	0.1716	0.3593	0.1211	0.2529
西槽上段	0.1158	0.3306	0.1518	0.5432	0.2153	0.8739	0.1590	0.5012
西槽中段	0.0931	0.2497	0.1193	0.2859	0.2147	0.4524	0.1381	0.2859
西槽下段	0.0120	0.0268	0.0199	0.0360	0.0417	0.0809	0.0408	0.1546
东槽上段	0.1054	0.1882	0.1183	0.2313	0.1637	0.2777	0.1254	0.2290
东槽中下段	0.0572	0.1791	0.0705	0.2107	0.1092	0.2423	0.0726	0.2107
铜鼓海区	0.0252	0.0873	0.0354	0.1241	0.0658	0.1703	0.0467	0.1402

(3)黄茅海泥沙特性

据以往调查研究,黄茅海湾内广大边滩和浅滩为粉砂质黏土或黏土质粉砂类的沉积物,中值粒径一般小于0.008mm,沉积在西滩上的泥沙颗粒更细一些;在赤鼻以北的落潮冲刷槽内,有细砂、砂和砾砂分布,中值粒径在0.05~0.5mm;在湾口东侧峡口附近,也分布有细砂、砂—粉砂—黏土等较粗的床沙(图3-27)。

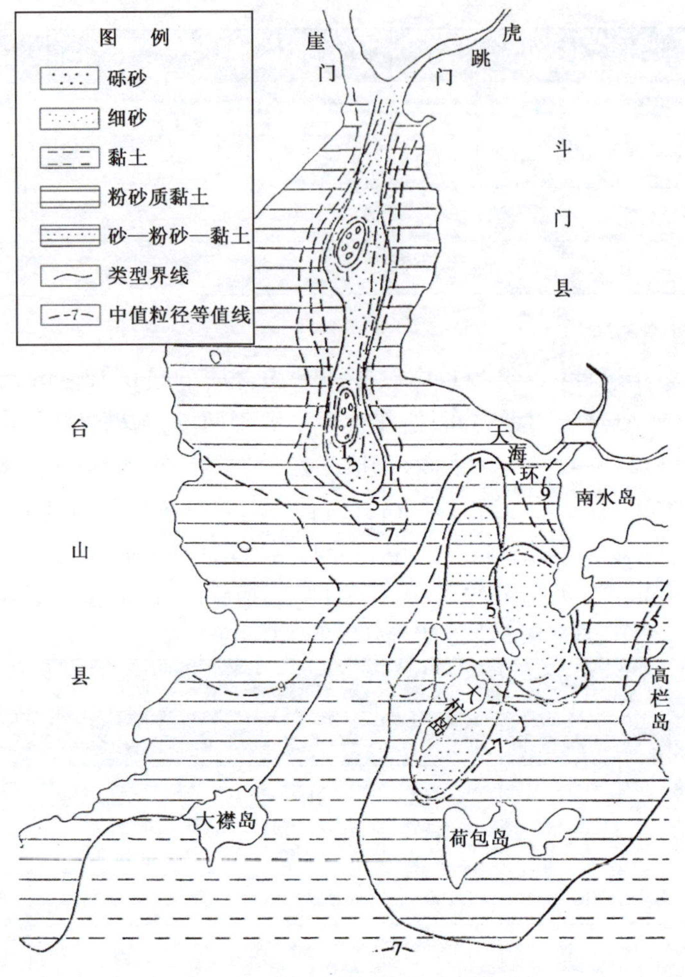

图 3-27 黄茅海沉积物类型示意图

20 世纪 90 年代黄茅海底质调查资料反映，烽火角以北的大片西滩，其表层沉积物均为细颗粒泥沙，中值粒径基本在 0.005 ~ 0.008mm 之间；而东滩，特别是大海环浅滩，床沙都相对较粗，不少测点的中值粒径超过 0.02mm，属活动性较强的粉沙类型。出海航道所经海域的表层沉积物在拦门沙及以南主要由淤泥质粉沙和粉沙质淤泥组成，其床沙中值粒径一般都在 0.006 ~ 0.009mm，湾腰以北航段所在深槽的覆盖层存在细砂甚至砾砂，床沙最大中径可达1.6mm。

黄茅海属低含沙河口湾，湾内多年平均含沙量在 0.1 ~ 0.2kg/m^{3}之间变化，具有南北低、中部高和东部低、西部高的分布特点和汛期北高南低、枯季南高北低的季节差异。由于湾内水深普遍较浅，海床表面重度也较小，因此在潮流涨急或落急时含沙量会明显增高，而在潮流趋弱阶段又逐渐降低。含沙量的大起大落反映了海床泥沙参与垂直交换的密切程度，含沙量波动与潮流强弱的对应关系，体现了水动力对泥沙的控制作用。

黄茅海的泥沙运动除了受径、潮动力的控制之外，还被风浪和盐淡水混合等动力左右。风浪掀沙会使含沙量显著升高，盐淡水混合致使悬沙絮凝加速沉降，并在滞流点附近形成最大浑浊带。

1992 年现场实测资料反映，在黄茅海湾口水域，枯季含沙量往往高于洪季，如在中口门断面（大襟岛—荷包岛之间），汛期大潮期的涨、落潮含沙量平均在 0.10kg/m³ 左右，逐时含沙量值不超过 0.19kg/m³，而枯季大潮时该断面的涨潮平均含沙量为 0.15kg/m³ 左右，落潮平均含沙量为 0.18kg/m³ 左右，逐时含沙量值最高超过 0.30kg/m³。西口门断面（铜鼓角—大襟岛之间），洪、枯季的差别就更大了，该断面汛期大潮期的涨潮含沙量平均在 0.1kg/m³ 以下，落潮含沙量平均在 0.13kg/m³ 左右，逐时含沙量最大为 0.28kg/m³，而枯季大潮时该断面的涨潮平均含沙量为 0.24kg/m³ 左右，落潮平均含沙量为 0.33kg/m³ 左右，逐时含沙量最高为 0.48kg/m³。分析其原因，主要是秋冬季节当地偏北大风多发，西滩和拦门沙浅滩极易形成风浪掀沙环境，使湾内水体浑浊，并随落潮流向湾口输移，在偏北风浪的影响下，湾内落潮流趋向西南，最终造成西口门的含沙量比东、中口门明显高的结果。

（4）磨刀门海区泥沙特性

磨刀门整治工程实施后，原来的浅海区已经大部分变成桑田和水道，因此利用过去的资料进行比较分析意义不大。由于新近的实测资料较少，只有珠江水利科学研究院的 2001 年 7 月的实测资料可作初步分析。

磨刀门口外主要受径流控制，落潮含沙量大于涨潮含沙量，径流夹带的泥沙沿着主干道顺势而下，使磨刀门主槽对开水域的 1 号、4 号测点含沙量最大。涨潮时海水夹带泥沙从龙屎窟水道上溯，3 号测点含沙量最大。从总体上来看，下游涨潮含沙量稍大于上游，而落潮含沙量则是上游大于下游。磨刀门口外浅海区，各测点含沙量统计见表 3-30。

磨刀门口外浅海区测点最大垂线平均含沙量统计表　　表 3-30

测验时间	马口相应流量（m³/s）	项目	各测点最大垂线平均含沙量（kg/m³）				
			1 号	2 号	3 号	4 号	5 号
2001.7.21～30（农历六月初一～初十）	11 000～24 000	涨潮	0.13	0.17	0.28	0.23	0.11
		落潮	0.55	0.22	0.37	0.51	0.08

磨刀门口外浅海区床沙颗粒分析成果见表 3-31。从表中看到，磨刀门浅海区的床沙组成以粉砂为主，极细砂以下粒级比重占了 70%～98%。只有浅海区的最上部散点 1 尚有 20% 左右的沙量达到细砂标准。测区床沙粒径的分布基本上是北部大于南部，西部略大于东部。

磨刀门口外浅海区床沙颗粒分析成果表　　表 3-31

项目	测验日期	测点位置	小于某粒径沙重百分比（%）							
			粒径级（mm）							
			0.010	0.025	0.050	0.100	0.150	0.250	0.500	中值粒径
河床质	2001.7.22	散点 1	34.2	60.5	68.5	72.8	79.2	97.3	100	0.017
	2001.7.23	散点 2	35.9	74.4	95.0	99.6	100			0.014
	2001.7.24	散点 3	28.2	58.6	89.8	100				0.020
	2001.7.24	散点 4	37.9	73.0	91.5	99.6	100			0.014
	2001.7.23	散点 5	28.5	84.0	96.7	99.3	100			0.014

3.7.3 磨刀门动力架构与河口性质

由图3-28可见，磨刀门河口从陆向海由三种水体构成：河水（或淡水）、混合水（又称冲淡水或河口水）和海水（或陆架水）。两头之河水和海水皆性质较稳定而具水团性质。唯中间之混合水很不稳定，其盐、温和密度梯度大且变化剧烈，它明显为河水和海水混合与相互作用的产物，因而是一个接交过渡地带而具有“界面”的性质——介于河流系统和海洋系统之间的界面。拦门沙（包括其内坡、顶部、外坡）恰好居“河口界面”位置，说明拦门沙的形成应与这样的动力架构，特别是“河口界面”的过程有关，其具有如下特点：

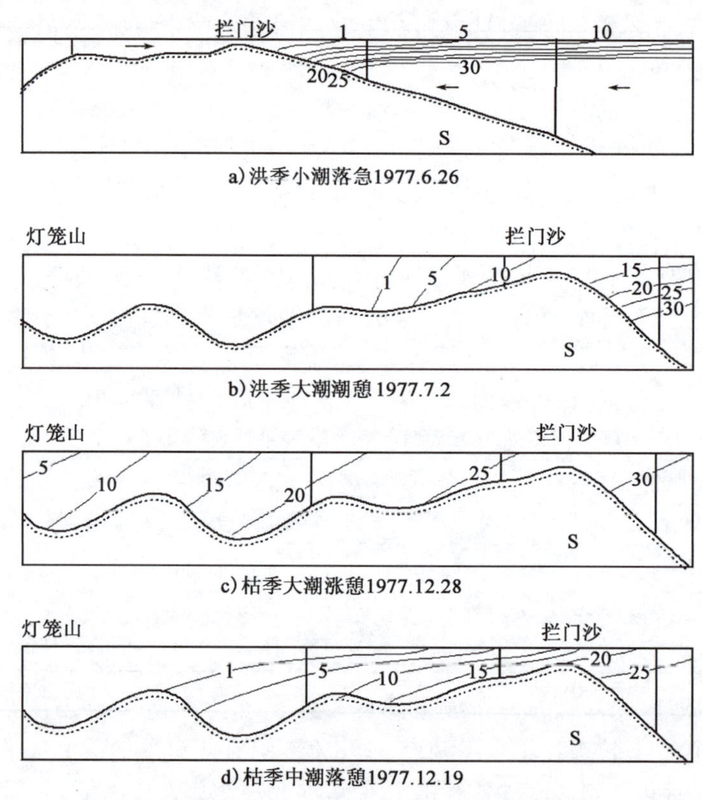

图3-28 磨刀门洪、枯季纵向盐度分布

（1）从陆向海，磨刀门河口水体由河水（淡水）→混合水（冲淡水）→海水（陆架水）逐渐变化，拦门沙居河口界面位置，主要由河口混合水控制。本次调查时马口站日平均流量约为7 600m^3/s，基本与该站的多年平均流量7 400m^3/s相当。平均状态下的拦门沙区域确实是和河口界面位置相吻合的，即该区域正是由河口混合水（或冲淡水）所控制。

（2）从陆向海，磨刀门河口潮流由往复流→半旋转流→旋转流逐渐变化，拦门沙中心区的半旋转特性对底沙搬运趋势有重要影响。如图3-28所示，拦门沙顶的潮流主要在第三、第四象限作“半旋转”运动，而与其内侧的往复流和外侧的旋转流都不同。这亦表现了拦门沙界面区域的过渡特性。

(3)从陆向海，磨刀门河口的表层流为下泄流优势，但底层水流却发生由下泄流优势→滞流→上溯流优势的转换变化，拦门沙受正、斜压力相向作用，表层下泄流很强，底层却因下泄和上溯流在此交汇而流速很小(动力弱)。拦门沙有阻水平台的作用，低潮时妨碍径流下泄。

(4)磨刀门拦门沙区特有的动力架构及水流特点，利于流域搬运的泥沙在这里聚集。简言之是：底沙阻滞；悬沙部分回返。所以，拦门沙是河口界面过程的产物。由于河口界面有防御性功能，即河口界面既要想方设法阻止陆域来沙排向海洋，又要尽力抗拒海域来沙进入河流，这是河口界面“防御性”的重要表现，拦门沙即因此种功能而产生。

1)波浪动力与河—波相互作用

对大万山测站(位于磨刀门河口东南约30km)一年(2001年4月~2002年3月)的波浪实测资料进行了统计分析，表明该海区的波浪以涌浪为主，或以涌浪为主的混合浪，其余为风和涌浪并存且相差不大。

磨刀门河口海区全年均有SE向浪的发生，除6、7月外，其余10个月均是SE向浪占优势，其中又以冬半年(9月~次年2月)为高(频率均在80%以上)；夏季则以S向浪为主，发生频率大于40%，其中6、7两个月，S向浪出现频率超过了SE向浪。就全年情况来说，以SE向浪出现频率最高，占70.62%，其次为S向浪，占14.45%，而其余浪向均不及10%(表3-32、表3-33和图3-29)。

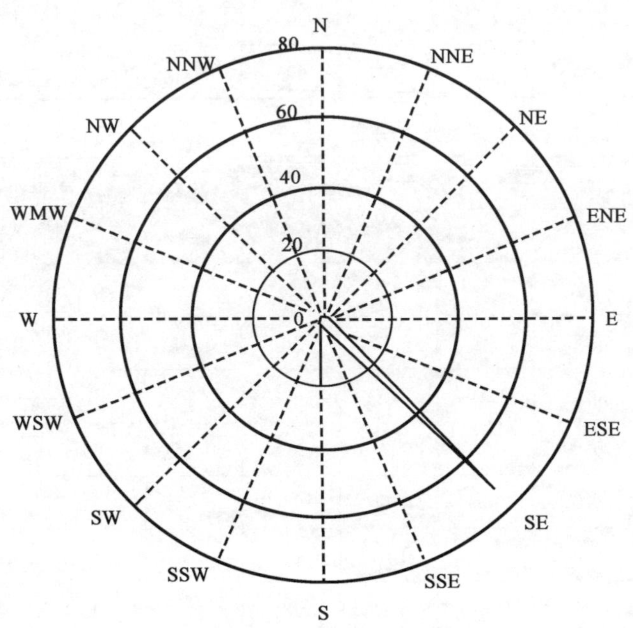

图3-29　磨刀门河口海区波浪频率特征(据大万山测波资料)

全年各月平均波高大致为1.01~1.32m，平均周期则为5.15~5.70s，波高和周期的变化范围均较小，最小值出现在9月，波高最大值为3.1m(出现在2001年7月2日)。总的来说，磨刀门河口的波能较高，以涌浪为主，主浪向为SE，冬季盛于夏季。

磨刀门河口海区波浪要素统计表(据大万山测波资料)　表 3-32

年－月份	浪向(频率)								平均波高(m)	平均周期(s)
	E	ESE	SE	SSE	S	SSW	SW	C		
2001－04		4.17	74.17		2.50		13.33	5.83	1.27	5.70
2001－05		6.45	58.06	3.23	19.35		12.90		1.13	5.34
2001－06			23.33	6.67	46.67	2.50	20.83		1.26	5.61
2001－07			37.90	12.10	43.55		6.45		1.38	5.56
2001－08			48.39	6.45	41.94		3.23		1.05	5.43
2001－09	3.33	3.33	86.67				6.67		1.01	5.15
2001－10		6.45	83.87		9.68				1.19	5.52
2001－11			100.00						1.32	5.85
2001－12		3.23	85.48	3.23	8.06				1.29	5.61
2002－01		12.90	86.29					0.81	1.15	5.29
2002－02		7.14	92.86						1.16	5.52
2002－03	3.23	22.58	72.58					1.61	1.13	5.26
总计	0.55	5.55	70.62	2.67	14.45	0.21	5.27	0.68	1.20	5.49

磨刀门河口附近海域波浪频率分布(据 1981.10～1982.9 荷包岛测波资料)　表 3-33

波级／波向	1～2 级		3 级		4 级		5 级		6 级	
	次数	频率	次数	频率	次数	频率	次数	频率	次数	频率
N	2	0	6	0	2	0	0	0	0	0
NE	21	0.02	70	0.05	58	0.04	10	0.01	0	0
E	15	0.01	28	0.02	47	0.03	13	0.01	0	0
SE	116	0.09	357	0.26	209	0.15	22	0.02	1	0
S	26	0.02	78	0.06	28	0.02	3	0	0	0
SW	12	0.01	13	0.01	12	0.01	9	0.01	0	0
W	0	0	1	0	0	0	0	0	0	0
NW	0	0	0	0	0	0	0	0	0	0
不明波向浪	65	0.05	91	0.07	43	0.03	1	0	0	0
C	5	0	0	0	0	0	0	0	0	0
总计	262	0.2	644	0.47	399	0.28	58	0.05	1	0

2）河—波相互作用强弱判别

为了比较河流径流与波浪动力相对优势的程度，采用“流量有效指标”来进行分析。“流量有效指标”指河口单宽流量与近岸单宽波峰波力之比。如图3-30所示，磨刀门河口的流量线为上凸形，而波力线为下凹形，两者的峰值相互错开，即洪季（夏季）河流径流较强时，波力恰处于较弱时期，因此流量有效指标值较大，表明磨刀门河口在夏季时以河流径流作用为主；而冬季时正好相反，此时为河流的枯季，径流量小，但波力较强，因而流量有效指标值较小，说明磨刀门河口在冬季时以波浪动力作用为主。

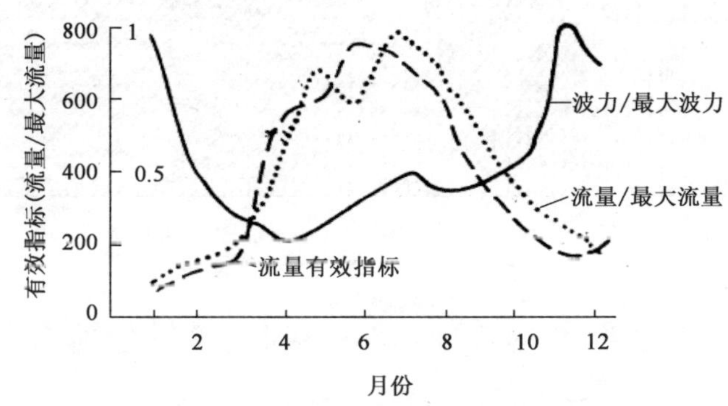

图3-30　磨刀门河口流量有效指标年内分布

可见，磨刀门河口的动力作用特点是：丰水流量期（夏季）与最大波能期（冬季）错开，拦门沙（淤积）建设期与（侵蚀）破坏期交替进行。

（1）磨刀门拦门沙的“岬角效应”

由于磨刀门拦门沙在平面上为向海突伸的地形，波浪传播至此将产生“岬角效应”，即入射波浪近岸运动时发生折绕射现象，波能在拦门沙上发生辐聚，从图3-31（该图以年平均波高1.2m计算，矢量线长度代表波高）中清楚可见，波向线在拦门沙处非常密集，且波高增大，最大值可比入射波高（外海波高）增大一倍以上；而拦门沙两侧则发生波能辐散，具体表现为波向线较疏，波高较小（图中为矢量线较短）。特别是拦门沙西侧翼波能辐散现象更为明显，其波向线数目和长度均较拦门沙东侧小得多（在拦门沙东侧，如与拦门沙处的波高相比，其波高无疑要小许多；但若与入射波高相比，则略有增大）。波能的辐聚使单位尺度的波浪动力增强，其对泥沙的扰动和搬运能力随之加大，拦门沙的外坡发生侵蚀后退而向上加积；而波能辐散使单位尺度的波浪动力减弱，造成泥沙堆积。由此导致了波浪作用下的泥沙及其堆积体（冲流坝，如交杯沙）向岸（向里）、向上（加高）和向西的转移、搬运运动（图3-32）。

（2）磨刀门河口性质与类型

由于波浪动力的作用，磨刀门河口的径流动力作用相对有所下降，即与径流型河口相比，磨刀门河口的流量“有效性”要低一些，特别是在枯季（冬季），塑造河口过程的主导地位让位于波浪动力。但年内流量有效指标的变化曲线与流量本身的变化曲线形态基本相似（图3-30），说明磨刀门河口，总的来看仍属河流径流作用略占优势。若以Wright（1973年）的河口类型谱为参照系，磨刀门河口所处的位置介于罗马尼亚的多瑙河和西班牙的埃布罗河之间（表3-34），表明波浪动力在磨刀门的河口过程中已占有一定的重要作用。

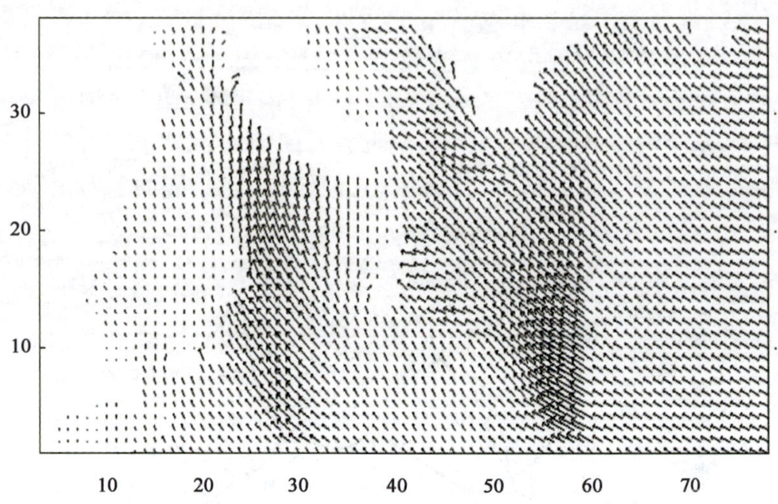

图 3-31　磨刀门河口海区波浪的折绕射示意图(矢量长短代表波高)

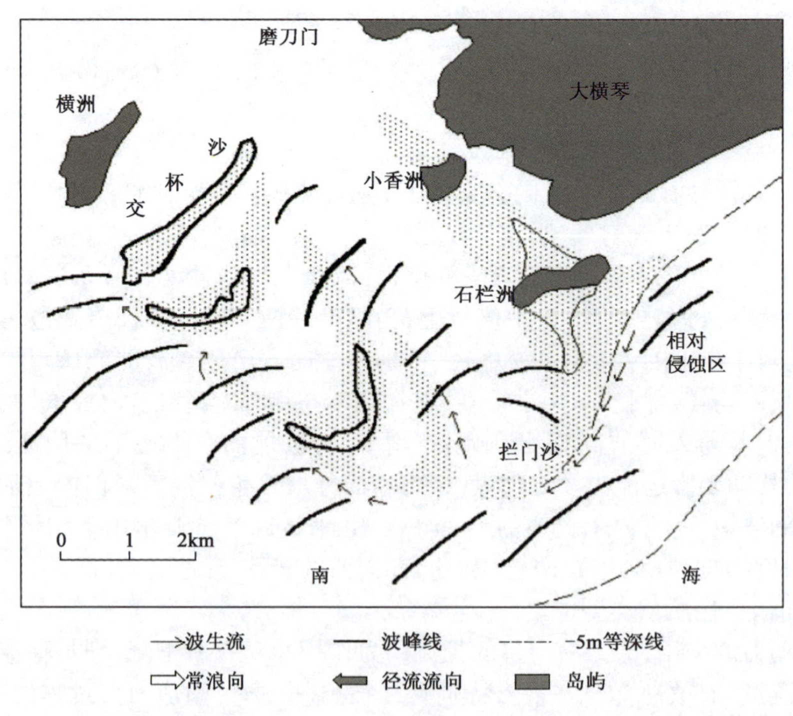

图 3-32　磨刀门拦门沙波浪折射与波成地貌示意图(据 20 世纪 70 年代航空照片资料编绘)

可见,现在的磨刀门河口已今非昔比:它不再是典型的(或单纯的)河优型河口了,而是具有了河流—波浪型(过渡型)河口的特征。

磨刀门与世界七大河口三角洲类型的河流和波浪动力比较　　表 3-34

三角洲名称	年平均深水波能 (10^{-2}J)	年平均近岸波能 (10^{-2}J)	平均流量 (m^3/s)	年平均流量有效指标	类型
密西西比河(美)	1000.40	0.13	17686.80	5 477.0	河流为主型
多瑙河(罗马尼亚)	217.86	0.13	6286.37	1 171.0	
磨刀门(中国)	3259.11	0.13	2791.21	375.94	河流—波浪型
埃布罗河(西班牙)	711.32	0.46	552.18	267.8	
尼日尔河(尼日利亚)	640.95	6.24	10896.38	4.4	
尼罗河(埃及)	1290.33	31.56	1478.15	3.2	
圣佛朗科河(巴西)	3517.00	94.39	3120.53	1.3	波浪为主型
塞内加尔河(塞内加尔)	1482.91	356.50	770.22	0.3	

注:1. 西江磨刀门深水波浪力为实测 10m 水深波浪力。

2. 世界七大河口资料依据 L. D. Wright, J. M. Colemn 1973 年的研究报告。

第4章 珠江三角洲水动力变化分析

近三十年来，珠江三角洲河床边界发生了巨大的变化，由河床大幅下切引起网河区的分流比、分沙比、河道水深、水动力过程等发生了较大的变化，使得航道整治思路和航线选择等发生了重大的变化。

为分析研究河道激烈变化、河床大幅下切等综合因素对珠江三角洲及河口区水动力变化的影响，通过采用大规模人类活动前、活动过程的特征年和活动后的珠江三角洲网河区地形，建立珠江三角洲网河及其河口地区一维网河和二维潮流耦合的数学模型，在上下边界相同水文工况条件下研究珠江三角洲网河区和河口区的水动力变化，分析河床变化引起的水动力变化机理，为航道整治思路调整提供科学依据。

4.1 地形资料及边界条件

为了反映三角洲网河区河床变化，重点收集西、北江主干道20世纪60年代、20世纪90年代末和2005年后的河道地形资料，20世纪60年代的河道地形主要反映20世纪80年代以前自然条件演变过程的地形，20世纪90年代末的河道地形主要反映以北江河系取沙为主的地形，2005年和2006年的河道地形主要反映以西江河系取沙为主的地形，2006年后，河道沙源相对少，珠江三角洲网河区基本禁止在河道取沙，河道逐渐恢复以自然条件为主的演变过程，河床相对稳定。具体河道的地形见表4-1，所采用的地形数据见图4-1。

网河区采用地形(年代)　　表4-1

片区	水道	20世纪60年代地形	20世纪90年代地形	现状2005年地形
西江	西江干流水道(马口—天河)	1960～1962	1997～1999	2005～2006
	西海水道(天河—百顷)	1960～1962	1997～1999	2005～2006
	磨刀门水道(百顷—竹排沙)	1960～1962	1997～1999	2005～2006
北江	东平水道(三水—西樵)	1960～1962	1997～1999	2005～2006
	顺德水道(西樵—三善滘)	1960～1962	1997～1999	2005～2006
	洪奇沥水道(三善滘—板沙尾)	1960～1962	1997～1999	2005～2006
	洪奇沥水道(冯马庙—板沙尾)	1960～1962	1997～1999	1997～1999
横门水道	东海水道	1960～1962	1997～1999	2005～2006
	小榄水道	1960～1962	1997～1999	2005～2006
	鸡鸭水道	1997～1999	1997～1999	2005～2006

续上表

片区	水　　道	20 世纪 60 年代地形	20 世纪 90 年代地形	现状 2005 年地形
珠江正干	中部网河（蕉门）	1960 ~ 1962	1997 ~ 1999	1997 ~ 1999
	鸡啼门—虎跳门	1960 ~ 1962	1997 ~ 1999	2005
	溪流河—虎门	1974 ~ 1979 海图	1997 ~ 1999	1997 ~ 1999
东江	东江北干流、东莞水道	1988	1997 ~ 1999	2009
	东江其他网河	1997 ~ 1999	1997 ~ 1999	2009

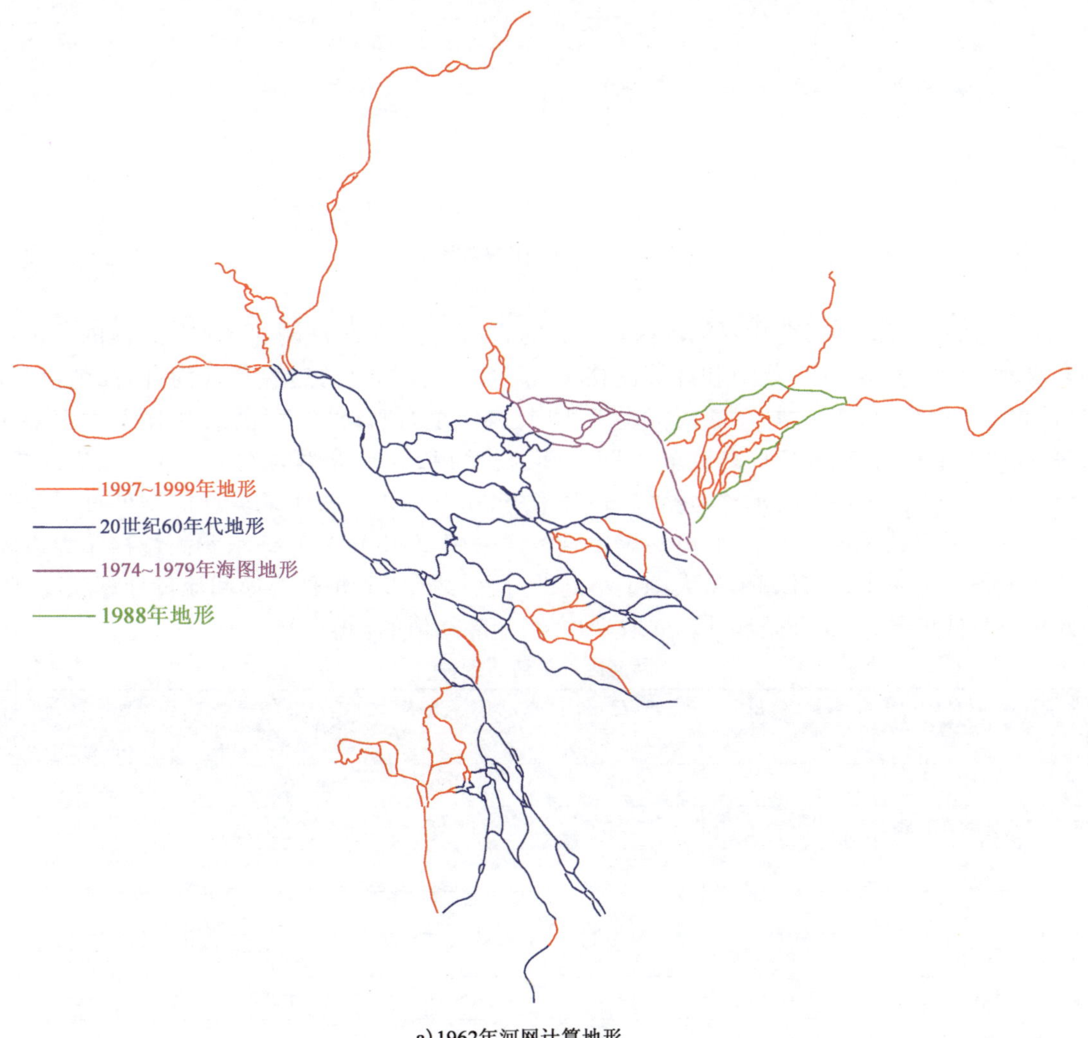

a) 1962年河网计算地形

图 4-1

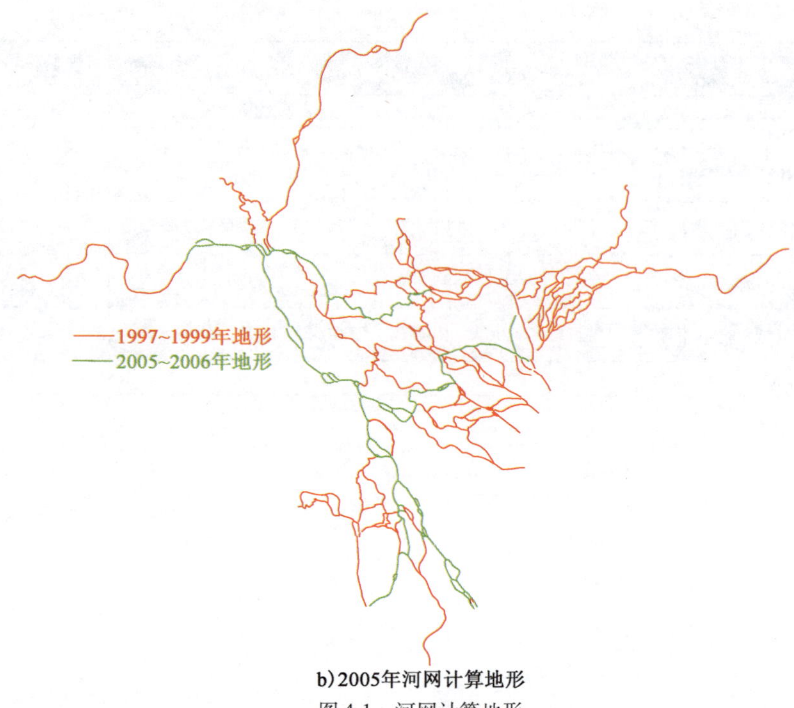

b)2005年河网计算地形

图 4-1　河网计算地形

为了分析网河区地形变化对网河区水动力的影响，建立了珠江网河区和河口区的一、二维耦合水动力数学模型，计算范围和计算网格见图 4-2，计算的上游边界条件为：西江至梧州水文站、北江至石角、东江至博罗、流溪河至老鸭岗、潭江至石咀；外海南至大万山岛以外 -45m 水深处，西至上川岛，东至担杆岛以东 4.5km，南北长约 126km，东西宽约 150km。数值计算共进行 6 组水文边界条件下的水动力模拟，外海采用 2001 年 2 月枯水期验证的潮位过程，其中大万山潮位过程见图 4-3；内部闸、电站等边界条件采用 2001 年 2 月枯水实测过程作为边界，上游边界条件见表 4-2。计算了从大潮至小潮的过程，共计 9d，每种地形和流量计算工况都采用此边界条件进行 3 ~ 5 个循环计算并取平均值，消除初值的影响。

网河区计算边界条件　　表 4-2

编号	流量	西江(梧州)(m^3/s)	北江(石角)(m^3/s)	东江(博罗)(m^3/s)	白尼水(老鸭岗)(m^3/s)	潭江(石咀)(m^3/s)
1	特别枯水流量	900	100	100	2001.2	2001.2
2	设计枯水流量	1 500	200	230	2001.2	2001.2
3	一般枯水流量	2 000	300	300	2001.2	2001.2
4	上游整治流量	3 000	900	600	2001.2	2001.2
5	多年平均流量	7 102	1 341	743	2001.2	2001.2
6	洪水流量 100%	27 679	9 121	5 500	1 200	1 930
7	洪水流量 5%	43 074	15 226	9 500	1 200	1 930

注：2001.2 为 2001 年 2 月实测流量过程，其中老鸦岗平均流量为 98.15m^3/s，石咀平均流量为 97.50m^3/s；不同重现期的洪水流量根据广东省水利厅 2006 年 6 月发布的“西、北江下游及其三角洲网河河道设计洪水水面线”（试行）文件给出的资料给出。

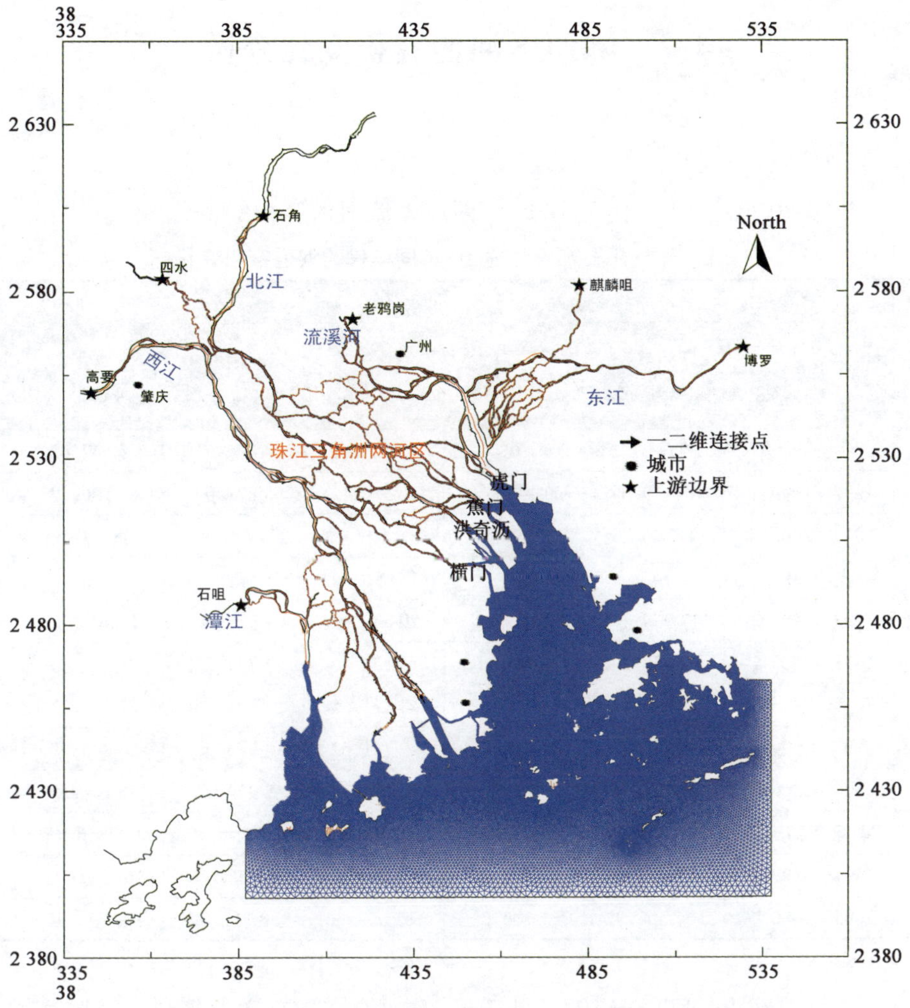

图 4-2 一、二维耦合计算范围及计算网格

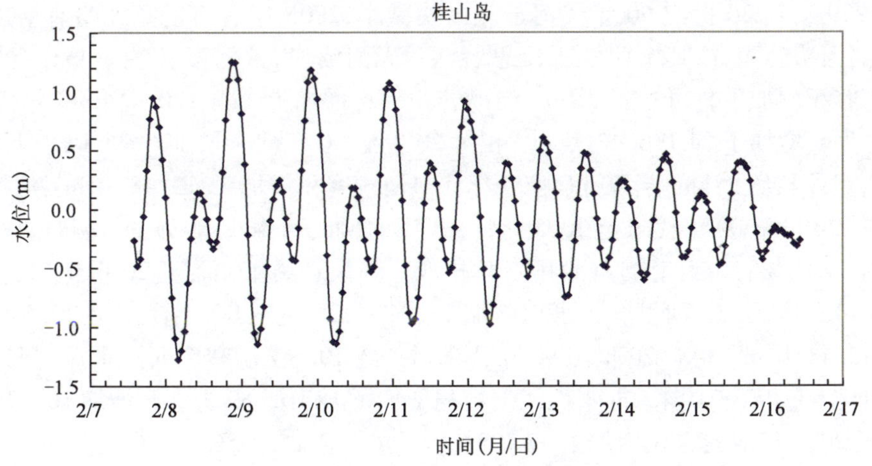

图 4-3 计算边界的桂山岛潮位过程

4.2 网河区河槽容积变化分析

4.2.1 西江干流(思贤滘—灯笼山)

表4-3给出了20世纪60年代至2005年西江干流河槽容积的变化。

西江干流(思贤滘—灯笼山)不同年代的河道容积变化 表4-3

河段	水位	0.0m		1.0m		2.0m	
	年份	河道容积($\times10^4m^3$)	河道容积差($\times10^4m^3$)	河道容积($\times10^4m^3$)	河道容积差($\times10^4m^3$)	河道容积($\times10^4m^3$)	河道容积差($\times10^4m^3$)
思贤滘至天河	20世纪60年代	60 006.23	0	67 666.11	0	75 547.02	0
	1997~1999年	69 149.59	9 143.36	76 537.11	8 871.00	84 106.39	8 559.37
	2005~2006年	93 346.02	24 196.42	101 022.06	24 484.95	108 860.53	24 754.14
天河至百顷	20世纪60年代	14 760.66		17 653.14		20 689.32	
	1997~1999年	17 974.14	3 213.48	20 632.33	2 979.20	23 405.57	2 716.25
	2005~2006年	22 438.24	4 464.11	25 334.86	4 702.52	28 349.43	4 943.86
百顷头至竹排沙	20世纪60年代	37 536.25		44 841.55		52 580.61	
	1997~1999年	43 282.23	5 745.98	49 781.62	4 940.06	56 843.07	4 262.46
	2005~2006年	51 724.71	8 442.48	58 705.74	8 924.12	66 164.75	9 321.68
合计	20世纪60年代	112 303.14		130 160.80		148 816.95	
	1997~1999年	130 405.96	18 102.82	146 951.06	16 790.26	164 355.03	15 538.08
	2005~2006年	167 508.97	37 103.01	185 062.66	38 111.59	203 374.71	39 019.68

注:水位为珠基。

从表4-3中可以看出,西江干流整体处于下切,河槽容积有增大趋势。随着河槽容积统计水位的增加1997~1999年河道容积差减小,2005年后河槽容积差增加,但变化幅度不大,说明1997~1999年较20世纪60年代河道宽度在减小,2005年后河槽宽度略有增加。以珠基0.0m统计的河槽容积看,其中西江干流思贤滘—天河河段,该河段长约56km,至20世纪90年代末河槽容积增加了9 143.36万m^3,河槽容积平均增加15.2%;20世纪90年代末至2005年河槽容积大幅增加了24 196.42万m^3,相对20世纪90年代末增加约35.0%;西海水道(天河—百顷),河段长约28km,至20世纪90年代末河槽容积增加3 213.48万m^3,河槽容积平均增加21.8%;20世纪90年代末至2005年河槽容积增加了4 464.11万m^3,相对20世纪90年代末增加约24.83%;磨刀门水道(百顷—竹排沙),河段长约43km,至20世纪90年代末河槽容积增加5 745.98万m^3,河槽容积平均增加15.31%;20世纪90年代末至2005年河槽容积增加了8 442.48万m^3,相对20世纪90年代末增加约19.5%。整个西江干流(思贤滘至灯笼山)在20世纪60~90年代末0m水位河槽容积增加了18 102.82万m^3,增加16.12%,20世纪90年代末至2005年河槽容积增加了37 103.01万m^3,增加28.5%。

由此可见,从20世纪60~90年代末至2005年河槽容积有逐渐增大的趋势,河槽容积大幅增加主要集中在20世纪90年代至2005年间;20世纪90年代末后,从磨刀门口门至思贤滘河槽容积增幅逐渐增大,上游远大于下游。

4.2.2 北江干流（三水—洪奇门）

表4-4给出了北江干流(三水—洪奇门和三沙口)在20世纪60年代至2005年河槽容积的变化。可以看出北江干流在20世纪60~90年代末,河槽大幅下切,河槽容积大幅增加,其中东平水道(三水—西樵),河段长约30km,珠基0m以下河道容积增加近7 189.53万m^3,即相对增加236.7%;顺德水道(西樵—三善滘),河段长约39km,河道容积增加约6 084.32万m^3,即相对增加73.75%;洪奇沥水道(三善滘—冯马庙),河段长约30km,河道容积变化较小;沙湾水道(三善滘—三沙口)河槽容积增加1 311.29万m^3,河槽容积相对增加了28.5%。20世纪90年代末至2005年,北江干流河槽仍然增大,但幅度较20世纪90年代前明显减小,其中东平水道(三水—西樵)河槽容积增加约2 868.41万m^3,即相对增加28.1%;顺德水道缺少实测地形资料;洪奇沥水道(三善滘—冯马庙)河槽容积相对增加11.00%。整个北江(思贤滘至冯马庙和三沙口)0.0m水位在20世纪60~90年代末河槽容积增加了15 030.75万m^3,增幅57.7%,在20世纪90年代末至2005年河槽容积增加4 119.18万m^3(部分河段缺少实测地形资料),增幅9.2%。

北江干流(三水—洪奇门)不同年代的河道容积变化 表4-4

河段	水位	0.0m		1.0m		2.0m	
	年份	河道容积($\times10^4m^3$)	河道容积差($\times10^4m^3$)	河道容积($\times10^4m^3$)	河道容积差($\times10^4m^3$)	河道容积($\times10^4m^3$)	河道容积差($\times10^4m^3$)
三水至西樵	20世纪60年代	3 036.88		4 662.18		6 553.33	
	1997~1999年	10 226.42	7 189.53	11 897.27	7 235.09	13 673.41	7 120.08
	2005~2006年	13 094.83	2 868.41	14 750.06	2 852.79	16 507.21	2 833.79
西樵至三善滘	20世纪60年代	8 249.43		10 058.05		12 013.11	
	1997~1999年	14 333.74	6 084.32	16 012.06	5 954.01	17 777.19	5 764.08
	2005~2006年	14 644.05	310.31	16 375.47	363.41	18 187	409.81
三善滘至冯马庙	20世纪60年代	10 160.79		12 356.04		14 762.09	
	1997~1999年	10 606.40	445.61	12 264.95	-91.09	13 994.75	-767.34
	2005~2006年	11 773.36	1 166.95	13 554.45	1 289.50	15 411.67	1 416.92
沙湾水道	20世纪60年代	4 597.25		5 634.53		6 717.78	
	1997~1999年	5 908.54	1 311.29	6 874.40	1 239.87	7 866.32	1 148.54
	2005~2006年	5 992.36	83.82	7 038.94	164.54	8 111.36	245.04
合计	20世纪60年代	26 044.35		32 710.80		40 046.31	
	1997~1999年	41 075.10	15 030.75	47 048.68	14 337.88	53 311.67	13 265.36
	2005~2006年	45 194.29	4 119.18	51 355.51	4 306.83	57 807.43	4 495.75

由此可见,北江干流在20世纪60~90年代末至2005年均有下切,但河道下切最严重发生在20世纪90年代,河道容积大幅度增大,20世纪90年代后河道虽然仍然下

切，但河道容积变化相对较小；上游下切的幅度大于下游，上游下切发生时间早于下游。

西江和北江干流河槽容积的变化对思贤滘西、北江的分流比影响较大，比较西、北江河槽容积的变化可以看出，20世纪90年代北江片区河槽容积大幅增加，西江片区河槽容积虽然也有增大，但幅度远小于北江片区；沙湾水道和洪奇沥水道是北江的两个重要入海水道，沙湾水道河槽容积增加大于洪奇沥水道，洪奇沥水道局部甚至出现了淤积。20世纪90年代末至2005年西江片区河槽容积增加较大，而北江片区相对较小。

4.2.3 东海水道小榄水道（南华—横门）

天河和南华是珠江干流下游的重要的分流点，南华至横门航道主要有东海水道、小榄水道和鸡鸭水道，因鸡鸭水道缺少20世纪60年代地形资料，采用1998年资料代替，鸡鸭水道和小榄水道缺少2005年地形资料，采用1998年资料代替。表4-5给出了小榄水道（南华—横门）河床容积的变化，可以看出20世纪60～90年代末河床下切，河槽容积增加了4 993.09万m^3，即相对增加19.0%；20世纪90年代后河槽仍然下切，河道容积增加了5 989.89万m^3，相对增加了19.1%。

东海小榄水道（南华—横门）不同年代的河道容积变化　　表4-5

水　位	0.0m		1.0m		2.0m	
年份	河道容积（$\times10^4m^3$）	河道容积差（$\times10^4m^3$）	河道容积（$\times10^4m^3$）	河道容积差（$\times10^4m^3$）	河道容积（$\times10^4m^3$）	河道容积差（$\times10^4m^3$）
20世纪60年代	26 305.93		30 868.54		35 636.14	
1997～1999年	31 299.02	4 993.09	35 130.94	4 262.40	39 162.28	3 526.14
2005～2006年	37 288.91	5 989.89	41 330.24	6 199.30	45 596.32	6 434.04

4.2.4 广州水道（老鸦岗—大虎）

广州水道河槽容积较大，河槽容积约10亿m^3，表4-6给出了广州水道（老鸦岗—大虎）河槽容积的变化，可见从20世纪60年代至2005年该河段河槽容积变化较小，变化幅度小于1%，其中20世纪60～90年代末河道容积略有减小，20世纪90年代末至2005年河槽容积略有增加。

广州水道（老鸦岗—大虎）不同年代的河道容积变化　　表4-6

水位	0.0m		1.0m		2.0m	
年份	河道容积（$\times10^4m^3$）	河道容积差（$\times10^4m^3$）	河道容积（$\times10^4m^3$）	河道容积差（$\times10^4m^3$）	河道容积（$\times10^4m^3$）	河道容积差（$\times10^4m^3$）
20世纪60年代	103 191.38		119 569.30		136 244.55	
1997～1999年	102 231.88	－959.50	115 873.57	－3 695.73	129 714.68	－6 529.87
2005～2006年	103 303.42	1 071.54	117 296.19	1 422.62	131 580.41	1 865.73

4.2.5　鸡啼门虎跳门水道（睦洲口—黄金和西炮台）

表4-7给出了鸡啼门虎跳门水道（睦洲口—黄金和西炮台）的河道容积变化，从表中可以看出20世纪60～90年代末该河段河槽淤积，河道容积减小953.83万m^3，即相对减小8.92%；20世纪90年代末至2005年河槽总体下切，河槽容积增加2 102.68万m^3，即相对增加21.58%。

鸡啼门虎跳门水道（睦洲口—黄金和西炮台）不同年代的河道容积变化　　表4-7

水位	0.0m		1.0m		2.0m	
年份	河道容积（$\times10^4m^3$）	河道容积差（$\times10^4m^3$）	河道容积（$\times10^4m^3$）	河道容积差（$\times10^4m^3$）	河道容积（$\times10^4m^3$）	河道容积差（$\times10^4m^3$）
20世纪60年代	10 697.46		13 267.37		16 169.17	
1997～1999年	9 743.64	-953.83	12 019.84	-1 247.53	14 557.56	-1 611.61
2005～2006年	11 846.32	2 102.68	14 560.02	2 540.17	17 475.71	2 918.15

4.2.6　东江北干流和东莞水道

本次研究20世纪60年代地形资料缺乏，采用1988年东江北干流和东莞水道实测的航道图代替，2005年地形采用的是2009年8～9月的实测航道图，表4-8给出了1988年和20世纪90年代末东江北干流和东莞水道河槽容积的变化，可见从1988年至20世纪90年代末北江干流河槽容积增加了2 188.04万m^3，即相对增加了26.3%；东莞水道河槽容积增加了2 306.34万m^3，即相对增加了35.2%；20世纪90年代末至2009年，东江北干流和东莞水道河槽容积又分别增加了3 725.09万m^3和2 782.58万m^3。

东江北干流和东莞水道的河道容积变化　　表4-8

东江北干流						
水位	0.0m		1.0m		2.0m	
年份	河道容积（$\times10^4m^3$）	河道容积差（$\times10^4m^3$）	河道容积（$\times10^4m^3$）	河道容积差（$\times10^4m^3$）	河道容积（$\times10^4m^3$）	河道容积差（$\times10^4m^3$）
1988年	8 335.58		10 457.50		12 641.74	
1997～1999年	10 523.62	2 188.04	12 436.19	1 978.69	14 424.91	1 783.17
2005～2006年	14 248.71	3 725.09	16 380.93	3 944.74	18 626.68	4 201.77
东莞水道						
1988年	6 554.81		8 200.87		9 875.06	
1997～1999年	8 861.16	2 306.34	10 292.25	2 091.38	11 770.86	1 895.80
2005～2006年	11 643.74	2 782.58	13 756.97	3 464.72	15 894.64	4 123.78

4.3 分流比变化

珠江三角洲网河是一个多源来水来沙,多口出海的复杂网河系统,三角洲网河互相连通,分流量有此消彼长的关系,分汊点分流比的变化对网河区动力过程和河床演变影响较大。西江和北江是珠江三角洲网河水沙的主要来源,占整个网河区入海河川总径流量的85.1%。西江和北江进入网河区前首先在思贤滘汇水和分流,然后再经马口(马口水文站)和河口镇(三水水文站)分别进入网河区,其中三水、马口站的分流比和分沙比的变化对整个珠江三角洲西、北江流域可谓“牵一发而动全身”。西江干流在天河附近再次分流,分别进入西海水道(西江干流)和容桂水道。

近年来,受人工挖沙、航道整治以及上游建库等影响,珠江网河区河槽容积发生了较大的变化,这种变化在时空上都很不均匀,在上游径流一定的情况下,必然造成网河区各个汊点分流比发生较大的变化。

4.3.1 思贤滘西、北江分流比变化

西江马口站和北江三水站的分流比,反映了西、北江河床的变化。近几十年来,两站的分流比发生了显著的变化。表4-9给出了多年平均流量、每年一遇洪水流量和20年一遇洪水流量马口水文站和三水水文站的分流比变化。可见,上游多年平均流量,西、北江片区分流比变化较大,20世纪60年代地形北江片区(三水水文站)分流比较小,在8.0%左右,而到20世纪90年代末,由于北江片区河槽容积大幅增加,分流比发生较大变化,北江片区分流增加至20.7%,较20世纪60年代增加了一倍多。20世纪90年代后由于高强度的人类活动,西江片区河槽容积大幅增加,西江片区分流比又开始增大,2005年西江片区(马口水文站)达到82.7%。从洪水分流比看,洪水期西江片区和北江片区分流比随地形变化,与多年平均流量的变化规律是一致的,但幅度较小,即20世纪60~90年代末北江片区分流比增大,西江片区分流比减小;20世纪90年代末后北江片区分流比减小,西江片区分流比增大。

马口和三水分流比变化　　表4-9

地点	2005~2006 地形		20 世纪 90 年代末地形		20 世纪 60 年代地形	
	流量(m^3/s)	分流比(%)	流量(m^3/s)	分流比(%)	流量(m^3/s)	分流比(%)
多年平均流量(梧州:7 102m^3/s;石角:1 341m^3/s)						
马口	7 059.85	82.73	6 624.90	77.65	7 782.98	91.23
三水	1 473.39	17.27	1 906.84	22.35	748.54	8.77
100%洪水流量(梧州:27 679m^3/s;石角:9 121m^3/s)						
马口	29 166.98	79.07	27 666.39	75.00	29 783.05	80.71
三水	7 720.58	20.93	9 221.08	25.00	7 118.38	19.29
5%洪水流量(梧州:43 074m^3/s;石角:15 226m^3/s)						
马口	45 264.50	77.52	42 675.56	73.09	44 577.45	76.35
三水	13 122.86	22.48	15 711.73	26.91	13 809.83	23.65

随着流量的增加,三水分流比逐渐增大,其中网河区20世纪60年代地形分流比对上游流量最为敏感,每年一遇洪水三水分流比较多年平均流量增加了一倍以上,20年一遇洪水流量三水分流比增加近1.5倍。

总体上看,20世纪60~90年代末由于北江河床大幅下切,河槽容积大幅增加,西江(马口)分流比减小,北江(三水)分流比增大,而20世纪90年代末至2005年受西江大规模的人工挖沙和航道整治等人类活动的影响,西江河床下切、河槽容积大幅增加,因而造成了西江和北江分流比的反向调整,西江(马口)分流比增大,北江(三水)分流比减小。

4.3.2　天河南华分流比变化

西海水道(天河站)和容桂水道(南华站)分汊点是西江干流进入网河区后另一个重要分流点。需要指出的是甘竹溪电站,计算中采用100m^3/s恒定泄流。表4-10给出了天河和南华不同年代地形分流比的变化,从表中可以看出,天河和南华的分流比总体变化不大,20世纪60年代天河分流比在54.56%~55.34%之间;至20世纪90年代末天河分流比略有下降,在50.63%~51.97%之间;至2005年天河流量又略有增加,为53.69%~54.28%。

天河和南华分流比变化　　表4-10

地点	2005~2006地形		20世纪90年代末地形		20世纪60年代地形	
	流量(m^3/s)	分流比(%)	流量(m^3/s)	分流比(%)	流量(m^3/s)	分流比(%)
多年平均流量(梧州:7 102m^3/s;石角:1 341m^3/s)						
南华	3 215.47	46.20	3 222.03	49.37	3 461.11	45.04
天河	3 744.81	53.80	3 304.45	50.63	4 223.30	54.96
100%洪水流量(梧州:27 679m^3/s;石角:9 121m^3/s)						
南华	13 461.05	46.31	13 587.79	49.29	13 492.32	45.44
天河	15 606.30	53.69	13 978.93	50.71	16 197.03	54.56
5%洪水流量(梧州:43 074m^3/s;石角:15 226m^3/s)						
南华	20 650.90	45.72	20 448.51	48.03	19 864.55	44.66
天河	24 513.79	54.28	22 127.21	51.97	24 612.95	55.34

4.3.3　百顷左右分流比变化

表4-11给出了百顷左右汊的分流比变化,可以看出20世纪60年代百顷右汊(百顷)分流比大于左汊(大鳌),左汊分流比在55.92%~56.87%之间,右汊分流比在43.13%~44.08%之间,分流比随流量变化较小;至20世纪90年代末,左汊(大鳌)分流比增大,多年平均流量左右汊分流比发生了逆转,左汊(大鳌)大于右汊(百顷),左右汊分流比分别为52.13%和47.87%,但对于洪水流量,分流比仍然是右汊(百顷)大于左汊(大鳌);至2005年左汊(大鳌)分流比较20世纪90年代末略有增加。

百顷左右分流比变化　　表 4-11

地点	2005～2006 地形		20 世纪 90 年代末地形		20 世纪 60 年代地形	
	流量(m^3/s)	分流比(%)	流量(m^3/s)	分流比(%)	流量(m^3/s)	分流比(%)
多年平均流量(梧州:7 102m^3/s;石角:1 341m^3/s)						
大鳌	2 085.16	54.87	1 751.66	52.13	1 846.42	43.13
百顷	1 714.93	45.13	1 608.22	47.87	2 435.02	56.87
100%洪水流量(梧州:27 679m^3/s;石角:9 121m^3/s)						
大鳌	7 797.72	49.79	6 747.49	48.08	7 059.54	43.43
百顷	7 864.71	50.21	7 287.63	51.92	9 195.91	56.57
5%洪水流量(梧州:43 074m^3/s;石角:15 226m^3/s)						
大鳌	11 616.84	47.28	10 536.27	47.50	10 874.57	44.08
百顷	12 953.09	52.72	11 647.04	52.50	13 794.46	55.92

4.3.4 竹洲左右分流比变化

表 4-12 给出了竹洲左(竹银)和竹洲右(竹洲头)分流比变化,可以看出竹洲左汊(竹银)是主汊道,20 世纪 60 年代分流比占 82.44%～83.86%,20 世纪 90 年代末至 2005 年竹洲右汊(竹洲头)逐渐萎缩,至 2005 年竹洲右汊(竹洲头)分流比只占 7.84%～10.64%。随着上游流量的增大,竹洲右汊(竹洲头)分流比略有增大。

竹洲左右分流比变化　　表 4-12

地点	2005～2006 地形		20 世纪 90 年代末地形		20 世纪 60 年代地形	
	流量(m^3/s)	分流比(%)	流量(m^3/s)	分流比(%)	流量(m^3/s)	分流比(%)
多年平均流量(梧州:7 102m^3/s;石角:1 341m^3/s)						
竹洲头	244.62	7.84	258.91	9.44	586.96	16.14
竹银	2 876.07	92.16	2 482.45	90.56	3 048.99	83.86
100%洪水流量(梧州:27 679m^3/s;石角:9 121m^3/s)						
竹洲头	1 223.90	9.64	1 305.70	11.34	2 296.22	17.00
竹银	11 465.90	90.36	10 204.74	88.66	11 209.35	83.00
5%洪水流量(梧州:43 074m^3/s;石角:15 226m^3/s)						
竹洲头	2 098.87	10.64	2 207.41	12.18	3 568.36	17.56
竹银	17 631.70	89.36	15 909.02	87.82	16 749.08	82.44

4.3.5 八大口门分流比变化

珠江三角洲网河八大口门的分流比随上段分流比的调整也发生较大的变化,八大口门分流比的变化对三角洲及口门区河床演变产生较大的影响。八大口门可以分为东四口门

(虎门、蕉门、洪奇门和横门)和西四口门(磨刀门、鸡啼门、虎跳门和崖门),其中东四口门径流主要是西江(北江)径流通过思贤滘分流、南华分流进入北江网河后分由东四口门入伶仃洋。

表4-13分别给出了上游5%洪水流量、100%洪水流量、多年平均流量、整治流量、一般枯水流量、设计枯水流量和特别枯水流量下的口门分流比变化。可见20世纪60~90年代末,随着北江河床下切、河槽容积增大,东四口门分流比增大,西四口门分流比减小。东四口门中虎门和蕉门增幅较大,洪奇门和横门变化较小;西四口门磨刀门和鸡啼门减小幅度较大。多年平均流量东四口门分流比由58.93%增至63.47%,西四口门分流比由41.07%减至36.53%。随着上游径流量的增大东四口门分流比增大。20世纪90年代末至2005年,随着西江河槽容积的大幅增大,西江分流比增大,西四口门分流比有所增大,东四口门分流比减小。多年平均流量西四口门分流比由36.53%增至46.08%,东四口门分流比由63.47%回落至53.92%。

珠江八大口门径流分流比变化　　表4-13a)

年代		东四口门					西四口门				
		虎门	蕉门	洪奇门	横门	小计	磨刀门	鸡啼门	虎跳门	崖门	小计
5%洪水流量(梧州:43 074m³/s;石角:15 226m³/s;博罗:9 500m³/s)											
20世纪60年代	径流量	18 525	12 599	5 776	7 701	44 600	17 631	2 326	3 752	2 844	26 553
	分流比	26.04	17.71	8.12	10.82	62.68	24.78	3.27	5.27	4.00	37.32
20世纪90年代	径流量	20 241	12 877	5 703	8 166	46 987	15 908	2 489	2 776	3 000	24 174
	分流比	28.44	18.10	8.01	11.48	66.03	22.36	3.50	3.90	4.22	33.97
2005年	径流量	18 539	11 155	5 799	9 005	44 498	16 749	3 780	3 332	2 798	26 659
	分流比	26.05	15.68	8.15	12.65	62.54	23.54	5.31	4.68	3.93	37.46
100%洪水流量(梧州:27 679m³/s;石角:9 121m³/s;博罗:5 500m³/s)											
20世纪60年代	径流量	11 336	7 910	3 637	5 128	28 011	11 465	1 411	2 255	2 518	17 649
	分流比	24.83	17.32	7.97	11.23	61.35	25.11	3.09	4.94	5.51	38.65
20世纪90年代	径流量	12 420	8 073	3 594	5 552	29 639	10 204	1 511	1 666	2 644	16 026
	分流比	27.20	17.68	7.87	12.16	64.91	22.35	3.31	3.65	5.79	35.09
2005年	径流量	11 020	6 716	3 547	6 151	27 435	11 210	2 495	2 046	2 497	18 247
	分流比	24.12	14.70	7.77	13.47	60.06	24.54	5.46	4.48	5.47	39.94
多年平均流量(梧州:7 102m³/s;石角:1 341m³/s;博罗:743m³/s)											
20世纪60年代	径流量	1 781	1 825	750	1 330	5 686	2 877	286	476	324	3 963
	分流比	18.46	18.91	7.77	13.78	58.93	29.82	2.96	4.94	3.36	41.07
20世纪90年代	径流量	2 167	1 829	731	1 403	6 129	2 485	295	366	381	3 528
	分流比	22.44	18.94	7.57	14.53	63.47	25.74	3.06	3.79	3.94	36.53
2005年	径流量	1 448	1 505	726	1 521	5 200	3 051	606	478	310	4 444
	分流比	15.01	15.61	7.53	15.77	53.92	31.64	6.28	4.95	3.22	46.08

珠江八大口门径流分流比变化 表 4-13b)

年代		东四口门					西四口门				
		虎门	蕉门	洪奇门	横门	小计	磨刀门	鸡啼门	虎跳门	崖门	小计
整治流量(梧州:3 000m³/s;石角:900m³/s;博罗:600m³/s)											
20 世纪 60 年代	径流量	1 094	807	373	621	2 894	1 368	134	225	245	1 972
	分流比	22.48	16.58	7.66	12.75	59.47	28.11	2.76	4.62	5.04	40.53
20 世纪 90 年代	径流量	1 310	799	364	657	3 130	1 150	136	160	299	1 746
	分流比	26.88	16.38	7.46	13.47	64.20	23.58	2.80	3.28	6.14	35.80
2005 年	径流量	954	698	353	695	2 700	1 416	287	224	259	2 186
	分流比	19.52	14.29	7.22	14.23	55.26	28.98	5.88	4.59	5.29	44.74
一般枯水流量(梧州:2 000m³/s;石角:300m³/s;博罗:300m³/s)											
20 世纪 60 年代	径流量	622	480	246	390	1 739	893	87	149	218	1 346
	分流比	20.17	15.56	7.99	12.65	56.37	28.95	2.81	4.82	7.05	43.63
20 世纪 90 年代	径流量	765	466	240	417	1 888	745	88	97	274	1 204
	分流比	24.75	15.06	7.75	13.50	61.07	24.10	2.85	3.14	8.84	38.93
2005 年	径流量	551	428	226	436	1 641	905	185	143	244	1 477
	分流比	17.67	13.73	7.26	13.97	52.63	29.04	5.92	4.58	7.82	47.37
设计枯水流量(梧州:1 500m³/s;石角:200m³/s;博罗:230m³/s)											
20 世纪 60 年代	径流量	463	359	199	301	1 322	703	67	118	206	1 095
	分流比	19.14	14.85	8.25	12.45	54.69	29.09	2.78	4.90	8.54	45.31
20 世纪 90 年代	径流量	595	340	194	322	1 451	580	68	72	263	983
	分流比	24.44	13.98	7.95	13.25	59.62	23.85	2.80	2.95	10.79	40.38
2005 年	径流量	421	327	179	336	1 263	696	142	108	238	1 185
	分流比	17.18	13.38	7.32	13.73	51.61	28.45	5.79	4.43	9.72	48.39
特别枯水流量(梧州:900m³/s;石角:100m³/s;博罗:100m³/s)											
20 世纪 60 年代	径流量	463	359	199	301	1 322	703	67	118	206	1 095
	分流比	19.14	14.85	8.25	12.45	54.69	29.09	2.78	4.90	8.54	45.31
20 世纪 90 年代	径流量	595	340	194	322	1 451	580	68	72	263	983
	分流比	24.44	13.98	7.95	13.25	59.62	23.85	2.80	2.95	10.79	40.38
2005 年	径流量	421	327	179	336	1 263	696	142	108	238	1 185
	分流比	17.18	13.38	7.32	13.73	51.61	28.45	5.79	4.43	9.72	48.39

4.4　潮汐特征变化

珠江河口平均潮差在0.86～1.63m之间,属于弱潮河口,各个口门动力条件相差较大,其中以虎门的潮差最大,涨潮量最多,径潮比为0.26,径流弱潮流强,为潮流型口门;除虎门外、蕉门和崖门的平均潮差较大,其中崖门受黄茅海纳潮容积影响较大,导致涨潮量较大,径潮比为0.31,也可归属为潮流型口门。磨刀门是西江主要泄洪口门,年径流及分流比较大,磨刀门平均潮差为0.86m,为八口门中最小的,其径潮比为5.78,为八口门之冠,为径流型河口。其他五个口门属于偏向径流的过渡型口门。

珠江河口的潮汐为不规则半日混合潮型,一天中有两涨两落,半个月中有大潮汛和小潮汛,历时各三天,其他日子为寻常潮。网河区几乎全年受潮汐入侵的影响,洪汛期,因大量径流下压,使得网河区顶部受潮汐影响变得十分轻微甚至消失,但口门附近仍受潮汐影响。枯水期,随着径流减小,潮汐动力增强,并会控制整个网河区,呈现潮强径弱的局面。珠江网河区潮流运动除了受上游径流变化和出海口外潮汐运动影响外,网河区内部的变化,如航道整治工程、人工挖沙、桥梁、闸堰工程等也会影响到网河区潮波运动。

4.4.1　潮位

潮位有年内季节变化和日变化,以及较长期的趋势变化。潮位的变化主要取决于上游的来水变化、下游口门潮位变化和河槽自身的变化。近几十年来,虽然珠江流域上游建了很多水利工程,但尚未有控制工程足以改变流域的来水来沙的量值及过程,径流量值及过程在时间上和空间上没有发生太大的调整。虽然全球气候变暖引起了海平面上升,也会影响整个网河区的潮位,但根据相关的研究,近百年来海平面上升的速度只有1～2mm/a,因而可以近似认为近几十年来其对网河潮位影响较小。

河床的剧烈变化引起了网河区潮位较大的改变,但是对不同河段高潮位和低潮位的影响不同,洪水期和枯水期的影响也不尽相同,将分别进行研究和讨论。

表4-14和表4-15分别给出了5%洪水流量和100%洪水流量西江沿程高要、马口和灯笼山等断面不同地形高低潮位的变化。可以看出100%洪水流量,网河区上游的马口站最高水位由20世纪60年代的7.47m下降至20世纪90年代末的6.04m,水位下降1.43m,至2005年水位再下降至4.93m,水位又下降1.11m;受潮位控制,向下游水位的降幅逐渐减小,在竹洲20世纪60～90年代末只下降了0.43m,20世纪90年代末至2005年只下降了0.04m;洪水流量最低潮位减小幅度大于高潮位,马口20世纪60～90年代末下降了1.5m,20世纪90年代末至2005年水位又下降1.18m。

5%洪水时西江潮位变化　　表4-14

地　形	断面	高要	马口	天河	潮莲	大鳌	竹银	灯笼山
	距离(km)	0.00	48.07	105.17	116.77	137.46	153.14	174.47
20世纪60年代	H_{max}	12.42	10.11	7.06	6.47	4.91	3.56	1.77
	H_{min}	12.41	10.09	7.00	6.41	4.78	3.28	0.77
	ΔH	0.01	0.02	0.06	0.07	0.13	0.27	1.01

续上表

地　　形	断面	高要	马口	天河	潮莲	大鳌	竹银	灯笼山
	距离(km)	0.00	48.07	105.17	116.77	137.46	153.14	174.47
20 世纪 90 年代末	H_{max}	11.61	8.90	5.95	5.42	4.20	3.01	1.73
	H_{min}	11.59	8.85	5.82	5.27	3.98	2.59	0.69
	ΔH	0.03	0.05	0.13	0.15	0.22	0.42	1.04
2005 年	H_{max}	10.35	7.72	5.59	5.04	3.88	2.96	1.78
	H_{min}	10.31	7.65	5.45	4.88	3.63	2.55	0.89
	ΔH	0.04	0.07	0.14	0.16	0.25	0.41	0.89

100%洪水时西江潮位变化　　表 4-15

地　　形	断面	高要	马口	天河	潮莲	大鳌	竹银	灯笼山
	距离(km)	0.00	48.07	105.17	116.77	137.46	153.14	174.47
20 世纪 60 年代	H_{max}	9.11	7.47	5.08	4.61	3.43	2.50	1.56
	H_{min}	9.09	7.43	4.95	4.46	3.15	1.96	0.12
	ΔH	0.03	0.04	0.13	0.15	0.28	0.54	1.44
20 世纪 90 年代末	H_{max}	8.07	6.04	3.91	3.55	2.76	2.07	1.53
	H_{min}	8.00	5.93	3.62	3.23	2.31	1.27	0.02
	ΔH	0.06	0.12	0.29	0.32	0.45	0.80	1.51
2005 年	H_{max}	6.94	4.93	3.55	3.20	2.50	2.03	1.53
	H_{min}	6.84	4.75	3.25	2.86	1.96	1.25	0.20
	ΔH	0.10	0.18	0.30	0.35	0.53	0.79	1.33

5%洪水流量最高潮位马口站在 20 世纪 60 ~ 90 年代末水位下降了 1.21m，最低潮位下降了 1.24m，20 世纪 90 年代末至 2005 年最高水位下降了 1.18m，最低水位下降了 1.20m；往下游水位降幅逐渐减小，在 20 世纪 60 - 90 年代末和 2005 年竹洲最高水位分别下降了 0.55m 和 0.05m，最低水位分别下降了 0.69m 和 0.04m。比较可以看出随着流量的增大，水位下降幅度减小。

表 4-16 给出了多年平均流量西江沿程最高和最低水位变化，可以看出马口站 20 世纪 60 ~ 90 年代末再至 2005 年最高水位分别下降了 0.30m 和 0.14m，共下降 0.44m，最低水位分别下降了 1.00m 和 0.35m，共下降 1.35m；至竹洲最高水位分别下降了 0.17m 和 0.03m，共下降 0.20m，20 世纪 60 ~ 90 年代末最低水位下降了 0.21m，而至 2005 年则略有增加。可以看出 20 世纪 60 ~ 90 年代末水位下降幅度大于 20 世纪 90 年代至 2005 年，最低水位下降幅度大于最高水位，上游水位变化大于下游。

表 4-17 给出了整治流量时西江沿程最高和最低水位变化。整治流量时上游径流较小，网河区受潮流控制，从图表中可以看出，最高潮位从上游至下游逐渐增大，且地形变化影响较小，20 世纪 60 ~ 90 年代末马口站最高水位下降 0.03m，竹洲最高水位下降 0.08m，20 世纪 90 年代末至 2005 年马口最高水位下降 0.06m，竹洲水位相差 0.03m。最低潮位有较大幅度的下降，其中马口在 1999 年和 2005 年分别下降了 0.53m 和 0.18m。

多年平均流量时西江潮位变化 表 4-16

地形	断面	高要	马口	天河	潮莲	大鳌	竹银	灯笼山
	距离(km)	0.00	48.07	105.17	116.77	137.46	153.14	174.47
20 世纪 60 年代	H_{max}	2.65	2.17	1.77	1.63	1.50	1.44	1.36
	H_{min}	2.40	1.79	0.94	0.78	0.24	-0.21	-0.81
	ΔH	0.25	0.38	0.83	0.85	1.26	1.65	2.17
20 世纪 90 年代末	H_{max}	2.28	1.86	1.54	1.46	1.26	1.27	1.31
	H_{min}	1.64	0.79	0.23	0.13	-0.15	-0.42	-0.76
	ΔH	0.64	1.07	1.31	1.33	1.41	1.69	2.07
2005 年	H_{max}	2.05	1.73	1.37	1.32	1.21	1.24	1.28
	H_{min}	1.14	0.44	0.21	0.12	-0.14	-0.34	-0.65
	ΔH	0.91	1.29	1.16	1.19	1.34	1.57	1.93

整治流量时西江潮位变化 表 4-17

地形	断面	高要	马口	天河	潮莲	大鳌	竹银	灯笼山
	距离(km)	0.00	48.07	105.17	116.77	137.46	153.14	174.47
20 世纪 60 年代	H_{max}	1.47	1.34	1.27	1.18	1.13	1.22	1.31
	H_{min}	0.82	0.58	0.17	0.07	-0.28	-0.56	-0.94
	ΔH	0.65	0.76	1.10	1.12	1.41	1.78	2.25
20 世纪 90 年代末	H_{max}	1.46	1.31	1.16	1.13	1.09	1.14	1.27
	H_{min}	0.41	0.06	-0.24	-0.30	-0.47	-0.65	-0.88
	ΔH	1.05	1.25	1.40	1.43	1.56	1.79	2.15
2005 年	H_{max}	1.40	1.25	1.05	1.02	1.05	1.11	1.24
	H_{min}	0.18	-0.12	-0.20	-0.25	-0.42	-0.56	-0.78
	ΔH	1.22	1.37	1.25	1.27	1.47	1.67	2.02

表 4-18、表 4-19 和表 4-20 分别表示一般枯水流量、设计枯水流量和特别枯水流量下西江沿程最高和最低水位变化。一般枯水流量、设计枯水流量和特别枯水流量最高和最低水位的变化规律与设计枯水流量相似。比较一般枯水流量、设计枯水流量和特别枯水流量最低水位差,可以看出随着流量的增加,最低水位差逐渐增大。

总体上可以看出:

①20 世纪 60 年代以来网河区西江干流由于河槽容积的大幅改变,水位大幅下降,下降幅度随着上游流量减小而减小。

②低水位下降幅度大于高水位下降幅度。

③水位下降最大河段位于马口附近,至上游和下游水位下降幅度逐渐减小。

一般枯水流量时西江潮位变化 表 4-18

地形	断面	高要	马口	天河	潮莲	大鳌	竹银	灯笼山
	距离(km)	0.00	48.07	105.17	116.77	137.46	153.14	174.47
20 世纪 60 年代	H_{max}	1.10	1.02	1.05	1.02	1.03	1.15	1.30
	H_{min}	0.39	0.24	-0.07	-0.15	-0.43	-0.67	-0.98
	ΔH	0.71	0.79	1.12	1.17	1.46	1.82	2.28
20 世纪 90 年代末	H_{max}	1.15	1.13	1.07	1.03	1.04	1.10	1.26
	H_{min}	0.12	-0.19	-0.40	-0.42	-0.55	-0.71	-0.91
	ΔH	1.04	1.32	1.47	1.45	1.60	1.82	2.17
2005 年	H_{max}	1.16	1.10	0.97	0.93	0.99	1.08	1.22
	H_{min}	-0.07	-0.30	-0.34	-0.36	-0.50	-0.62	-0.82
	ΔH	1.23	1.40	1.31	1.29	1.50	1.70	2.04

设计枯水流量时西江潮位变化 表 4-19

地形	断面	高要	马口	天河	潮莲	大鳌	竹银	灯笼山
	距离(km)	0.00	48.07	105.17	116.77	137.46	153.14	174.47
20 世纪 60 年代	H_{max}	0.94	0.91	0.97	0.95	0.99	1.13	1.29
	H_{min}	0.24	0.12	-0.16	-0.25	-0.50	-0.71	-1.00
	ΔH	0.70	0.79	1.13	1.20	1.49	1.84	2.29
20 世纪 90 年代末	H_{max}	1.02	1.06	1.03	0.99	1.02	1.09	1.25
	H_{min}	-0.02	-0.28	-0.46	-0.47	-0.59	-0.74	-0.92
	ΔH	1.03	1.33	1.49	1.46	1.61	1.82	2.18
2005 年	H_{max}	1.05	1.05	0.93	0.89	0.97	1.06	1.21
	H_{min}	-0.17	-0.37	-0.40	-0.41	-0.54	-0.65	-0.83
	ΔH	1.23	1.42	1.34	1.30	1.50	1.71	2.04

特别枯水流量时西江潮位变化 表 4-20

地形	断面	高要	马口	天河	潮莲	大鳌	竹银	灯笼山
	距离(km)	0.00	48.07	105.17	116.77	137.46	153.14	174.47
20 世纪 60 年代	H_{max}	0.73	0.76	0.86	0.86	0.94	1.09	1.29
	H_{min}	0.06	-0.03	-0.29	-0.37	-0.58	-0.77	-1.02
	ΔH	0.67	0.79	1.15	1.22	1.52	1.86	2.31
20 世纪 90 年代末	H_{max}	0.86	0.97	0.97	0.93	0.99	1.06	1.24
	H_{min}	-0.18	-0.39	-0.53	-0.53	-0.63	-0.77	-0.94
	ΔH	1.04	1.36	1.51	1.46	1.62	1.83	2.18
2005 年	H_{max}	0.93	0.98	0.88	0.83	0.94	1.04	1.20
	H_{min}	-0.29	-0.45	-0.47	-0.47	-0.57	-0.68	-0.85
	ΔH	1.22	1.43	1.36	1.30	1.51	1.71	2.05

表4-21分别给出了5%洪水流量时北江沿程最高和最低潮位的变化和断面上的数据比较。三水至石仔沙河段水位下降较大，最高水位在20世纪60~90年代末再至2005年三水分别下降了1.27m和1.23m，最低水位分别下降了1.30m和1.25m。霞石至冯马庙河段水位在20世纪90年代末最高水位较20世纪60年代甚至有所增高，三善右和三围最高水位分别升高了0.06m和0.20m。

表4-22分别给出了100%洪水流量时北江沿程断面上的最高水位和最低水位比较。可以看出网河区北江上游的三水站至石仔沙河段水位变化最大，20世纪60年代三水最高、最低水位分别为7.62m和7.58m，20世纪90年代末最高、最低水位分别为6.14m和6.02m，至2005年最高和最低水位分别为4.99m和4.80m，又下降了1.15m和1.21m，合计共下降了2.63m和2.78m。霞石冯马庙河段潮位受河口潮汐控制，河床变化对其影响较小。

表4-23分别给出了多年平均流量时北江沿程的最高和最低水位变化和断面上的数据比较。从表中可以看出，最高水位在20世纪60~90年代末再至2005年东平水道三水附近水位分别降低了0.25m和0.12m，下段顺德水道和洪奇沥水道至20世纪90年代末水位略有增高，至2005年水位又略有下降。最低水位东平河段三水站分别下降了1.13m和0.33m，顺德水道水位变化较小。

5%洪水流量时北江潮位变化 表4-21

地形	断面	石角	三水	石仔沙	霞石	三善右	三围	大陇滘	冯马庙
	距离(km)	0.00	53.12	84.29	115.57	120.87	125.83	144.45	156.24
20世纪60年代	H_{max}	13.50	10.38	7.42	4.53	4.05	3.64	2.67	2.06
	H_{min}	13.49	10.36	7.37	4.29	3.74	3.28	1.79	0.67
	ΔH	0.01	0.02	0.05	0.24	0.31	0.36	0.89	1.39
20世纪90年代末	H_{max}	13.17	9.11	6.39	4.42	4.10	3.84	2.69	2.07
	H_{min}	13.16	9.06	6.23	4.07	3.70	3.39	1.63	0.60
	ΔH	0.01	0.05	0.16	0.35	0.41	0.45	1.06	1.47
2005年	H_{max}	12.95	7.88	5.70	3.94	3.74	3.62	2.65	2.03
	H_{min}	12.94	7.80	5.52	3.57	3.34	3.20	1.66	0.59
	ΔH	0.01	0.07	0.18	0.36	0.40	0.42	0.99	1.44

100%洪水流量时北江潮位变化 表4-22

地形	断面	石角	三水	石仔沙	霞石	三善右	三围	大陇滘	冯马庙
	距离(km)	0.00	53.12	84.29	115.57	120.87	125.83	144.45	156.24
20世纪60年代	H_{max}	11.09	7.62	4.88	2.85	2.62	2.50	2.11	1.83
	H_{min}	11.08	7.58	4.76	2.33	2.00	1.75	0.69	-0.01
	ΔH	0.01	0.04	0.12	0.52	0.62	0.74	1.42	1.84
20世纪90年代末	H_{max}	10.85	6.14	4.09	2.94	2.78	2.64	2.14	1.86
	H_{min}	10.84	6.02	3.70	2.23	2.03	1.82	0.56	-0.05
	ΔH	0.01	0.13	0.39	0.70	0.76	0.82	1.58	1.91
2005年	H_{max}	10.72	4.99	3.65	2.67	2.57	2.50	2.08	1.83
	H_{min}	10.71	4.80	3.24	1.95	1.82	1.72	0.58	-0.05
	ΔH	0.02	0.19	0.41	0.72	0.75	0.79	1.50	1.88

多年平均流量时北江潮位变化 表4-23

地形	断面	石角	三水	石仔沙	霞石	三善右	三围	大陇滘	冯马庙
	距离(km)	0.00	51.62	83.10	116.52	121.46	124.45	143.47	153.58
20世纪60年代	H_{max}	6.02	2.28	1.56	1.55	1.55	1.57	1.72	1.66
	H_{min}	6.02	1.90	0.59	-0.29	-0.33	-0.38	-0.69	-0.87
	ΔH	0.00	0.38	0.97	1.84	1.88	1.95	2.41	2.53
20世纪90年代末	H_{max}	6.02	2.03	1.88	1.63	1.6	1.59	1.72	1.69
	H_{min}	6.02	0.75	0.19	-0.23	-0.27	-0.31	-0.75	-0.87
	ΔH	0	1.28	1.69	1.86	1.87	1.9	2.47	2.56
2005年	H_{max}	6.02	1.89	1.8	1.58	1.56	1.55	1.67	1.66
	H_{min}	6.02	0.36	0.07	-0.23	-0.26	-0.28	-0.69	-0.84
	ΔH	0	1.53	1.73	1.81	1.82	1.83	2.36	2.5

表4-24～表4-26分别给出了设计枯水流量、一般枯水流量和整治流量时沿程最高和最低水位变化以及断面上数据的比较。整治流量、设计枯水流量、一般枯水流量和特别枯水流量时上游流量较小，下游河段主要受潮流控制，最高水位由河口至上游三水逐渐减小，受河槽容积增大涨潮阻力减小，20世纪90年代末和2005年最高潮位较20世纪60年代略有升高，最低水位三水站下降了0.14～0.75m。

设计枯水流量时北江潮位变化 表4-24

地形	断面	石角	三水	石仔沙	霞石	三善右	三围	大陇滘	冯马庙
	距离(km)	0.00	51.62	83.10	116.52	121.46	124.45	143.47	153.58
20世纪60年代	H_{max}	4.10	0.92	0.85	1.28	1.30	1.32	1.52	1.58
	H_{min}	4.09	0.04	-0.25	-0.64	-0.66	-0.71	-0.98	-1.06
	ΔH	0.01	0.88	1.10	1.92	1.96	2.03	2.50	2.64
20世纪90年代末	H_{max}	4.11	1.17	1.27	1.32	1.32	1.32	1.57	1.60
	H_{min}	4.08	-0.32	-0.53	-0.71	-0.72	-0.74	-0.99	-1.04
	ΔH	0.03	1.49	1.8	2.03	2.04	2.06	2.56	2.64
2005年	H_{max}	4.12	1.18	1.25	1.3	1.3	1.3	1.53	1.58
	H_{min}	4.08	-0.41	-0.52	-0.67	-0.68	-0.69	-0.93	-1.00
	ΔH	0.04	1.59	1.77	1.97	1.98	1.99	2.46	2.58

一般枯水流量时北江潮位变化 表4-25

地形	断面	石角	三水	石仔沙	霞石	三善右	三围	大陇滘	冯马庙
	距离(km)	0.00	51.62	83.10	116.52	121.46	124.45	143.47	153.58
20世纪60年代	H_{max}	4.95	1.13	0.93	1.30	1.32	1.34	1.54	1.59
	H_{min}	4.95	0.29	-0.18	-0.60	-0.62	-0.68	-0.95	-1.04
	ΔH	0.00	0.84	1.11	1.90	1.94	2.02	2.49	2.63

续上表

地　形	断面	石角	三水	石仔沙	霞石	三善右	三围	大陇滘	冯马庙
	距离(km)	0.00	51.62	83.10	116.52	121.46	124.45	143.47	153.58
20 世纪 90 年代末	H_{max}	4.95	1.3	1.35	1.36	1.36	1.35	1.59	1.62
	H_{min}	4.95	-0.2	-0.44	-0.65	-0.67	-0.69	-0.96	-1.02
	ΔH	0	1.5	1.79	2.01	2.03	2.04	2.55	2.64
2005 年	H_{max}	4.95	1.28	1.33	1.34	1.33	1.33	1.55	1.59
	H_{min}	4.95	-0.31	-0.44	-0.62	-0.63	-0.64	-0.91	-0.99
	ΔH	0	1.59	1.77	1.96	1.96	1.97	2.46	2.58

整治流量时北江潮位变化　　表 4-26

地　形	断面	石角	三水	石仔沙	霞石	三善右	三围	大陇滘	冯马庙
	距离(km)	0.00	51.62	83.10	116.52	121.46	124.45	143.47	153.58
20 世纪 60 年代	H_{max}	5.51	1.46	1.14	1.36	1.38	1.40	1.59	1.60
	H_{min}	5.51	0.75	0.00	-0.52	0.55	-0.60	-0.89	-1.00
	ΔH	0.00	0.71	1.14	1.88	1.93	2.00	2.48	2.60
20 世纪 90 年代末	H_{max}	5.51	1.5	1.49	1.43	1.41	1.41	1.62	1.63
	H_{min}	5.51	-0.01	-0.29	-0.55	-0.57	-0.6	-0.91	-0.98
	ΔH	0	1.51	1.78	1.98	1.98	2.01	2.53	2.61
2005 年	H_{max}	5.51	1.42	1.45	1.4	1.38	1.38	1.58	1.61
	H_{min}	5.51	-0.17	-0.31	-0.52	-0.54	-0.55	-0.85	-0.95
	ΔH	0	1.59	1.76	1.92	1.92	1.93	2.43	2.56

表 4-27 ~ 表 4-33 分别给出了虎门(大虎)、蕉门(南沙)、洪奇门(冯马庙)、横门(横门)、磨刀门(灯笼山)、鸡啼门(黄金)、虎跳门(西炮台)、崖门(黄冲)八大口门最高和最低潮位比较。20 世纪 60 ~ 90 年代末受北江河槽容积增大、分流比增大等影响,洪水期东四口门最高潮位都略有增加,西四口门略有降低。20 世纪 90 年代末至 2005 年西江分流比回调,洪水时北口门潮位又略有降低、西四口门略有升高。多年平均流量 20 世纪 60 ~ 90 年代末高潮位东四口门升高了 0.01 ~ 0.03m,20 世纪 90 年代末至 2005 年回调了 0.02 ~ 0.03m;20 世纪 60 ~ 90 年代末西四口门中磨刀门高潮位下降了 0.05m,其他三个口门变化小于 0.01m,20 世纪 90 年代末水位又下降了 0 ~ 0.03m;低潮位东四口门变化较小,20 世纪 60 ~ 90 年代末升高了 0 ~ 0.05m,至 2005 年又升高了 0.01 ~ 0.03m,磨刀门潮位先后上升了 0.04m 和 0.11m,其他三口门除鸡啼门在 20 世纪 60 ~ 90 年代末低潮位降低 0.12m 外,其他变幅小于 0.05m。可见口门潮位受网河地形变化较小,除磨刀门和鸡啼门外,口门潮位变化小于 10cm。

频繁的人类活动改变了网河区河道的形态,使得河床大幅度下切,河槽容积大幅增加,造成整个网河区潮位明显下降,其中洪水水位下降幅度大于中枯水、低潮位下降幅度大于高潮位。网河区水位下降的幅度分布在时间和空间上都是不均匀的,空间上三水和马口站附近是整个网河区水位下降幅度最大的河段,时间上 20 世纪 60 ~ 90 年代末水位降幅较大,其中北江片区水位下降幅度大于西江,20 世纪 90 年代末至 2005 年,水位下降幅度相对较小,其中西江片区大于北江片区。

5%洪水流量时口门潮位变化 表 4-27

最高潮位变化								
口门	虎门	蕉门	洪奇门	横门	磨刀门	鸡啼门	虎跳门	崖门
潮位站	大虎	南沙	冯马庙	横门	灯笼山	黄金	西炮台	黄冲
20 世纪 60 年代	1.96	1.96	2.06	1.93	1.77	1.52	1.69	2.01
20 世纪 90 年代末	2.03	1.97	2.07	1.93	1.73	1.44	1.69	2.01
2005 年	1.98	1.94	2.03	1.90	1.78	1.43	1.70	1.76
最低潮位变化								
20 世纪 60 年代	-0.95	-0.29	0.67	0.41	0.77	0.16	-0.77	-0.78
20 世纪 90 年代末	-0.90	-0.18	0.60	0.30	0.69	-0.30	-0.79	-0.80
2005 年	-0.93	-0.20	0.59	0.25	0.89	-0.36	-0.75	-0.75

100%洪水流量时口门潮位变化 表 4-28

最高潮位变化								
口门	虎门	蕉门	洪奇门	横门	磨刀门	鸡啼门	虎跳门	崖门
潮位站	大虎	南沙	冯马庙	横门	灯笼山	黄金	西炮台	黄冲
20 世纪 60 年代	1.86	1.84	1.83	1.75	1.56	1.42	1.68	1.97
20 世纪 90 年代末	1.90	1.88	1.86	1.77	1.53	1.43	1.68	1.97
2005 年	1.87	1.85	1.83	1.74	1.53	1.43	1.70	1.75
最低潮位变化								
20 世纪 60 年代	-1.18	-0.64	-0.01	-0.14	0.12	-0.28	-0.88	-0.92
20 世纪 90 年代末	-1.16	-0.54	-0.05	-0.22	0.02	-0.66	-0.90	-0.92
2005 年	-1.16	-0.54	-0.05	-0.26	0.20	-0.69	-0.88	-0.89

多年平均流量时口门潮位变化 表 4-29

最高潮位变化								
口门	虎门	蕉门	洪奇门	横门	磨刀门	鸡啼门	虎跳门	崖门
潮位站	大虎	南沙	冯马庙	横门	灯笼山	黄金	西炮台	黄冲
20 世纪 60 年代	1.63	1.63	1.60	1.52	1.36	1.37	1.53	1.58
20 世纪 90 年代末	1.66	1.64	1.62	1.53	1.31	1.37	1.53	1.57
2005 年	1.64	1.61	1.58	1.51	1.28	1.37	1.57	1.58
最低潮位变化								
20 世纪 60 年代	-1.41	-1.06	-0.86	-0.89	-0.81	-0.89	-1.01	-1.04
20 世纪 90 年代末	-1.41	-1.01	-0.84	-0.89	-0.76	-1.00	-1.01	-1.03
2005 年	-1.40	-0.99	-0.81	-0.87	-0.65	-1.00	-1.08	-1.07

整治流量时口门潮位变化 表 4-30

最高潮位变化								
口门	虎门	蕉门	洪奇门	横门	磨刀门	鸡啼门	虎跳门	崖门
潮位站	大虎	南沙	冯马庙	横门	灯笼山	黄金	西炮台	黄冲
20 世纪 60 年代	1.62	1.60	1.55	1.48	1.31	1.34	1.51	1.56
20 世纪 90 年代末	1.65	1.61	1.56	1.50	1.27	1.36	1.52	1.56
2005 年	1.63	1.58	1.53	1.49	1.24	1.36	1.55	1.57
最低潮位变化								
20 世纪 60 年代	-1.43	-1.13	-0.98	-1.00	-0.94	-0.97	-1.03	-1.05
20 世纪 90 年代末	-1.43	-1.10	-0.97	-0.99	-0.88	-1.05	-1.03	-1.05
2005 年	-1.42	-1.07	-0.93	-0.97	-0.78	-1.05	-1.10	-1.10

一般枯水流量时口门潮位变化 表 4-31

最高潮位变化								
口门	虎门	蕉门	洪奇门	横门	磨刀门	鸡啼门	虎跳门	崖门
潮位站	大虎	南沙	冯马庙	横门	灯笼山	黄金	西炮台	黄冲
20 世纪 60 年代	1.62	1.59	1.53	1.47	1.30	1.33	1.50	1.56
20 世纪 90 年代末	1.64	1.60	1.54	1.49	1.26	1.35	1.51	1.55
2005 年	1.62	1.57	1.52	1.48	1.22	1.36	1.55	1.57
最低潮位变化								
20 世纪 60 年代	-1.44	-1.15	-1.03	-1.03	-0.98	-1.00	-1.04	-1.06
20 世纪 90 年代末	-1.44	-1.13	-1.01	-1.02	-0.91	-1.06	-1.04	-1.05
2005 年	-1.43	-1.10	-0.97	-1.00	-0.82	-1.06	-1.11	-1.11

设计枯水流量时口门潮位变化 表 4-32

最高潮位变化								
口门	虎门	蕉门	洪奇门	横门	磨刀门	鸡啼门	虎跳门	崖门
潮位站	大虎	南沙	冯马庙	横门	灯笼山	黄金	西炮台	黄冲
20 世纪 60 年代	1.61	1.59	1.53	1.46	1.29	1.33	1.50	1.56
20 世纪 90 年代末	1.64	1.59	1.54	1.48	1.25	1.35	1.51	1.55
2005 年	1.62	1.57	1.51	1.47	1.21	1.35	1.54	1.56
最低潮位变化								
20 世纪 60 年代	-1.44	-1.16	-1.04	-1.05	-1.00	-1.01	-1.04	-1.06
20 世纪 90 年代末	-1.45	-1.14	-1.02	-1.03	-0.92	-1.06	-1.04	-1.05
2005 年	-1.44	-1.11	-0.99	-1.02	-0.83	-1.06	-1.11	-1.11

特别枯水流量时口门潮位变化 表 4-33

最高潮位变化								
口门	虎门	蕉门	洪奇门	横门	磨刀门	鸡啼门	虎跳门	崖门
潮位站	大虎	南沙	冯马庙	横门	灯笼山	黄金	西炮台	黄冲
20 世纪 60 年代	1.61	1.58	1.52	1.45	1.29	1.32	1.50	1.56
20 世纪 90 年代末	1.64	1.59	1.53	1.47	1.24	1.35	1.50	1.55
2005 年	1.61	1.56	1.50	1.46	1.20	1.35	1.54	1.56
最低潮位变化								
20 世纪 60 年代	-1.44	-1.17	-1.06	-1.06	-1.02	-1.02	-1.05	-1.06
20 世纪 90 年代末	-1.45	-1.15	-1.04	-1.05	-0.94	-1.07	-1.04	-1.06
2005 年	-1.44	-1.12	-1.00	-1.03	-0.85	-1.07	-1.12	-1.11

4.4.2 潮差、潮区界和潮流界

网河区河床的大幅下切,河槽容积的大幅增加,对涨落潮潮差也产生重要的影响。从潮差的沿程变化可知,从河口至上游河段,潮差越来越小,随着上游径流量的增大径流动力增强、潮流动力减弱,由河口至上游的潮差减小速率随着上游流量的增加而加剧。从不同年代潮差变化可知,受河床下切、河槽容积增大、网河内潮汐通道更加顺畅、流动力增强等因素影响,各级流量下 20 世纪 90 年代末沿程潮位差都大于 20 世纪 60 年代;20 世纪 90 年代末至 2005 年虽然河槽容积也增加较多,但由于潮差相对 20 世纪 90 年代末变化较小。但从北江潮差的变化可以看出,洪奇沥水道上段的局部河段 20 世纪 90 年代和 2005 年潮差较 20 世纪 60 年代甚至减小,这主要是由于相对于 20 世纪 60 年代,20 世纪 90 年代末和 2005 年河槽容积反而减小造成(见 4.2 节)。

图 4-4 ~ 图 4-9 分别给出了 5% 洪水流量、100% 洪水流量、多年平均流量、整治流量、枯水流量和设计流量时的潮区界和潮流界,洪水时除虎门和崖门有涨潮流外,其他口门基本没有涨潮流,因而没有给出潮流界。可以看出,多年平均流量时 20 世纪 60 年代西江潮区界在德庆附近,潮流界在天河附近,北江潮区界在芦苞附近,潮流界在西樵附近;20 世纪 90 年代末西江潮区界在罗旁镇附近,潮流界在太平洲头附近,北江潮区界在大塘附近,潮流界在紫洞附近;2005 年西江潮区界在长岗镇,潮流界在马口附近,北江潮区界和潮流界变化较小。随着上游流量的减小潮流和潮区界上移,整治流量时潮区界到西江界首滩附近,潮流界在高要和六都镇附近。

4.4.3 潮量

由于高强度的人类活动,网河区的河槽形态和河槽容积发生了较大的变化,这种变化在时间和空间上都很不均匀,在进入网河区上游径流量一定的情况下,由于河槽容积变化空间分布的不均匀性,必然使得网河区各个分汊的分流发生变化,其中河道容积增加较大的河道分流必然增加,同时也会使得其他平行输水河道的流量出现不同程度的减小。同时,河床下切、河槽

容积增大，增加了河道的纳潮能力，减小了河道阻力，使得潮流更加畅通，增加了网河区的潮流动力。

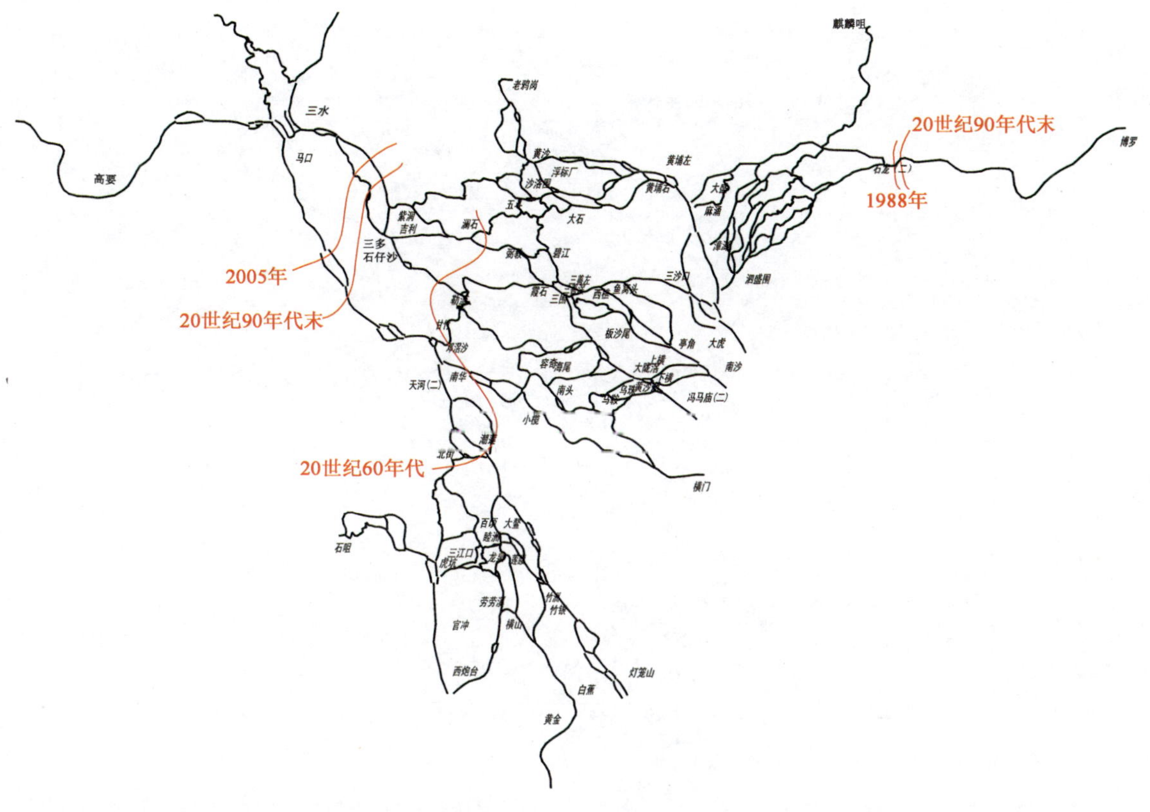

图4-4 5%洪水流量时潮区界比较[❶]

表4-34～表4-40分别给出了外海大潮，上游分别对应5%洪水流量、100%洪水流量、多年平均流量、整治流量、一般枯水流量、设计枯水流量和特别枯水流量时西江和北江沿程断面上的涨落潮平均潮量，表4-41给出了西江和东江的涨潮通量。从表中可以看出：

（1）5%洪水流量和100%洪水流量时西江和北江只有落潮流没有涨潮流，西江和北江沿程断面平均落潮量完全取决于上游径流和分流比变化，由于20世纪60～90年代末北江河槽容积增加幅度大于西江，造成北江分流比增大，西江分流比减小，因而西江干流由马口至灯笼山在20世纪90年代末落潮流量略有减小，相反北江三水至三善右落潮量增大，但由于北江下段洪奇沥水道河槽容积变化较小，而沙湾水道河槽容积增加较大，因而洪奇沥水道落潮量略有减小。20世纪90年代末至2005年，西江干流由于大规模人工挖沙和航道整治等人类活动，西江的河床大幅度下切，河槽容积增大，造成西江分流比增大，北江分流比减小，西江马口至灯笼山落潮量增大，北江三水落潮量减小；由于北江下游河段分流比变化，其他断面的落潮量变化不一。

❶ 水位变幅小于0.1m。

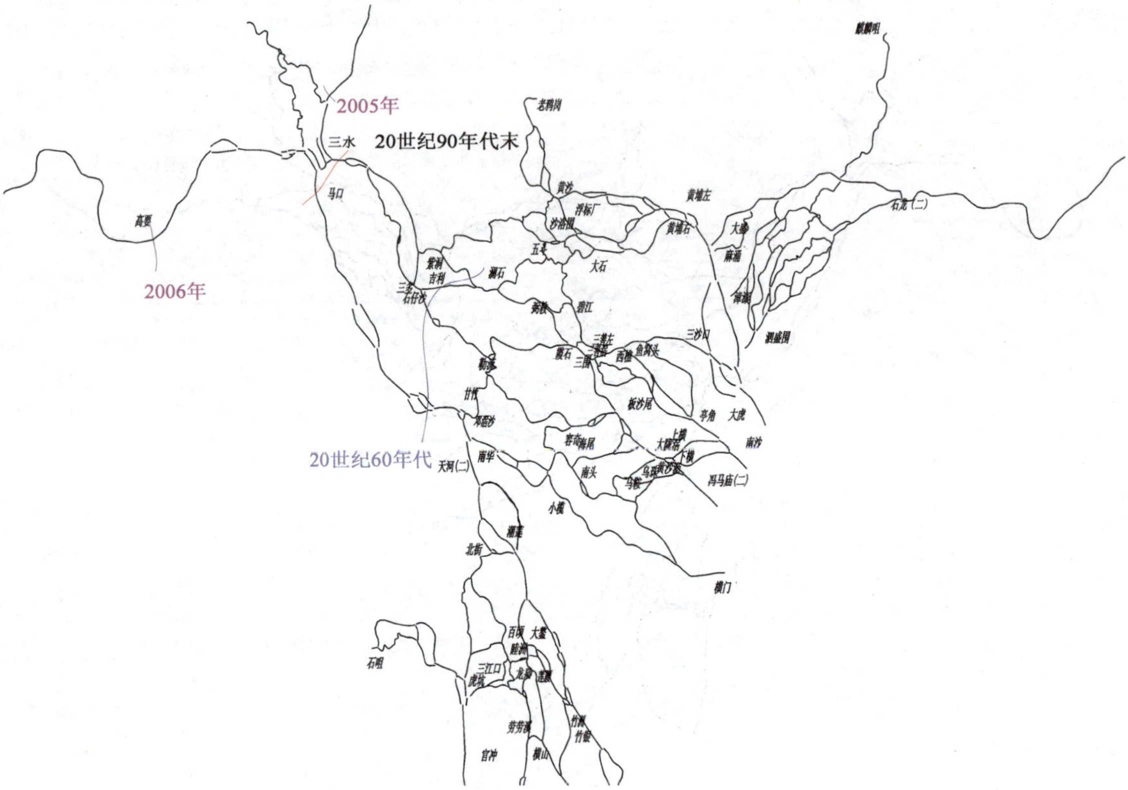

图 4-5　100% 洪水流量时潮区界比较

（2）多年平均流量西江上游高要至下游口门灯笼山，落潮历时逐渐减少、涨潮历时逐渐增加，说明径流作用逐渐减弱，潮流动力逐渐增强；比较不同年代地形涨落潮历时可以看出落潮历时逐渐减少，涨潮历时逐渐增长，潮流界逐渐上移，潮流动力逐渐增强；但也可以看出多年平均流量下，灯笼上的落潮历时远大于涨潮历时，说明西江干流以径流为主；涨潮时受到河槽容积增大、水位下降影响，平均涨潮流量从 20 世纪 60 ~ 90 年代末和 2005 年一直在增加，受分流的影响，20 世纪 60 ~ 90 年代末西江干流落潮流量多数断面是减小的，但至 2005 年受分流和河槽容积的变化，涨潮流量增加较多。北江干流在 20 世纪 60 ~ 90 年代末河槽容积大幅增加，分流比增大，三水至大陇滘涨落潮平均流量增大；20 世纪 90 年代末至 2005 年，受北江（三水）分流比减小的影响，落潮流略有减小，但受河槽容积增大影响，涨潮流有所增大。

（3）随着上游径流量的逐渐减小，潮流动力逐步增强，涨潮历时增长，上游为设计流量时，磨刀门（灯笼山）落潮历时与涨潮历时之比已达到 14 : 11，整个网河区都受到潮流作用，受河床下切、河槽容积增大的影响，西江和北江涨落潮流量在 20 世纪 60 ~ 90 年代末和 2005 年都有所增大。

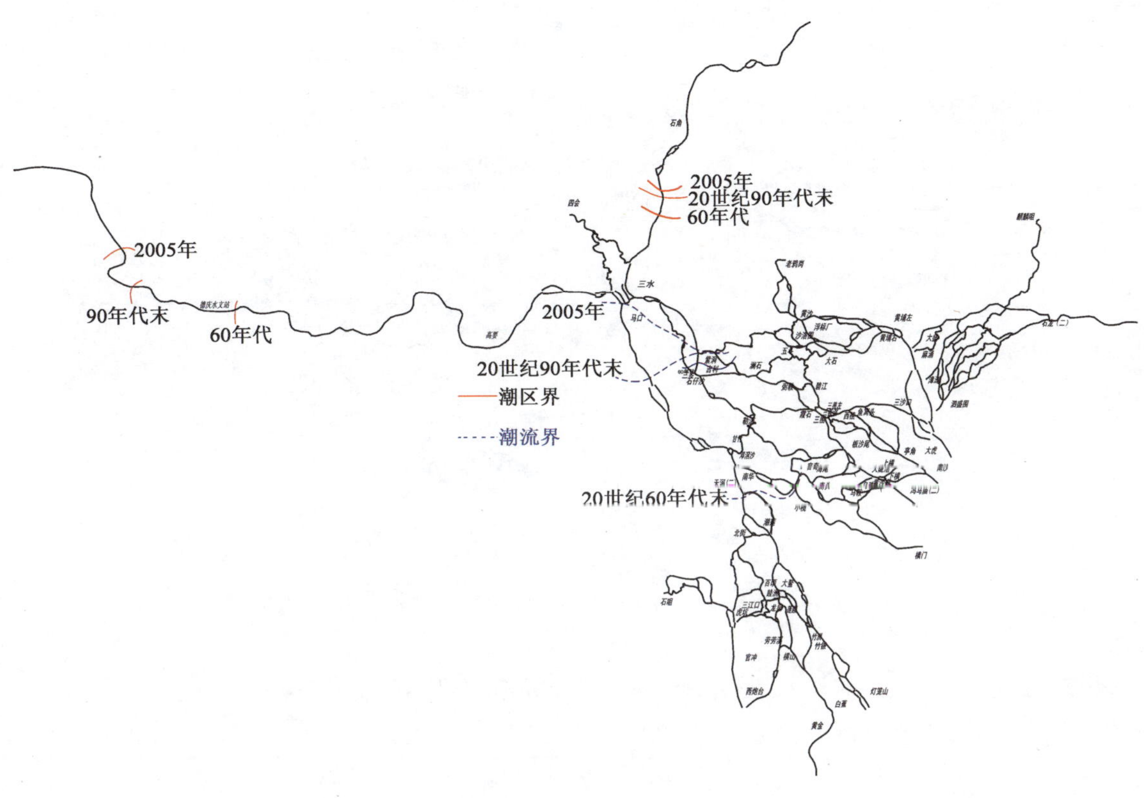

图4-6　多年平均流量时潮区界和潮流界比较

5%洪水流量时西江涨落潮量变化

表4-34a)

西江	断面	高要	马口	天河	潮连	大鳌	竹银	灯笼山
20世纪60年代	落潮平均(m^3/s)	43 070.15	44 566.14	24 610.05	11 886.77	10 871.14	16 740.49	16 728.20
	落潮历时(h)	25	25	25	25	25	25	25
	涨潮平均(m^3/s)	0.00	0.00	0.00	0.00	0.00	0.00	0.00
	涨潮历时(h)	0	0	0	0	0	0	0
20世纪90年代末	落潮平均(m^3/s)	43 065.09	42 655.54	22 127.83	10 595.14	10 530.54	15 900.56	15 885.02
	落潮历时(h)	25	25	25	25	25	25	25
	涨潮平均(m^3/s)	0.00	0.00	0.00	0.00	0.00	0.00	0.00
	涨潮历时(h)	0	0	0	0	0	0	0
2005年	落潮平均(m^3/s)	43 061.53	45 232.79	24 501.38	11 800.38	11 594.79	17 609.36	17 593.66
	落潮历时(h)	25	25	25	25	25	25	25
	涨潮平均(m^3/s)	0.00	0.00	0.00	0.00	0.00	0.00	0.00
	涨潮历时(h)	0	0	0	0	0	0	0

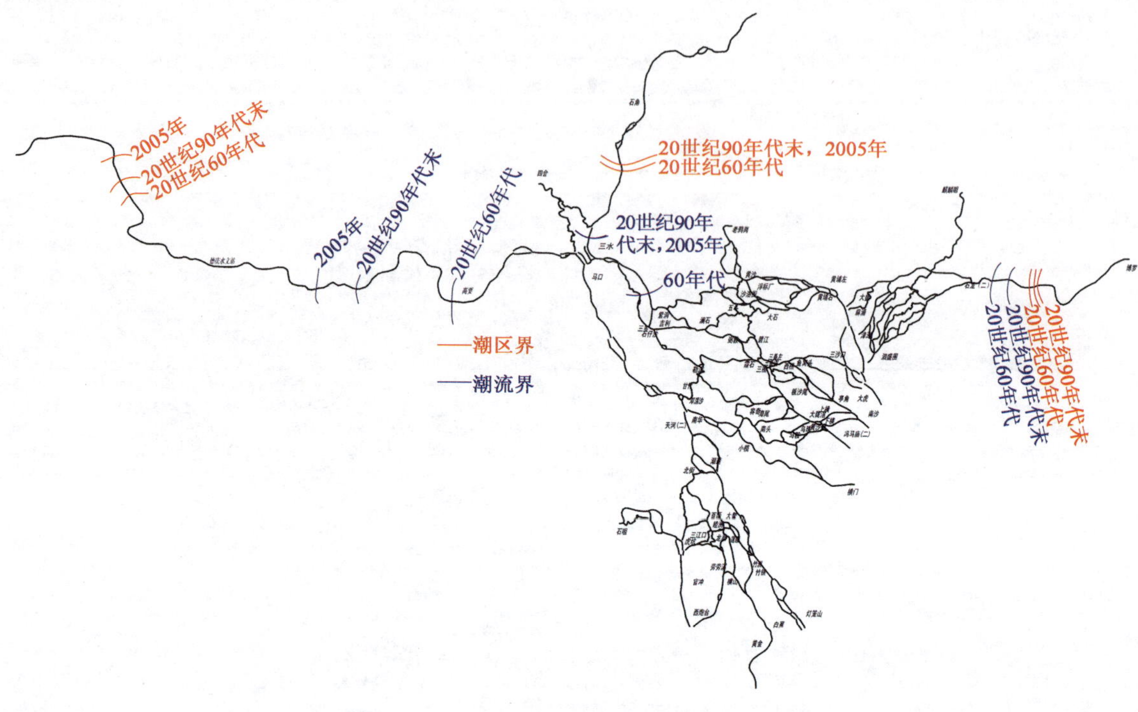

图 4-7　整治流量时潮区界和潮流界比较

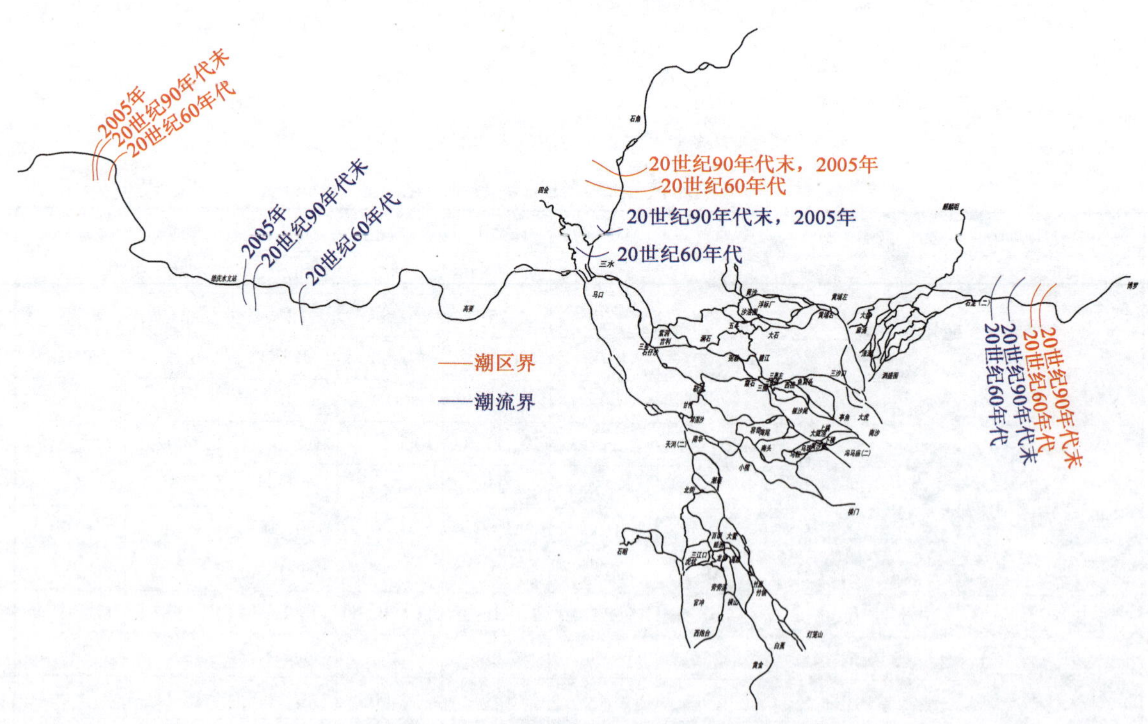

图 4-8　枯水流量时潮区界和潮流界比较

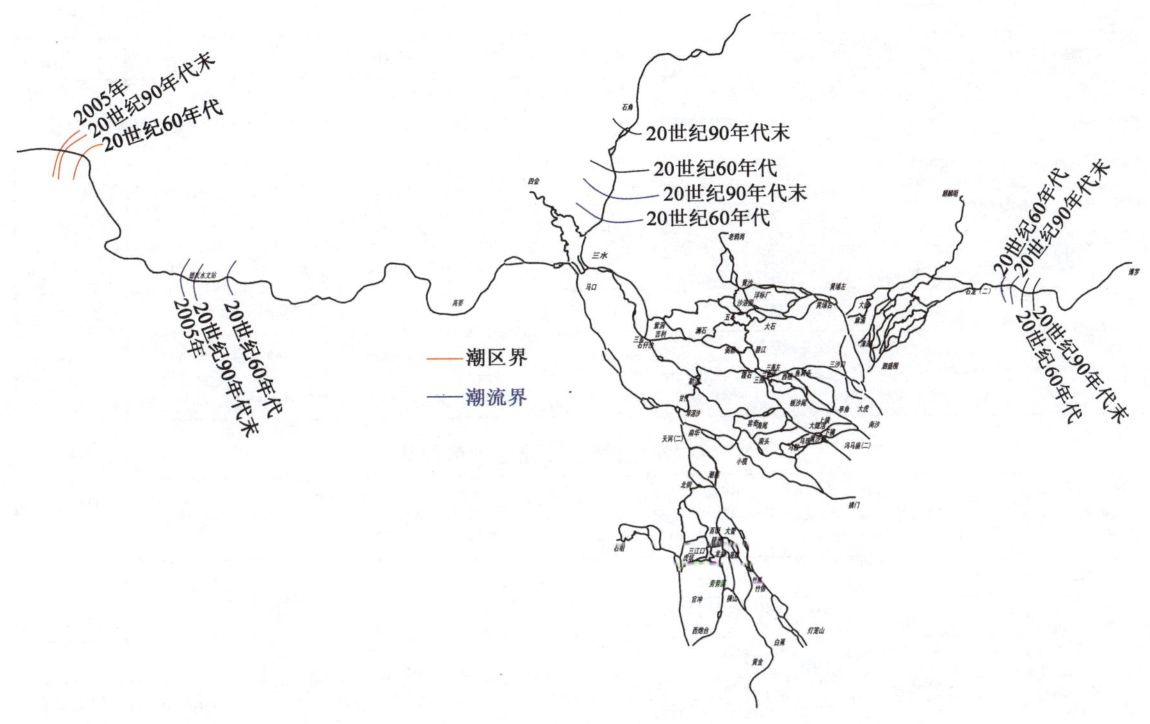

图 4-9　设计流量时潮区界和潮流界比较

5%洪水流量时北江涨落潮量变化　　表 4-34b)

北江	断面	石角	三水	石仔沙	霞石	三善右	三围	大陇滘	冯马庙
20 世纪 60 年代	落潮平均(m^3/s)	15 226.00	13 809.93	8 452.55	6 987.90	6 118.21	1 780.52	12 331.76	5 817.12
	落潮历时(h)	25	25	25	25	25	25	25	25
	涨潮平均(m^3/s)	0.00	0.00	0.00	0.00	0.00	0.00	0.00	0.00
	涨潮历时(h)	0	0	0	0	0	0	0	0
20 世纪 90 年代末	落潮平均(m^3/s)	15 226.00	15 704.43	10 064.01	8 708.00	7 838.64	1 780.17	13 659.23	5 713.25
	落潮历时(h)	25	25	25	25	25	25	25	25
	涨潮平均(m^3/s)	0.00	0.00	0.00	0.00	0.00	0.00	0.00	0.00
	涨潮历时(h)	0	0	0	0	0	0	0	0
2005 年	落潮平均(m^3/s)	15 226.00	13 113.96	8 688.54	7 661.80	6 949.40	1 622.55	13 752.42	5 782.82
	落潮历时(h)	25	25	25	25	25	25	25	25
	涨潮平均(m^3/s)	0.00	0.00	0.00	0.00	0.00	0.00	0.00	0.00
	涨潮历时(h)	0	0	0	0	0	0	0	0

100%洪水流量时西江涨落潮量变化　　表 4-35a)

西江	断面	高要	马口	天河	潮莲	大鳌	竹银	灯笼山
20 世纪 60 年代	落潮平均(m^3/s)	27 680.26	29 762.22	16 187.72	8 234.70	7 050.64	11 192.17	11 170.95
	落潮历时(h)	25	25	25	25	25	25	25
	涨潮平均(m^3/s)	0.00	0.00	0.00	0.00	0.00	0.00	0.00
	涨潮历时(h)	0	0	0	0	0	0	0

续上表

西江	断面	高要	马口	天河	潮莲	大鳌	竹银	灯笼山
20世纪90年代末	落潮平均(m^3/s)	27 657.25	27 621.37	13 958.75	6 894.31	6 724.46	10 169.04	10 141.51
	落潮历时(h)	25	25	25	25	25	25	25
	涨潮平均(m^3/s)	0.00	0.00	0.00	0.00	0.00	0.00	0.00
	涨潮历时(h)	0	0	0	0	0	0	0
2005年	落潮平均(m^3/s)	27 649.90	29 098.80	15 558.69	7 677.33	7 749.78	11 412.18	11 384.30
	落潮历时(h)	25	25	25	25	25	25	25
	涨潮平均(m^3/s)	0.00	0.00	0.00	0.00	0.00	0.00	0.00
	涨潮历时(h)	0	0	0	0	0	0	0

100%洪水流量时北江涨落潮量变化 表4-35b)

北江	断面	石角	三水	石仔沙	霞石	三善右	三围	大陇滘	冯马庙
20世纪60年代	落潮平均(m^3/s)	9 121.00	7 118.97	4 571.56	3 969.19	3 358.93	863.29	7 576.24	3 542.66
	落潮历时(h)	25	25	25	25	25	25	25	25
	涨潮平均(m^3/s)	0.00	0.00	0.00	0.00	0.00	0.00	0.00	0.00
	涨潮历时(h)	0	0	0	0	0	0	0	0
20世纪90年代末	落潮平均(m^3/s)	9 121.00	9 201.29	6 133.21	5 374.11	4 828.44	1 007.20	8 610.34	3 580.99
	落潮历时(h)	25	25	25	25	25	25	25	25
	涨潮平均(m^3/s)	0.00	0.00	0.00	0.00	0.00	0.00	0.00	0.00
	涨潮历时(h)	0	0	0	0	0	0	0	0
2005年	落潮平均(m^3/s)	9 121.00	7 698.10	5 382.04	4 823.30	4 282.67	1 009.25	8 679.17	3 615.04
	落潮历时(h)	25	25	25	25	25	25	25	25
	涨潮平均(m^3/s)	0.00	0.00	0.00	0.00	0.00	0.00	0.00	0.00
	涨潮历时(h)	0	0	0	0	0	0	0	0

多年平均流量时西江涨落潮量变化 表4-36a)

西江	断面	高要	马口	天河	潮莲	大鳌	竹银	灯笼山
20世纪60年代	落潮平均(m^3/s)	7 010.16	7 574.04	4 012.11	2 286.20	1 915.89	3 458.17	4 115.97
	落潮历时(h)	25	25	25	25	23	22	20
	涨潮平均(m^3/s)	0.00	0.00	0.00	0.00	547.31	1 669.25	2 447.73
	涨潮历时(h)	0	0	0	0	2	3	5
20世纪90年代末	落潮平均(m^3/s)	6 934.19	6 348.71	3 717.94	1 997.71	2 200.32	3 461.85	4 137.27
	落潮历时(h)	25	25	22	21	21	20	18
	涨潮平均(m^3/s)	0.00	0.00	1 725.72	1 002.27	1 657.95	2 673.15	2 792.98
	涨潮历时(h)	0	0	3	4	4	5	7
2005年	落潮平均(m^3/s)	6 909.85	7 349.29	4 581.61	2 328.07	2 766.84	3 982.40	4 681.39
	落潮历时(h)	25	23	21	21	20	20	18
	涨潮平均(m^3/s)	0.00	614.32	2 566.94	1 626.45	1 750.39	3 103.45	3 025.01
	涨潮历时(h)	0	2	4	4	5	5	7

多年平均流量时北江涨落潮量变化 表 4-36b)

北江	断面	石角	三水	石仔沙	霞石	三善右	三围	大陇滘	冯马庙
20 世纪 60 年代	落潮平均(m^3/s)	1 341.00	755.49	641.28	1 039.77	986.85	266.00	3 436.90	1 849.69
	落潮历时(h)	25	25	22	17	17	15	16	16
	涨潮平均(m^3/s)	0.00	0.00	399.84	704.04	950.82	371.36	1 656.40	1 475.20
	涨潮历时(h)	0	0	3	8	8	10	9	9
20 世纪 90 年代末	落潮平均(m^3/s)	1 341.00	1 846.62	1 556.80	1 698.71	1 867.83	500.82	3 405.94	1 773.65
	落潮历时(h)	25	25	22	20	17	17	17	16
	涨潮平均(m^3/s)	0.00	0.00	811.54	1 123.25	1 067.53	486.40	1 785.69	1 364.08
	涨潮历时(h)	0	0	3	5	8	8	8	9
2005 年	落潮平均(m^3/s)	1 341.00	1 442.57	1 357.88	1 745.15	1 930.07	866.40	3 524.16	1 683.65
	落潮历时(h)	25	25	22	18	16	15	17	17
	涨潮平均(m^3/s)	0.00	0.00	974.24	994.76	1 199.31	730.84	1 967.80	1 552.61
	涨潮历时(h)	0	0	3	7	9	10	8	8

整治流量时西江涨落潮量变化 表 4-37a)

西江	断面	高要	马口	天河	潮莲	大鳌	竹银	灯笼山
20 世纪 60 年代	落潮平均(m^3/s)	2 787.41	3 944.20	2 515.98	1 533.54	1 324.82	2 758.88	3 611.64
	落潮历时(h)	25	22	20	20	18	16	15
	涨潮平均(m^3/s)	0.00	1 082.49	1 227.55	1 012.81	947.66	1 808.30	2 754.24
	涨潮历时(h)	0	3	5	5	7	9	10
20 世纪 90 年代末	落潮平均(m^3/s)	3 229.92	3 935.08	2 952.61	1 595.96	1 816.34	3 093.97	3 782.03
	落潮历时(h)	22	20	16	16	16	15	14
	涨潮平均(m^3/s)	1 124.68	2 094.11	1 564.23	1 073.49	1 507.02	2 568.23	3 031.48
	涨潮历时(h)	3	5	9	9	9	10	11
2005 年	落潮平均(m^3/s)	3 481.22	4 633.40	3 691.36	1 947.52	2 201.10	3 489.36	3 847.83
	落潮历时(h)	21	19	16	16	16	15	15
	涨潮平均(m^3/s)	1 398.34	2 628.51	2 433.56	1 509.55	1 758.82	2 770.59	3 427.36
	涨潮历时(h)	4	6	9	9	9	10	10

整治流量时北江涨落潮量变化 表 4-37b)

北江	断面	石角	三水	石仔沙	霞石	三善右	三围	大陇滘	冯马庙
20 世纪 60 年代	落潮平均(m^3/s)	900.00	277.16	430.92	883.21	910.22	250.00	2 491.69	1 420.89
	落潮历时(h)	25	25	17	14	14	15	16	16
	涨潮平均(m^3/s)	0.00	0.00	373.84	787.88	899.32	352.09	2 704.77	1 854.59
	涨潮历时(h)	0	0	8	11	11	10	9	9
20 世纪 90 年代末	落潮平均(m^3/s)	900.00	1 071.18	1 181.99	1 420.93	1 451.40	480.21	2 709.08	1 376.05
	落潮历时(h)	25	20	17	16	16	15	15	16

续上表

北江	断面	石角	三水	石仔沙	霞石	三善右	三围	大陇滘	冯马庙
20世纪90年代末	涨潮平均(m^3/s)	0.00	444.83	854.81	1 263.55	1 570.44	469.95	2 452.14	1 731.24
	涨潮历时(h)	0	5	8	9	9	10	10	9
2005年	落潮平均(m^3/s)	900.00	884.04	1 108.78	1 583.67	1 502.58	821.73	2 857.04	1 485.26
	落潮历时(h)	25	20	17	14	16	15	15	15
	涨潮平均(m^3/s)	0.00	568.31	936.76	1 113.12	1 710.23	845.80	2 610.64	1 576.29
	涨潮历时(h)	0	5	8	11	9	10	10	10

一般枯水流量时西江涨落潮量变化 表4-38a)

西江	断面	高要	马口	天河	潮莲	大鳌	竹银	灯笼山
20世纪60年代	落潮平均(m^3/s)	2 257.13	2 855.90	1 892.43	1 302.96	1 155.25	2 423.21	3 087.83
	落潮历时(h)	21	20	18	17	16	15	15
	涨潮平均(m^3/s)	795.73	2 048.98	1 528.57	998.51	1 023.50	2 148.24	3 276.33
	涨潮历时(h)	4	5	7	8	9	10	10
20世纪90年代末	落潮平均(m^3/s)	2 524.80	3 088.51	2 275.83	1 386.61	1 916.42	3 126.86	3 382.22
	落潮历时(h)	20	18	16	15	13	13	14
	涨潮平均(m^3/s)	1 679.70	2 593.24	2 221.47	1 232.79	1 394.70	2 519.53	3 468.01
	涨潮历时(h)	5	7	9	10	12	12	11
2005年	落潮平均(m^3/s)	2 925.84	4 148.52	3 363.79	1 597.75	2 167.09	3 503.83	3 635.27
	落潮历时(h)	18	16	14	16	14	13	14
	涨潮平均(m^3/s)	1 518.22	3 024.58	2 626.28	1 840.01	1 804.44	2 762.62	3 611.79
	涨潮历时(h)	7	9	11	9	11	12	11

枯水流量时北江涨落潮量变化 表4-38b)

北江	断面	石角	三水	石仔沙	霞石	三善右	三围	大陇滘	冯马庙
20世纪60年代	落潮平均(m^3/s)	300.00	151.99	310.79	783.03	828.55	259.75	2 160.18	1 467.92
	落潮历时(h)	25	22	17	14	14	14	16	14
	涨潮平均(m^3/s)	0.00	79.46	455.98	887.14	975.58	320.94	2 986.76	1 617.48
	涨潮历时(h)	0	3	8	11	11	11	9	11
20世纪90年代末	落潮平均(m^3/s)	300.00	828.81	1 048.71	1 382.09	1 420.28	463.55	2 345.42	1 426.21
	落潮历时(h)	25	17	15	14	14	14	15	14
	涨潮平均(m^3/s)	0.00	591.70	939.73	1 286.71	1 457.15	460.16	2 774.79	1 522.10
	涨潮历时(h)	0	8	10	11	11	11	10	11
2005年	落潮平均(m^3/s)	300.00	720.87	1 012.99	1 384.71	1 319.67	835.95	2 683.45	1 462.75
	落潮历时(h)	25	17	15	14	16	14	14	14
	涨潮平均(m^3/s)	0.00	610.95	955.79	1 329.75	1 851.01	813.64	2 692.59	1 559.26
	涨潮历时(h)	0	8	10	11	9	11	11	11

设计枯水流量时西江涨落潮量变化　　表 4-39a)

西江	断面	高要	马口	天河	潮莲	大鳌	竹银	灯笼山
20 世纪 60 年代	落潮平均(m^3/s)	1 866.38	2 442.95	1 701.43	1 131.55	1 198.14	2 213.52	2 873.89
	落潮历时(h)	20	19	17	17	14	15	15
	涨潮平均(m^3/s)	1 151.34	2 153.57	1 603.10	1 175.56	964.06	2 355.46	3 479.93
	涨潮历时(h)	5	6	8	8	11	10	10
20 世纪 90 年代末	落潮平均(m^3/s)	2 280.06	3 146.72	2 337.01	1 274.75	1 809.41	2 971.57	3 222.78
	落潮历时(h)	18	15	14	15	13	13	14
	涨潮平均(m^3/s)	1 646.67	2 107.54	1 989.69	1 335.91	1 524.00	2 697.84	3 645.73
	涨潮历时(h)	7	10	11	10	12	12	11
2005 年	落潮平均(m^3/s)	2 778.85	3 631.98	3 106.86	1 690.97	2 036.26	3 330.31	3 453.65
	落潮历时(h)	16	16	14	14	14	13	14
	涨潮平均(m^3/s)	1 673.25	3 433.31	2 876.09	1 618.14	1 955.94	2 975.97	3 821.14
	涨潮历时(h)	9	9	11	11	11	12	11

设计枯水流量时北江涨落潮量变化　　表 4-39b)

北江	断面	石角	三水	石仔沙	霞石	三善右	三围	大陇滘	冯马庙
20 世纪 60 年代	落潮平均(m^3/s)	230.00	121.54	312.49	752.63	804.55	259.84	2 033.04	1 418.23
	落潮历时(h)	25	21	15	14	14	14	16	14
	涨潮平均(m^3/s)	0.00	119.07	382.37	912.09	994.58	317.13	3 091.56	1 665.83
	涨潮历时(h)	0	4	10	11	11	11	9	11
20 世纪 90 年代末	落潮平均(m^3/s)	230.00	746.17	957.45	1 303.23	1 353.90	451.26	2 381.29	1 381.09
	落潮历时(h)	25	16	15	14	14	14	14	14
	涨潮平均(m^3/s)	0.00	629.49	1 021.53	1 367.71	1 525.23	470.38	2 656.17	1 573.09
	涨潮历时(h)	0	9	10	11	11	11	11	11
2005 年	落潮平均(m^3/s)	230.00	665.02	932.01	1 315.01	1 348.24	825.19	2 559.00	1 418.42
	落潮历时(h)	25	16	15	14	15	14	14	14
	涨潮平均(m^3/s)	0.00	631.25	1 020.22	1 397.14	1 712.63	824.80	2 833.06	1 611.55
	涨潮历时(h)	0	9	10	11	10	11	11	11

特别枯水流量时西江涨落潮量变化　　表 4-40a)

西江	断面	高要	马口	天河	潮莲	大鳌	竹银	灯笼山
20 世纪 60 年代	落潮平均(m^3/s)	1 440.99	2 135.16	1 522.14	1 057.57	1 134.45	2 270.68	3 034.83
	落潮历时(h)	18	16	15	15	13	13	13
	涨潮平均(m^3/s)	1 338.93	1 976.34	1 594.32	1 163.00	1 039.46	2 211.02	3 152.10
	涨潮历时(h)	7	9	10	10	12	12	12
20 世纪 90 年代末	落潮平均(m^3/s)	2 216.60	2 777.80	2 223.86	1 222.64	1 671.72	2 767.64	3 525.74
	落潮历时(h)	14	14	13	14	13	13	12

续上表

西江	断面	高要	马口	天河	潮莲	大鳌	竹银	灯笼山
20 世纪 90 年代末	涨潮平均(m^3/s)	1 511.55	2 457.16	2 089.35	1 342.93	1 679.82	2 910.79	3 271.09
	涨潮历时(h)	11	11	12	11	12	12	13
2005 年	落潮平均(m^3/s)	2 311.38	3 216.20	2 990.68	1 534.33	2 204.05	3 101.78	4 131.45
	落潮历时(h)	15	15	13	14	12	13	11
	涨潮平均(m^3/s)	2 040.34	3 615.93	2 916.33	1 778.39	1 831.14	3 228.97	3 225.38
	涨潮历时(h)	10	10	12	11	13	12	14

特别枯水流量时北江涨落潮量变化 表 4-40b)

北江	断面	石角	三水	石仔沙	霞石	三善右	三围	大陇滘	冯马庙
20 世纪 60 年代	落潮平均(m^3/s)	100.00	113.80	314.35	713.54	773.84	260.28	1 868.15	1 355.33
	落潮历时(h)	25	15	13	14	14	14	16	14
	涨潮平均(m^3/s)	0.00	87.69	348.17	942.93	1 018.47	311.59	3 225.31	1 726.38
	涨潮历时(h)	0	10	12	11	11	11	9	11
20 世纪 90 年代末	落潮平均(m^3/s)	100.00	664.57	908.92	1 200.18	1 267.22	433.65	2 388.93	1 323.13
	落潮历时(h)	25	14	14	14	14	14	13	14
	涨潮平均(m^3/s)	0.00	644.41	1 041.36	1 474.93	1 614.50	482.29	2 594.53	1 636.50
	涨潮历时(h)	0	11	11	11	11	11	12	11
2005 年	落潮平均(m^3/s)	100.00	618.28	895.25	1 223.88	1 469.94	808.49	2 398.74	1 361.22
	落潮历时(h)	25	14	14	14	13	14	14	14
	涨潮平均(m^3/s)	0.00	622.69	1 018.63	1 487.02	1 482.35	836.35	3 008.50	1 676.28
	涨潮历时(h)	0	11	11	11	12	11	11	11

西江大潮涨潮通量变化($\times 10^6 m^3$) 表 4-41a)

多年平均流量							
西江	高要	马口	天河	潮莲	大鳌	竹银	灯笼山
20 世纪 60 年代	0.00	0.00	0.00	0.00	3.94	18.03	44.06
20 世纪 90 年代末	0.00	0.00	18.64	14.43	23.87	48.12	70.38
2005 年	0.00	4.42	36.96	23.42	31.51	55.86	76.23
整治流量							
西江	高要	马口	天河	潮莲	大鳌	竹银	灯笼山
20 世纪 60 年代	0.00	11.69	22.10	18.23	23.88	58.59	99.15
20 世纪 90 年代末	12.15	37.69	50.68	34.78	48.83	92.46	120.05
2005 年	20.14	56.78	78.85	48.91	56.99	99.74	123.38
一般枯水流量							
西江	高要	马口	天河	潮莲	大鳌	竹银	灯笼山
20 世纪 60 年代	11.46	36.88	38.52	28.76	33.16	77.34	117.95

续上表

一般枯水流量							
20世纪90年代末	30.23	65.35	71.98	44.38	60.25	108.84	137.33
2005年	38.26	98.00	104.00	59.62	71.46	119.35	143.03
设计枯水流量							
西江	高要	马口	天河	潮莲	大鳌	竹银	灯笼山
20世纪60年代	20.72	46.52	46.17	33.86	38.18	84.80	125.28
20世纪90年代末	41.50	75.87	78.79	48.09	65.84	116.55	144.37
2005年	54.21	111.24	113.89	64.08	77.46	128.56	151.32
特别枯水流量							
西江	高要	马口	天河	潮莲	大鳌	竹银	灯笼山
20世纪60年代	33.74	64.03	57.40	41.87	44.90	95.52	136.17
20世纪90年代末	59.86	97.30	90.26	53.18	72.57	125.75	153.09
2005年	73.45	130.17	125.99	70.42	85.70	139.49	162.56

北江大潮涨潮通量变化（$\times 10^6 m^3$） 表4-41b）

多年平均流量								
北江	石角	三水	石仔沙	霞石	三善右	三围	大陇滘	冯马庙
20世纪60年代	0.00	0.00	4.32	20.28	27.38	13.37	53.67	47.80
20世纪90年代末	0.00	0.00	8.76	20.22	30.74	14.01	51.43	44.20
2005年	0.00	0.00	10.52	25.07	38.86	26.31	56.67	44.72
整治流量								
北江	石角	三水	石仔沙	霞石	三善右	三围	大陇滘	冯马庙
20世纪60年代	0.00	0.00	10.77	31.20	35.61	12.68	87.63	60.09
20世纪90年代末	0.00	8.01	24.62	40.94	50.88	16.92	88.28	56.09
2005年	0.00	10.23	26.98	44.08	55.41	30.45	93.98	56.75
一般枯水流量								
北江	石角	三水	石仔沙	霞石	三善右	三围	大陇滘	冯马庙
20世纪60年代	0.00	0.86	13.13	35.13	38.63	12.71	96.77	64.05
20世纪90年代末	0.00	17.04	33.83	50.95	57.70	18.22	99.89	60.28
2005年	0.00	17.60	34.41	52.66	59.97	32.22	106.63	61.75
设计枯水流量								
北江	石角	三水	石仔沙	霞石	三善右	三围	大陇滘	冯马庙
20世纪60年代	0.00	1.71	13.77	36.12	39.39	12.56	100.17	65.97
20世纪90年代末	0.00	20.40	36.78	54.16	60.40	18.63	105.18	62.29
2005年	0.00	20.45	36.73	55.33	61.65	32.66	112.19	63.82
特别枯水流量								
北江	石角	三水	石仔沙	霞石	三善右	三围	大陇滘	冯马庙

续上表

特别枯水流量								
20 世纪 60 年代	0.00	3.16	15.04	37.34	40.33	12.34	104.50	68.36
20 世纪 90 年代末	0.00	25.52	41.24	58.41	63.93	19.10	112.08	64.81
2005 年	0.00	24.66	40.34	58.89	64.04	33.12	119.14	66.38

4.5 伶仃洋航道开挖响应

近年来,珠江河口进行了大规模的围涂、航道开挖等工程。珠江河口大规模的工程建设对河口区潮流动力以及网河区水动力产生影响,同时网河区河槽的变化同样也对河口的动力过程产生影响。为了分析影响河口潮流动力变化因子的权重,选取网河区 20 世纪 60 年代地形、2005 年地形,伶仃洋航道对没有开挖前和现状进行组合计算,共进行 4 组计算,计算的上游边界采用多年平均流量。

4.5.1 八大口门潮动力变化

表 4-42 给出了八大口门高低潮位变化,从表中可以看出,伶仃洋航道开挖后,增加了伶仃洋的平均水深,减小了涨、落潮阻力,引起了连接伶仃洋的东四口门高潮位升高 1~2cm,低潮位降低了 1~3cm。伶仃洋航道开挖对西四口门高低潮位几乎没有影响。从比较网河地形变化对口门潮位的影响看,由于口门分流比等变化,可以看出 2005 年较 20 世纪 60 年代高潮位变化为:虎门升高约 1cm、蕉门和洪奇沥降低 1~2cm、横门降低约 1cm、磨刀门降低约 12cm、鸡啼门变化在 1cm 以内,虎跳门升高了约 4cm,崖门升高了约 9cm;低潮位变化为:虎门至磨刀门低潮位增加了 1~9cm,鸡啼门至崖门低潮位降低了 4~14cm。可见网河区地形变化引起的口门潮位变化远大于伶仃洋航道开挖的影响。

八大口门潮位变化(单位:m)　　表 4-42

网河	伶仃洋	潮位	虎门	蕉门	洪奇沥	横门	磨刀门	鸡啼门	虎跳门	崖门
20 世纪 60 年代	无	高	1.64	1.63	1.59	1.50	1.35	1.39	1.46	1.40
		低	-1.42	-1.02	-0.87	-0.73	-0.22	-0.50	-0.75	-0.72
	现状	高	1.65	1.64	1.61	1.51	1.35	1.39	1.46	1.40
		低	-1.45	-1.04	-0.88	-0.74	-0.22	-0.50	-0.75	-0.72
2005 年	无	高	1.65	1.61	1.58	1.50	1.23	1.39	1.50	1.49
		低	-1.41	-0.94	-0.81	-0.72	-0.13	-0.63	-0.80	-0.76
	现状	高	1.66	1.62	1.59	1.51	1.23	1.39	1.50	1.49
		低	-1.44	-0.96	-0.82	-0.72	-0.13	-0.63	-0.80	-0.76
伶仃洋航道开挖引起口门潮位变化										
网河地形		潮位	虎门	蕉门	洪奇沥	横门	磨刀门	鸡啼门	虎跳门	崖门
20 世纪 60 年代		高潮位	0.01	0.01	0.01	0.01	0.00	0.00	0.00	0.00
2005 年			0.01	0.01	0.01	0.01	0.00	0.00	0.00	0.00

续上表

伶仃洋航道开挖引起口门潮位变化									
20 世纪 60 年代	低潮位	-0.03	-0.02	-0.01	-0.01	0.00	0.00	0.00	0.00
2005 年		-0.03	-0.02	-0.01	-0.01	0.00	0.00	0.00	0.00
网河地形变化引起口门潮位变化									
伶仃洋航道	潮位	虎门	蕉门	洪奇沥	横门	磨刀门	鸡啼门	虎跳门	崖门
无	高潮位	0.00	-0.02	-0.02	-0.01	-0.12	0.00	0.04	0.09
现状		0.01	-0.01	-0.01	0.00	-0.12	0.00	0.04	0.09
无	低潮位	0.01	0.07	0.06	0.02	0.09	-0.14	-0.05	-0.04
现状		0.01	0.08	0.06	0.02	0.09	-0.14	-0.05	-0.04

表 4-43 给出了八大口门的平均涨落潮量变化，从表中可以看出伶仃洋航道开挖后东四口门涨落潮量增大，西四口门变化较小；网河区地形变化引起口门潮量变化较大。比较可以看出。

(1)伶仃洋航槽开挖对八大口门潮位和潮量的影响较小。

(2)网河地形变化对口门潮位和潮量的影响相对较大。

八大口门平均涨落潮量变化(单位：m^3/s) 表 4-43

网河	伶仃洋	潮	虎门	蕉门	洪奇沥	横门	磨刀门	鸡啼门	虎跳门	崖门
20 世纪 60 年代	无	落	15 932	4 011	1 680	2 279	3 492	921	799	3 302
		涨	17 563	3 620	1 240	1 273	1 831	705	520	4 155
	现状	落	16 004	4 051	1 684	2 301	3 478	922	800	3 302
		涨	18 017	3 721	1 242	1 281	1 896	704	519	4 156
2005 年	无	落	16 708	3 641	1 606	1 856	3 543	676	1 086	2 160
		涨	18 531	2 560	1 194	1 159	2 436	670	940	2 271
	现状	落	17 354	3 668	1 609	1 870	3 554	6 77	1 089	2 161
		涨	18 207	2 664	1 186	1 150	2 425	669	939	2 270
伶仃洋航道开挖引起口门潮量变化(m^3/s)(开挖后—开挖前)										
网河地形		潮位	虎门	蕉门	洪奇沥	横门	磨刀门	鸡啼门	虎跳门	崖门
20 世纪 60 年代		落潮	71	40	5	23	-15	1	1	0
2005 年			646	27	3	14	11	1	3	1
20 世纪 60 年代		涨潮	454	101	2	8	66	-1	-1	0
2005 年			-324	104	-8	-9	-11	-1	-1	-1
网河地形变化引起口门潮量变化(m^3/s)(2005 年地形—20 世纪 60 年代地形)										
伶仃洋航道		潮位	虎门	蕉门	洪奇沥	横门	磨刀门	鸡啼门	虎跳门	崖门
无		落潮	775	-370	-73	-422	50	-246	286	-1 142
现状			1 421	-343	-71	-409	62	-245	289	-1 142
无		涨潮	969	-1 060	-45	-114	605	-35	420	-1 885
现状			190	-1 057	-56	-131	528	-35	419	-1 885

4.5.2 伶仃洋潮流动力变化

图 4-10 给出了网河地形由 20 世纪 60 年代至 2005 年地形变化引起的伶仃洋大潮落急流

速变化,可以看出落急流速的变化主要在河口范围,其中蕉门、洪奇沥和横门流速减小超过10cm/s,虎门口门附近流速增大,增大幅度小于10cm/s。图4-11给出了伶仃洋航槽开挖前后落急流速变化,可以看出挖槽后航槽落急流速增加超过10cm/s,局部甚至超过20cm/s,航槽周边流速略有减小,减小幅度在5cm/s左右。图4-12给出了网河地形变化和伶仃洋航道挖槽引起的伶仃洋落急流速变化,可以看出除了伶仃洋航道和虎门流速减小外,其他区域流速略有减小。

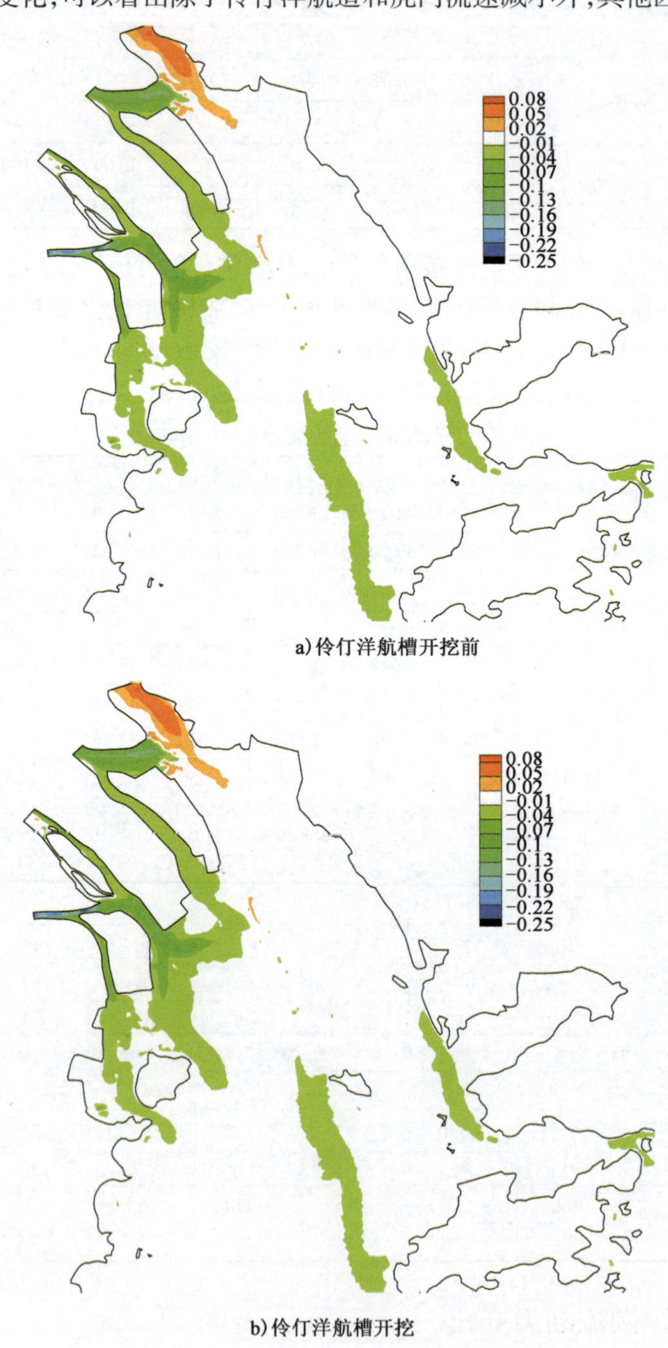

a)伶仃洋航槽开挖前

b)伶仃洋航槽开挖

图4-10　网河区地形变化引起的落急流速变化

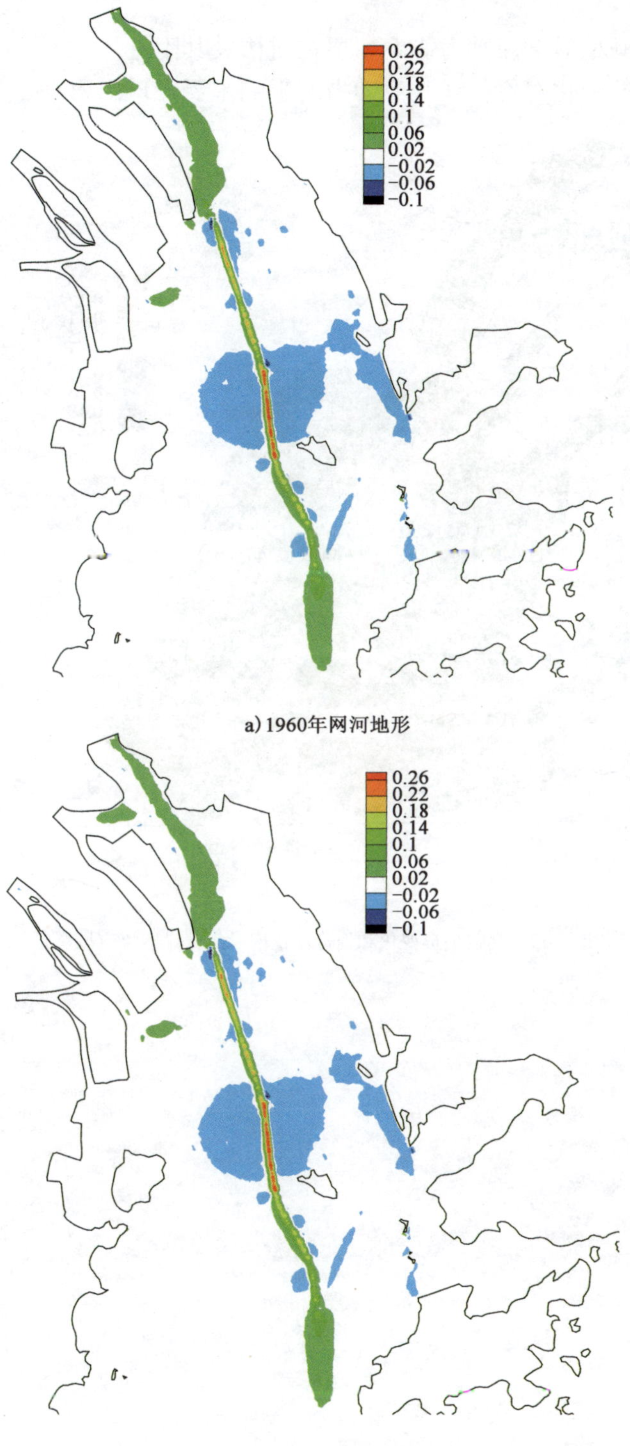

a) 1960年网河地形

b) 2005年网河地形

图4-11　伶仃洋航道挖槽引起的落急流速变化

综上可以看出：

(1)伶仃洋航槽开挖对潮流动力影响主要在航槽及其附近。

(2)网河区地形的变化对伶仃洋潮流动力的影响主要在口门附近。

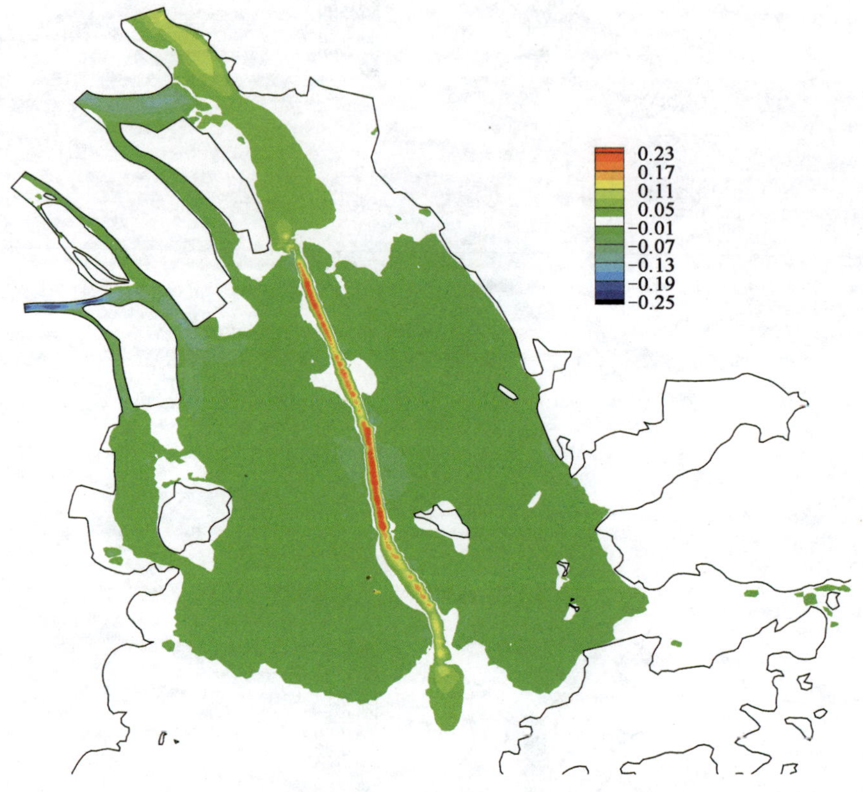

图4-12　网河地形变化和伶仃洋挖槽后伶仃洋落急流场变化

第 5 章　网河区航道整治关键技术

5.1　以疏浚为主的网河区航道整治新思路和新方法

5.1.1　网河区航道整治新思路和新方法的提出

广东省的河流航道整治历史悠久，在 20 世纪 70 年代以前，广东省的北江、东江、西江、韩江以及其支流贺江、罗定江、浈江、武江、连江、绥江、贝领水、西枝江及梅江、汀江等河流中上游，为改善浅滩的水深条件，河道浅滩均采用整治工程进行治理，浅滩条件得到一定改善。

20 世纪 90 年代初，在西江干流及东平水道等中下游平原河流的整治工程中，采用以整治为主、疏浚为辅的方法，以丁坝群为主对浅滩进行整治，取得一定效果后，对局部浅滩进行疏浚，整治工程取得较好效果，特别是珠江三角洲内的东平水道，经整治后效果良好，航道达到设计要求的尺度，水深在 2.5m 以上，航槽稳定。因此，以“整治为主”的整治思路成为 20 世纪 90 年代之前进行珠江三角网河区浅滩整治的主导思路和整治方法。20 世纪 90 年代，珠江三角洲的航道建设加快进行，东莞水道、西江下游航道、莲沙容水道等相继进行立项并进入实施阶段，这几个项目工程可行性阶段的工程方案均采用以“整治为主”的整治思路，整治的浅滩布置了大量丁坝，但进入 20 世纪 90 年代以来，河流的河床开始发生明显变化，航道整治的方法开始调整。在 20 世纪 90 年代初的东莞水道航道整治中，工程可行性研究和初步设计阶段的工程方案仍以航道整治为主，浅滩的整治以丁坝群整治为主要措施；在施工图设计中，上段石龙至东莞河段主要浅滩的河床发生了巨大的变化，边滩消失、航道水深大幅增加，因此，在施工图设计阶段对浅滩的整治思路进行调整，取消了整治丁坝，调整航道轴线，工程措施调整为以疏浚为主。东莞以下河段的河床变化较少，水动力有所加强，因此，对下段局部河床变化轻微的浅滩采用以整治为辅的治理方法，整治工程的目的由以提高浅滩流速、束水攻沙为主调整为以改善疏浚后的浅滩断面流速分布，减少浅滩回淤为主，东莞水道整治成为第一条实际采用以疏浚炸礁为主达到设计航道尺度的以径流为主的三角洲主干河流。在珠江三角洲的莲沙容水道初步设计和施工图设计阶段中也调整了设计思路，取消了所有整治丁坝，采用了以炸礁、疏浚为主，结合护岸工程的整治方法。西江下游航道整治工程在工程可行性阶段和初步设计阶段均采用了以整治为主的工程措施，主要浅滩均采用丁坝群进行整治，工程采用分期实施，先进行炸礁，再进行整治，最后进行疏浚。在工程实施过程中，对航道整治思路和方法进行了多次讨论研究，最后在进行部分滩段的整治后，对整治思路和方法进行重大变更，除已实施的潮莲洲浅段和虎跳门横山以下浅段采用丁坝群进行整治外，其他浅滩均调整为以疏浚、炸礁为主的设计思路，取消原设计的所有整治丁坝，工程措施主要为疏浚。工程调整实施后取得优良效果,经过同类性质浅滩的效果对比,采用疏浚为主进行治理的浅滩不但节省了工程投资,还取得更佳的效果,如虎跳门水道的四顷浅滩与横山至虎跳门口浅滩对比,四顷浅滩天然水深更浅,取消了原设计的丁坝群后,经疏浚,航道达到设计尺度,挖槽稳定,对纳潮及两岸边界的影响小,效果明显好于横山以下采用丁坝群整治的河段,百顷头河段也取消了所有整治丁坝,采用纯疏浚方式,疏浚后工程效果明显好于以丁坝整治为主的潮莲洲浅段。此后,以疏浚为主的整治思路在珠江三角洲网河区浅滩整治中成为主导思路,其后进行的顺德水道和洪奇沥水道等均采用了以炸礁、疏浚为主,结合护岸工程的整治方法。因此,在广东省航道整治实践过程中,珠江三角洲网河区航道整治的思路和方法产生重大的变化,在20世纪90年代以前,航道建设是以整治工程为主的,20世纪90年代以后,特别是进入21世纪,基本调整为以疏浚、炸礁为主的整治方法,新的整治思路和整治方法在现代航道网建设中得到确立和应用。

珠江三角洲水系的河道按水动力特点分为以径流主泄洪河道、潮流主河道及径流的分流河道三类。不同类型的河道其整治思路不同,不同时期的整治思路调整也不同。20世纪90年代以前,以径流为主泄洪河道和径流的分流河道一般采用以整治为主,适当辅以疏浚的整治思路,如西江一期的东平水道整治工程等;潮流主河道的整治一般以疏浚为主,如陈村水道一期工程和白坭水道一期工程等。在20世纪90年代至21世纪初,首先是径流的分流河道的整治调整为以疏浚为主,适当辅以整治,如东莞水道、莲沙容水道等;进入21世纪后,珠江三角洲的径流主泄洪河道的整治也调整为以疏浚为主,如西江下游河道、顺德水道等;由此,珠江三角洲河道的航道整治思路基本都调整为以疏浚(含炸礁、切嘴)为主。整治的思路和整治方法的调整总体上与珠三角河道的河性变化相协调(图3-1,以不同颜色表示网河区河道的整治思路调整),珠江三角洲网河区河床大幅下切,枯季网河区由原来的潮区界为主变为以潮流界为主,潮流动力增强,上游泥沙来量大幅减少,河道的泥沙回淤减少,因此,航道整治的新思路和方法以疏通航道、保护险段河岸为主。

在平原航道整治工程中,假设天然条件下被整治河段的来水和来沙不变,通过一系列的导治建筑物,改变河床形态,调整水流结构,增大流速和改变流向使浅滩的泥沙被横向转移到坝田,或输送到下游的深槽河段,达到新的平衡,并满足航道尺度的要求;或是利用挖泥船的机械力,直接对浅滩河床施挖,并取得设计断面以满足航道尺度的要求。这是平原河流航道整治工程的主要整治方法。采用大型挖槽进行航道尺度开挖时,浅滩的断面面积增大,在来水量不变的情况下,将使水流动力减弱,挖槽回淤明显。为减少挖槽回淤,一般在挖槽侧辅筑一些整治建筑物,以集中水流使挖槽的流速不至于降低过多,以稳定挖槽减少回淤,因此,传统的航道整治工程一般避免采用大型挖槽开挖。在20世纪80年代以前,珠江三角洲大部分河道处于潮流界以上,以径流水流动力和泥沙淤积为主,一般采用平原河流的整治方法和整治思路,以整治为主的工程措施,如东平水道的航道整治、西江下游航道整治工程工可阶段时的整治措施等。20世纪80年代以来,珠江三角洲网河区的河流特性和航道整治的目标要求均发生重大变化,如仍采用传统丁坝群为主的整治方法,不但一般浅段的边滩消失使建筑物失去依托,一般浅段或汊道的整治还可能形成河道局部卡口或增加汊道的沿程阻力造成汊道收缩,使整治效果适得其反,因此,需采用新的整治思路和整治措施才能适应新的河道及水沙条件变化以建设高等级航道网。

根据珠江三角洲河床演变分析，自20世纪80年代以来，珠江三角洲河道大量取沙，据统计，年取沙量约5 000万 m^3，这使网河区中上部沙质河床区的河床大幅度下切，河道不但深槽变深，边滩也大量消失成为深潭，河道从取沙初期的局部深潭变成长河段河床下切，河床虽起伏不平，但经过洪季大洪水（如1989年、1995年、1998年和2005年等）的作用后河床进一步下切平整，珠江三角洲中上部河道大部分成为深水河槽，只在部分分汊河道、桥区遗留少数浅滩。这使原以丁坝为主的整治构筑物失去边滩依托，也使采用大型挖槽进行浅滩疏浚以调整河道水流动力成为可能。珠江三角洲下部河道众多，纵横交错，河床主要为淤泥可黏土，大部分基本保持天然河床，浅滩滩段长，水流动力较弱，采用以丁坝为主的整治措施不但不能大幅增加流速冲刷航槽，还大幅增加河道水流的沿程阻力，使分流量减少，反而影响整治效果。而以疏浚为主的措施增加了河道的过水面积，使分流比增加，有利于维持航槽的稳定。因此，疏浚成为新河床条件下大幅度提高航道尺度的最有效手段。

根据珠江三角洲网河的水动力和来沙变化分析，珠江三角洲网河大量取沙引起河床大幅下切后，网河区的潮流动力增强，特别是口门区附近，河道的落潮流量大幅增加，枯季的落潮流量已接近径流量，而且网河区河道交错，口门众多，通过疏浚提高航道尺度有利于该河道分流量的增加，维持航道的稳定，另外，珠江三角洲网河区已处于潮流界内，疏浚后不会引起枯水水面的下降和设计低水位的降低，疏浚可大幅度提高航道水深，因此，疏浚成为新水流条件下提高航道尺度的最有效手段。

珠江上游水利枢纽的建设，上游来沙大量减少，据分析，近十年的平均来沙量约为20世纪80年代以前的一半，来沙量减少，河床取沙后河床推移质减少，河床稳定，使浅滩开挖不容易回淤。因此，采用疏浚成为最合适的手段。

因此，在网河区河床大部分大幅下切、河道普遍加深，上游来沙量减少，潮汐动力增强，河道回淤少或处于冲刷状态下，即网河区河道从以平原冲积性河流为主转变为以潮汐少沙河道为主后，以疏浚为主的航道整治新思路和新方法具有更强的适应性和科学性。

5.1.2 以疏浚为主的航道整治新思路和新方法在长河道和汊道整治中应用的适应性

珠江三角洲网河纵横交错，网河区河道的整治和长河道的整治均会影响到其他河道的变化，需系统分析。在珠江三角洲网河区的河床普遍下切，来沙减少和潮汐动力增强的条件下，采用以疏浚为主大幅提高航道尺度的方法，需分析其合理性。

（1）珠江三角洲网河区内整治河段的河性产生重大变化，枯水季节河道从以感潮区为主转变为以潮流区为主，径流的作用减弱、造床功能减小，潮流的影响随之加大、造床功能增强，潮流上溯动力加强，由于有潮水补充，河段虽进行大规模的疏浚、河床的变深、河道断面增大，设计水位在珠江基面 ±0.00m 左右后不再下降，疏浚后断面增加的深度与水深增加值基本相同，这使珠江三角洲网河区采用疏浚大幅提高通航水深成为可能。

（2）珠江三角洲网河区河道密布，纵横交叉，相互连通成网，一汊大规模疏浚后，将对相关汊道产生较大影响，包括分流比和分沙比等，因此，网河区河道的整治需从网河区的系统进行分析研究，通过网河数学模型进行模拟研究，合理控制开挖疏浚规模，可适当调整分流比。根据网河区整治的经验，局部的裁弯切嘴工程主要是调整局部阻力，对分汊河道的影响较小，而长河道的整治和疏浚主要是河道的沿程阻力,其影响较大。对连接主要泄洪汊道的河道的整治,通过疏浚增加航道尺度会增加河道的分流流量,有利于航道的维持,采用丁坝群等整治构筑物进行整治反而会减少分流流量,如莲沙容水道的李家沙水道整治,该水道是北江和西江泄洪主通道的连接河道,河道断面和分流比均较小,通过全程疏浚和切嘴等工程,适当增加河道断面和分流比,达到了满足通航的航道尺度和航道稳定的双重目的。如西江下游的虎跳门水道口门段整治,因采用丁坝群整治,缩小过水断面面积及增加沿程阻力,导致本河道的分流比减小,影响了整治效果。

(3)珠江三角洲水道不但存在着诸多分流水道,还有许多江心洲分汊。长河道整治时,必须考虑工程初期本河段水流阻力变化对各汊水流分配的影响,分汊河道采用丁坝群进行整治时,往往出现整治主汊道分流比缩小,非整治的副汊道分流比反而增加,造成适得其反的结果。一般平原河流整治中采用的"分滩整治,分水分治"和江心洲洲头浅滩采用分水梳齿坝的方法不适宜珠江三角洲网河区,应慎重应用。如虎跳门整治时,设计时选择左汊为通航汊道并进行整治,工程后出现右汊冲深、左汊淤积,最后改选右汊作为通航主汊。采用疏浚工程的河道或汊道,疏浚后的分流比将有所增加,对维持通航主汊的航道稳定有利,如莲沙容水道的西马宁浅滩,采用中汊疏浚,使中汊成为主汊。因此,在网河区的长河段河流整治,要慎重选择整治手段,其整治思路也是以疏浚为主,特别是潮流区的河段整治,疏浚工程宜作为航道整治的主要手段,同时应注意分汊口的保护以形成稳定的洲头和边滩。

(4)在长河段、浅滩众多的情况下,珠江三角洲高等级航道网需要较大幅度提高航道水深,一般是从Ⅵ~Ⅶ级提高至Ⅲ级及以上,提高的航道水深达3.0m以上,如西江下游航道整治工程需从2.5m提高至6.0m、莲沙容水道从2.5m提高至4.0m,如果以传统的束水攻沙理念从浅滩水深通过坝工的冲刷成倍增加航道水深,由于在航道冲刷加深的过程中,河流断面产生重大变化,断面积不断增大,断面流速不断降低,动力大幅降低,其初始水流动力应相当大,这在不增加流量作为动力因素的前提下,只靠整治工程调整断面形态和水流分布是难以达到的,只会对河道带来严重的不良影响。

(5)疏浚工程以基建性挖槽通过一次性开挖航槽断面,使浅滩水深大幅增加,航槽的断面面积也相应增加,开挖后的断面流速会有所降低,为使挖槽稳定,减少回淤数量,辅以一定的防淤整治工程。一般平原河流的大规模疏浚将造成河床下切和水面下降,并不一定增加河道的航行水深,珠江三角洲网河区航道位于潮流界和潮区界内,大规模疏浚引起河床下切后,枯水期得到潮汐顶托补充,枯水水面下降较小或不明显,枯水期流量增加,水动力得到补充,开挖扩大了的河道断面得以维持,因此,大幅提高航道水深成为可能。

(6)长河道的大规模取沙以及上游水电枢纽的建设,使上游来沙明显减少,特别是推移质的运动明显减少,开挖后的河道断面不容易回淤,河道断面扩大后,河流的泄洪能力增强,同流量下的洪水位明显下降,洪水的流速减少,河流主动力居中,河流的河势相对稳定,这有利于航道水深的维持。

综合上述分析,结合东莞水道、莲沙容水道和西江下游航道整治的经验,采用以疏浚为主的整治思路和整治方法在后期建设的航道整治项目全面应用,包括顺德水道和甘竹溪水道、洪奇沥及下横沥水道、陈村水道、东平水道二期、白坭水道二期、均安至小榄水道、潭江水道、劳龙虎水道和崖门水道等珠江三角洲网河区的长河道整治中均采用了以疏浚为主的整治思路和措施,各项目均获得成功,航道达到设计尺度,航槽稳定,回淤量很少,珠江三角洲现代航道网基本建成(除磨刀门外)。因此,以疏浚为主结合清礁护岸等措施的整治思路适合新时期水沙条件下的珠江三角洲网河区的航道建设,也是全面建成珠江三角洲现代航道网的关键。

5.1.3　以疏浚为主的整治新思路在典型滩段整治中应用的对比分析

珠江三角洲由西江、北江和东江组成,其下游河段是流量大、含沙量少的河流;河流动力强,河床变化幅度大;河流进入三角洲后沿程分汊频繁,径流作用减弱、潮汐作用增强;人为活动剧烈对河流变化产生重大影响,其影响程度沿程变化不同;高等级航道需要提高的航道尺度幅度大,难度高。对河性的认识是航道整治工程成功的关键。

珠江三角洲网河区航道的主要浅滩类型按水流动力作用可分为三类:第一类是珠江三角洲网河区主泄洪通道的上段,主要是西江马口至天河段(含容桂及均安水道南华至莺歌咀)、北江三水至紫洞口和顺德水道河段、东江石龙至中堂和东莞水道大王洲,这些河段的径流作用较强,江心洲浅滩和宽浅浅滩是主要浅滩类型,如西江的太平沙和海寿洲,初设阶段工程情况见图5-1;第二类是珠江三角洲网河区主泄洪通道的中段,主要是西江的天河至百顷头河段、容桂水道莺歌咀至板沙尾、小榄水道、鸡鸦水道、洪奇沥、北江的沙湾水道、东江北干流下段、东莞水道下段等,这些河段径流相对减弱,径流与潮汐共同作用,主要的江心洲浅滩和宽浅浅滩的河床抗冲性较强,如西江的潮莲洲和百顷头、容桂水道、沙湾水道的观音沙、东莞水道的南丫涌等;第三类是珠江三角洲网河区的主泄洪通道的下段及分汊河道,其潮汐作用较强,如虎跳门段的四顷、横山和虎跳门口门段等。三类浅滩类型的空间布置位置示意图如图5-2所示。第一类浅滩,在大量取沙后,浅滩消失或改善,岸坡变陡,水流动力轴线取直,水流冲刷力强,因此,需增加护岸以加强岸坡或江心洲保护的措施,这类浅滩的航道尺度仍保持进一步改善的趋势,但岸坡的稳定和保护将成为主要的关注问题,如西江的海寿沙、容桂水道的西马宁浅滩;第二类浅滩,该河段人为取砂的影响较小,河床的抗冲性较强,该河段潮汐作用加强,浅滩处于改善阶段,但采用丁坝群整治的河床仍难以发生较大冲刷,需通过疏浚达到航道设计尺度,由于河面较宽,航槽会发生一定回淤,可适当采用整治丁坝规整边滩以利航槽稳定,因此,该类浅滩应以疏浚为主,尽可能少采用整治丁坝,丁坝的主要作用是调整边界,如西江的潮莲洲和东莞水道的南丫涌浅滩等;第三类浅滩,河床以粉砂和淤泥为主,基本没有人为取沙影响,通过四顷段与横山及口门段的对比,该河段的潮汐作用较强,采用整治丁坝(横山及口门段)没有明显效果,过强的丁坝工程反而带来不利影响,因此,这类浅滩应以疏浚为主,不适宜采用整治丁坝。

河性的变化改变了平原河流宽浅滩段的传统整治方法,宽浅滩段的传统整治方法一般采用丁坝群进行整治,珠江三角洲网河区经过大规模取沙后,河床大幅下切,河床下切的平均深度一般在2.0m以上,局部达到10m以上,河床的改变影响了河势,河势的改变影响了水动力分配的改变,从而产生了河性的改变,一般宽浅浅滩的上下游形成深槽,比降增大,通过浅滩的大型挖槽的疏浚,使挖槽与边滩形成明显的高差,水流动力集中于挖槽内,增加了挖槽的水动力,形成了稳定的新航槽。如西江的太平沙浅滩、富湾浅滩,莲沙容水道的西马宁浅滩、大乌头浅滩、观音沙、东莞水道的刘屋洲浅滩等。

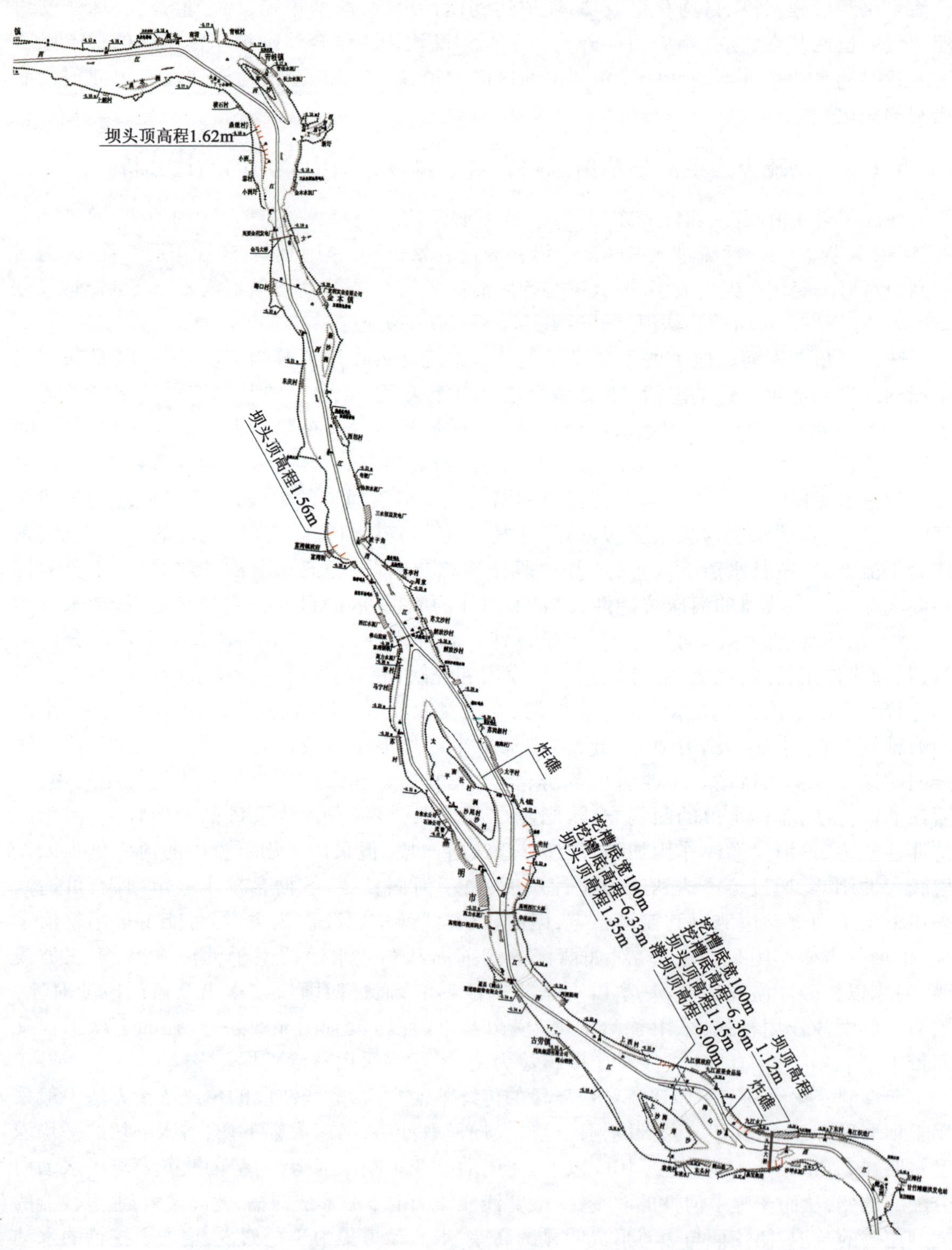

图5-1　西江下游航道整治琴沙洲与太平沙、海寿沙浅段初设阶段工程情况

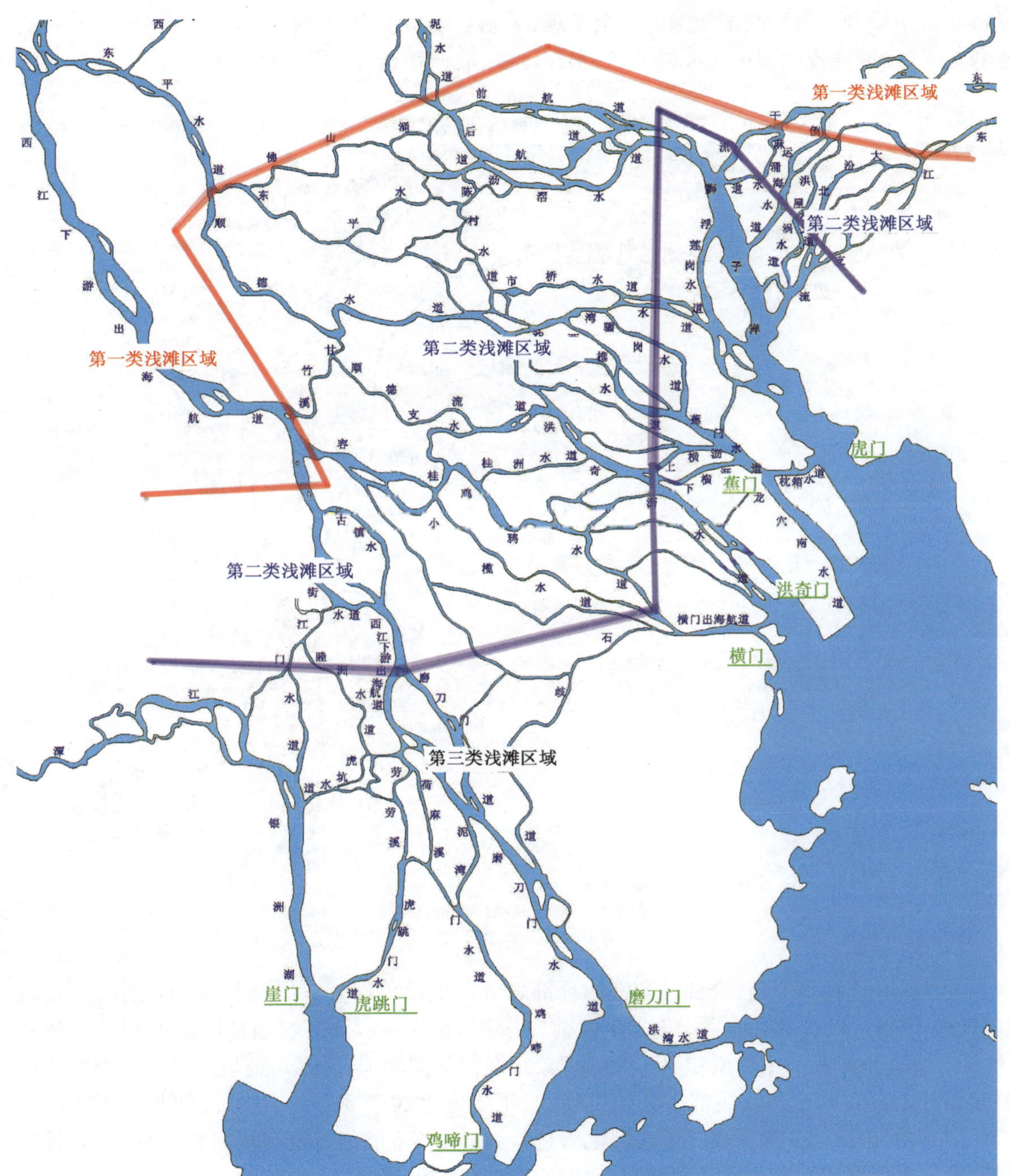

图 5-2　浅滩类型的空间布置位置示意图

1)琴沙洲与太平沙和海寿沙等多汊河道的整治分析

西江下游航道整治中,琴沙洲与太平沙、海寿沙同属第一类强径流作用的多汊浅滩,在工程可行性研究方案和初步设计及施工图设计阶段均采用了以丁坝群整治的方案,布置了大量丁坝,如图 5-3 所示,施工阶段做了重大修改,取消了大部分丁坝,其中,琴沙洲按施工图实施,海寿沙在洲尾段实施了 3 座丁坝,太平沙没有实施。在施工过程中进行了重大调整,取消了太

平沙所有丁坝和海寿沙尚未实施的其余丁坝，采用了以疏浚为主进行浅滩开挖的措施，经过近十年的实践，原浅段的河床均大幅下切，水深良好、航槽稳定，形成优良河段。

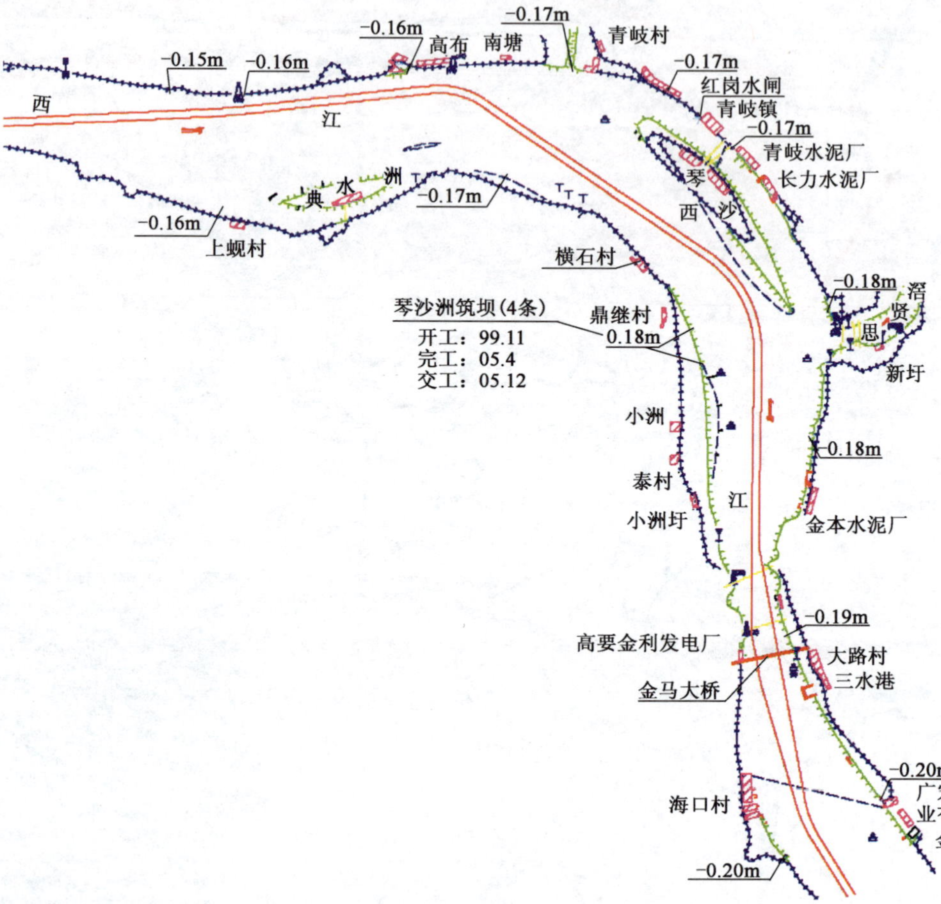

图 5-3　琴沙洲整治工程示意图

（1）琴沙洲

琴沙洲位于西江干流，珠江三角洲的顶部思贤滘上游分汊处，琴沙洲右汊为主汊，河道宽浅，比较 1978～1992 年的测图，1992 年以前以淤积为主，琴沙洲右汊庙岗附近淤积速度每年约 3cm，表现出淤积为主但淤积量不大的现象。左汊为副汊，与思贤滘进口连通，从 2005 年的测量图可以看到 10m 等深线都是全线贯通的，平均宽度大于 800m。在琴沙洲与左岸之间是 300m 左右的副槽，6m 等深线除了在洲尾附近有 600m 长不能与思贤滘出口接通外，其余都是贯通的。思贤滘出口正对琴沙洲洲尾，存在一个典型的洲尾沙，思贤滘的深槽出了思贤滘口后沿左岸而下，在将进入马口峡时与主航槽合并。原设计是有 7 条丁坝，最后在思贤滘对面只筑了 4 条丁坝，从 1997 年测量图来看，当时在琴沙尾最浅的地方已经有 7.5m 以上，航道尺度已经达到了要求。所以从工程角度是没有必要设置丁坝的。但是从 2005 年的测量图可以看到，丁坝的促淤作用还是比较明显的，对固定边滩是有很好效果的。

这段河段是由挖沙引起大规模的变化，从而使河床发生演变。在 2005 年的测量图可以看到等深线不规则，存在大量的挖沙的痕迹。

从2005年的测量图上的深泓线走向可以初步认为：在此河段中，航槽线的布置是可以进行优化的，应充分利用河道的水深条件，增大弯曲半径，重新调整航槽线的布置。

（2）太平沙

太平沙浅段长约12km，平均河宽1 769.6m，分为左右两汊，水流动力分散，水深开始减小，太平沙左右两汊分流相差不大，原主槽在左槽，高明港在右汊，需两汊通航，1992年两汊水深均较浅，航槽最小水深均不足3.0m。太平沙浅段在1992～2000年间的冲刷相对较弱，总冲刷量为2 388×10^4m^3，冲刷厚度为1.13m，年均冲刷厚度为0.14m，右汊冲刷强烈，年均冲刷厚度为0.3m，左汊在1992～1997年为淤积、1997～2000年为冲刷，总体上基本冲淤平衡，2000年太平沙河段等深线如图5-4所示。2000～2005年，太平沙河段冲刷强烈，冲刷量为4 866×10^4m^3，冲刷厚度为2.3m，年均冲刷厚度为0.46m，左汊冲刷远大于右汊，是右汊冲刷量的6倍以上，左槽冲刷量为2 638×10^4m^3，冲刷深度为3.15m；2005年，浅滩左汊的水深达到10m以上，右汊洲头有不足6.0m的浅段，长度很短，略加疏浚即可满足两汊通航的需要。太平沙浅滩只进行护岸，没有筑坝或疏浚等其他工程措施，工程效果主要是河床变形而形成，2005年的工程效果如图5-4所示。

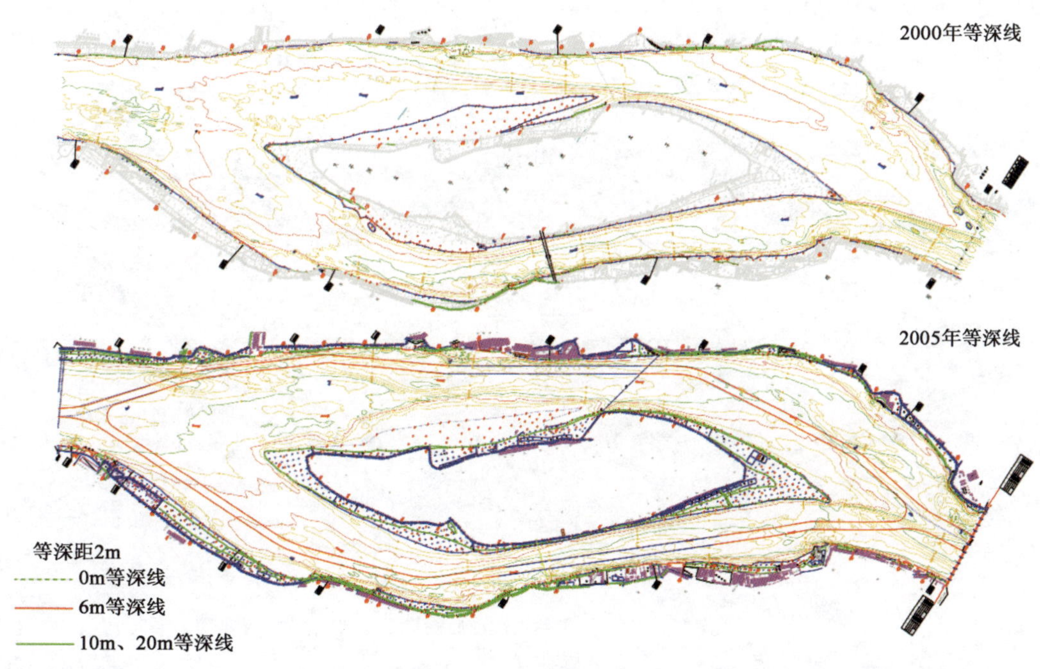

图5-4 太平沙整治工程前后效果示意图

（3）海寿沙

海寿沙河段河面拓宽到2.3km，分为三汊，是典型的三汊分流河段，左汊和中汊的平均河宽在600m左右，右汊河宽在800m左右，主航槽在左汊，1992年海寿沙的洲头和洲尾均较浅，最小水深约3.0m。海寿沙浅段在1992～2000年间的冲刷相对较弱，总冲刷量为2 318×10^4m^3，冲刷厚度为1.64m，年均冲刷厚度为0.205m，左汊冲刷略大于右汊，中汊冲刷最少且在1992～1997年间表现为淤积，左汊在1992～2000年间年均冲刷厚度为0.385m，2000年海寿沙河段等深线图如5-5所示。2000～2005年，海寿沙河段冲刷较强烈，冲刷量为2 130×10^4m^3，冲刷厚度为1.5m，年均冲刷厚度为0.3m，主要冲刷集中在左汊的洲头及洲尾段，其次是中汊，右汊表现为微淤，左槽冲刷量为879×$10^4$$m^3$，冲刷深度为0.59m；2005年，浅滩左汊的水深达到10m以上。海寿沙浅滩进行了洲尾护岸，并在左汊洲尾段左侧建3座丁坝，没有疏浚等其他工程措施，工程效果主要是河床变形而形成，从目前左汊主流较贴近洲下段护岸坡脚分析，左岸3座丁坝没有实施的必要，而护岸有进一步加强的必要，2005年的工程效果如图5-5所示。

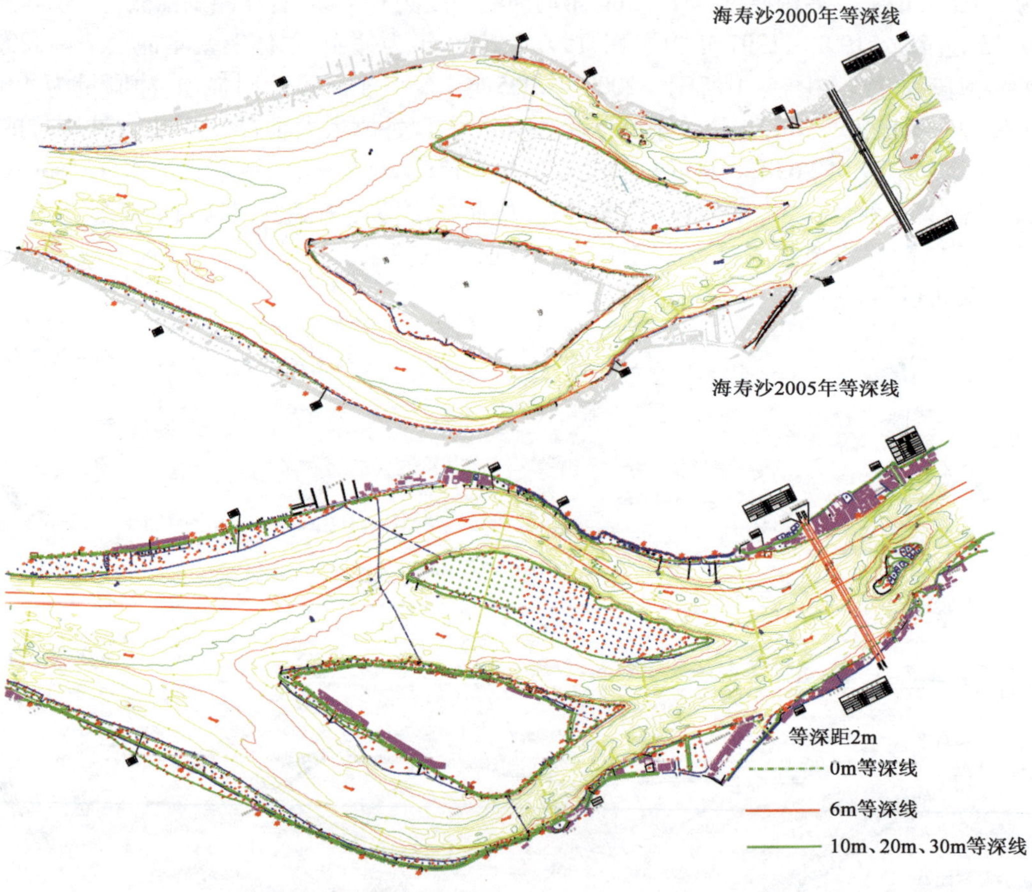

图5-5 海寿沙整治工程前后效果示意图

2）潮莲洲和百顷头浅滩整治的对比分析

西江下游航道整治中，潮莲洲和百顷头同属第二类径流和潮流共同作用的分汊河道洲头浅滩，在工程可行性研究方案和初步设计及施工图设计阶段均采用了以丁坝群整治的方案，布置了大量丁坝（图5-6），其中，潮莲洲按施工图实施，百顷头浅滩尚没有实施。在施工过程中进行了重大调整，取消了百顷头所有丁坝，采用了以疏浚为主进行浅滩开挖的措施，经过近十年的实践，百顷头浅段的河床大幅下切，水深良好、航槽稳定，形成优良河段。潮莲洲浅滩维持较好水深，达到设计航道尺度标准，但由于洲头坝过长影响，曾发生船舶碰撞洲头坝的事故。

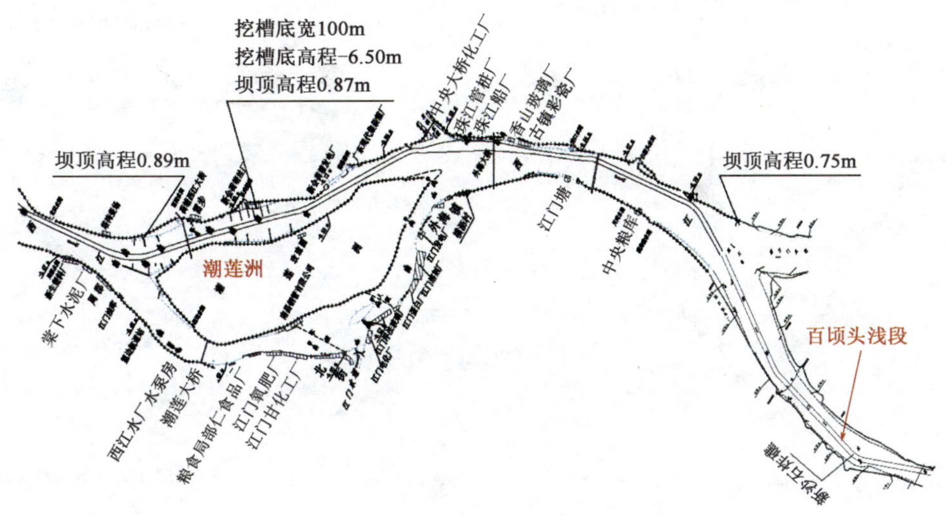

图 5-6 潮莲洲至百顷头浅段初设阶段工程情况

(1)潮莲洲浅滩

潮莲洲河段是典型两汊分流河段,长约 11.4km,河面逐渐拓宽到 1.6km,分为左右两汊,左槽比右槽顺直,主航槽在左汊,平均河宽 580m,潮莲洲浅滩的控制性浅段位于莲塘大桥上下游处,其长度分别为 2 700m 及 2 100m。左槽、右槽总体处于冲刷状态,河床下切,但冲刷下切的强度不大,1992 ~2000 年总冲刷量为 1 179 $\times 10^4 m^3$,左右汊冲刷强度差不多,年均冲刷厚度为 0.114m,其中包括 2000 年前该河段已完成清理覆盖层及炸礁工程,及洲头梳卤坝(顺坝 1 条及丁坝 4 条)系统及其对开的左岸 4 条丁坝,左汊中部右岸丁坝 4 条所产生的效果,2000 年潮莲洲的等深线图如图 5-7 所示,2000 年的测图上反映洲头大桥附近的浅滩段依然存在,分别为 1 600m 及 2 100m。2000 ~2005 年间冲刷了 1 148 $\times 10^4 m^3$,平均下切了 0.89m,左右汊的冲刷强度基本相同,其中包括了左汊的疏浚量。2005 年潮莲洲左汊河段航槽内冲刷量为 132.17 $\times 10^4 m^3$,航槽内平均冲刷 1.8m,浅滩水深达到 6.0m 以上。潮莲洲浅滩实施了较完整的整治、炸礁和疏浚工程,工程效果主要由炸礁和疏浚产生,从整治工程实施后 2000 年和 2005 年的测图分析,整治工程并没有达到预期的冲刷目的,但对规整河道边滩有利,2005 年的工程效果如图 5-7 所示。

(2)百顷头浅滩

百顷头是西江下游的主要分汊口,左汊以磨刀门水道为西江主干,直接出南海,右汊为虎跳门水道,部分通过石板沙回磨刀门水道,主干出虎跳门汇入黄茅海,2000 年以前,浅滩主要在分汊口进口处,航道最小水深为 5.0 ~6.0m,2000 年百顷头的等深线图如图 5-8 所示。从百顷头至新沙长约 5.5km,2000 ~2005 年间,总冲刷量为 520 $\times 10^4 m^3$,年均冲刷厚度为 0.3m,至 2005 年该处航道 6.0m 水深以上的航宽大于 500m。百顷头浅段没有实施筑坝、疏浚、炸礁、护岸等工程措施,工程效果主要是由河床冲刷变形而形成的,2005 年的工程效果如图 5-7 所示。原设计航槽边的水深略有不足,对百顷头调整航槽路线后,都能达到设计航道尺度。调整航道位置后,航道满足航道尺度要求,而且从历年测图对比,新航槽位置水深稳定,近年冲刷明显,达到整治的要求。

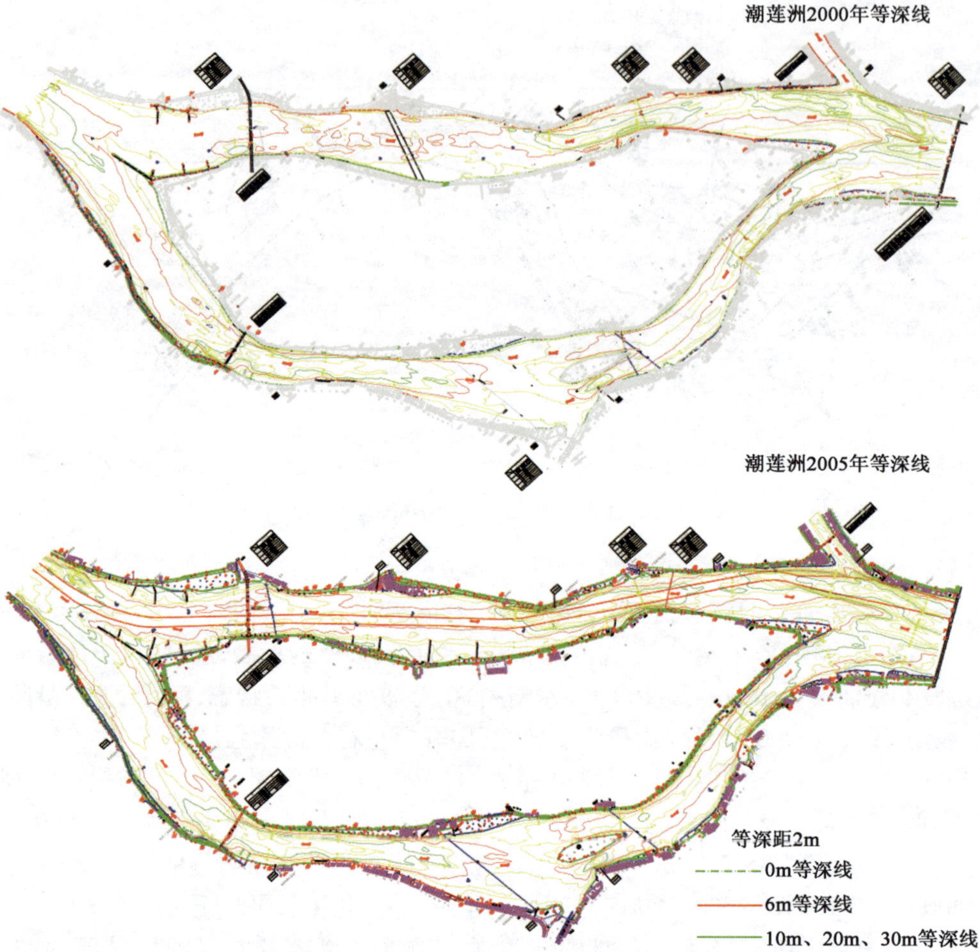

潮莲洲2000年等深线

潮莲洲2005年等深线

等深距2m

0m等深线

6m等深线

10m、20m、30m等深线

图 5-7　潮莲洲整治工程前后效果示意图

3) 四顷段与南门涌段整治对比分析

西江下游航道整治中,四顷段和南门涌段同属第三类以潮流作用为主的河道宽浅浅滩,在工程可行性研究方案和初步设计及施工图设计阶段均采用了以丁坝群整治的方案,布置了大量丁坝,其中,南门涌段按施工图全部实施,四顷浅段没有实施。在施工过程中进行了重大调整,取消了四顷所有丁坝,采用了疏浚进行浅滩开挖,经过近十年的实践,四顷浅段的水深良好、航槽稳定,形成优良河段。南门涌段浅滩经过调整后维持较好水深,达到设计航道尺度标准。如图 5-9 所示。

(1) 四顷段浅滩

四顷段为顺直河段,长约 11km,河面宽约 300m,但上下游河面较窄,为 150 ~ 200m,水流动力较弱,2000 年疏浚前,水深不足 6m 的河段长约 8.2km,平均水深只有 3m 左右,2000 年百顷头的等深线图如图 5-10 所示。2001 ~ 2005 年,整段河道航槽内容积增加了 $204.87\times10^4\text{m}^3$,这与该河段疏浚的工程量 $212.3\times10^4\text{m}^3$ 相当,2003 年疏浚完成后,航槽冲淤基本平衡,采用单

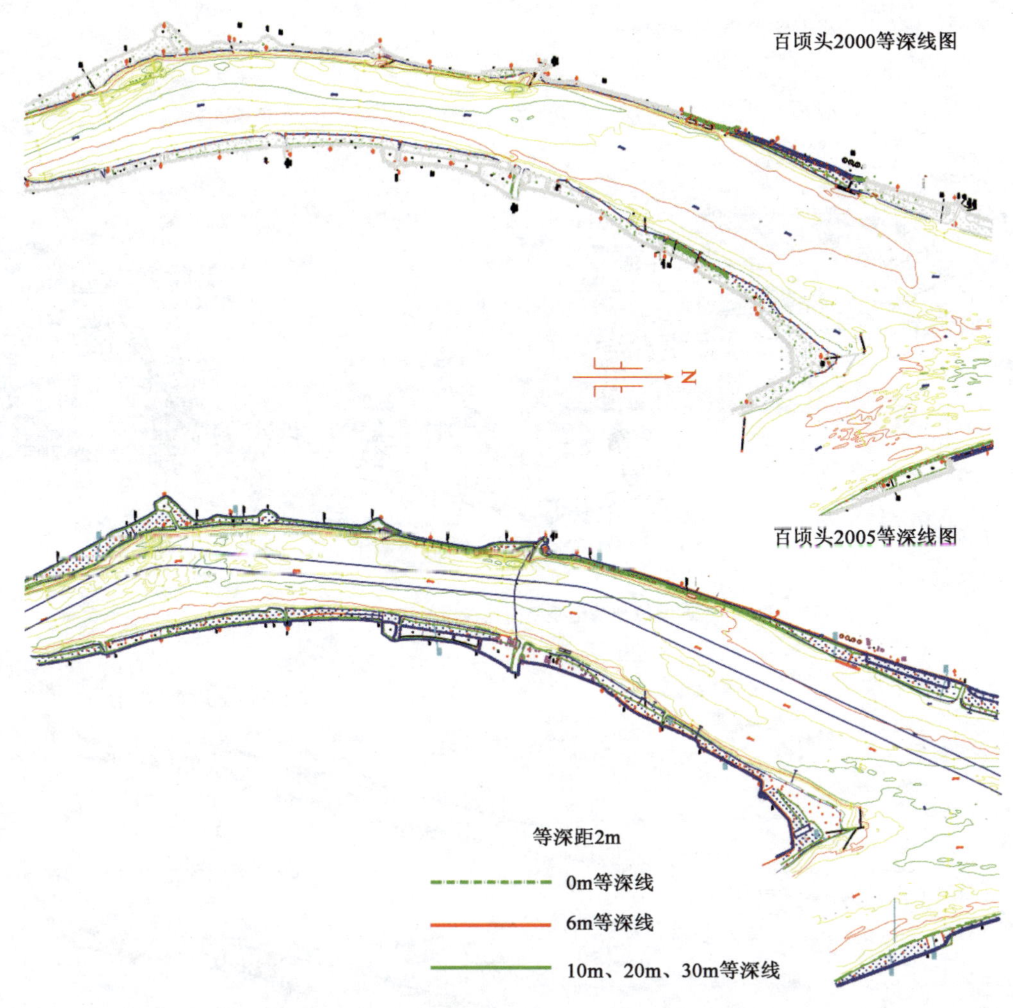

图 5-8 百顷头整治工程前后效果示意图

一疏浚工程措施在水流动力相对较弱的潮汐影响河段进行疏浚能取得良好的效果,2005 年 6.0m 等深线全线贯通,滩槽分布明显,航宽大于 100m,达到要求的航道尺度,2005 年的工程效果如图 5-10 所示。

(2)横山至南门涌浅段

横山至南门涌浅段进口河宽约 300m,水深条件较好,之后逐渐放宽,至永业围,河面宽达 1 300m,出现江心洲—永业洲,其下尚有“沙仔”等江心洲数处,过洲群后,水面宽再次缩小至 300m 左右。

横山段整治采用抛筑丁坝束水攻沙的手段,在河段的右岸边滩构筑了 12 条丁坝(横 1 ~ 横 12),将水流逼向左侧,以冲刷浅滩。

永业洲段整治采用“塞支强干”的办法,对永业洲上的串沟和无名沙左侧支汊,用锁坝堵塞,以增加主汊流量,在永业洲头,左侧建横 13、横 14 两座锁坝,将滘口沙间的串沟塞死,用横 15 锁坝将无名沙左汊封住,逼使水流归入右汊以刷深过渡段航槽。

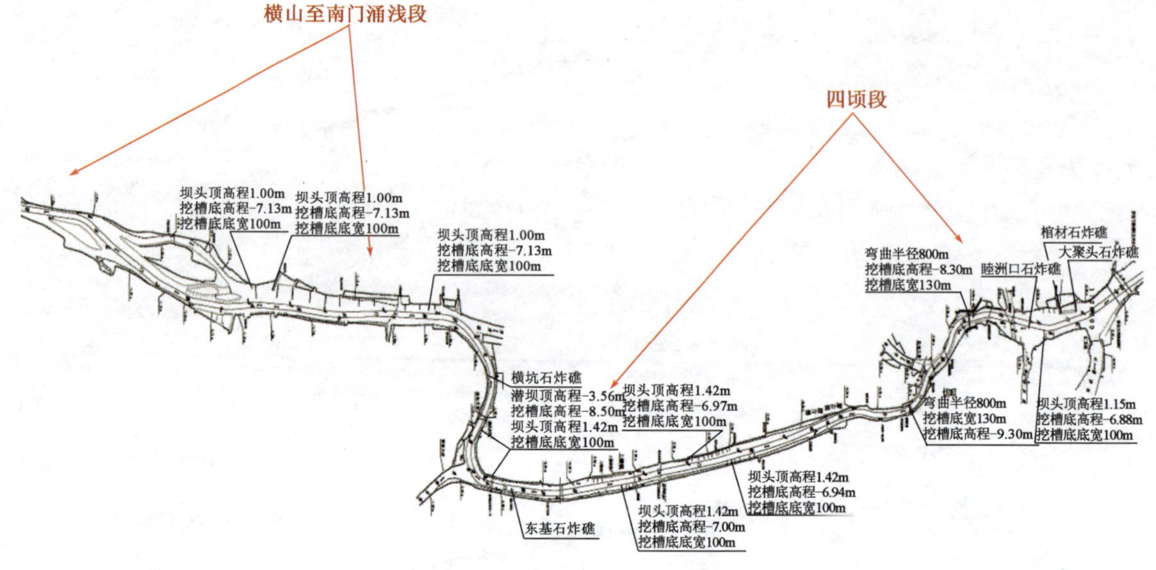

图 5-9　四顷段和横山至南门涌浅段初设阶段工程情况

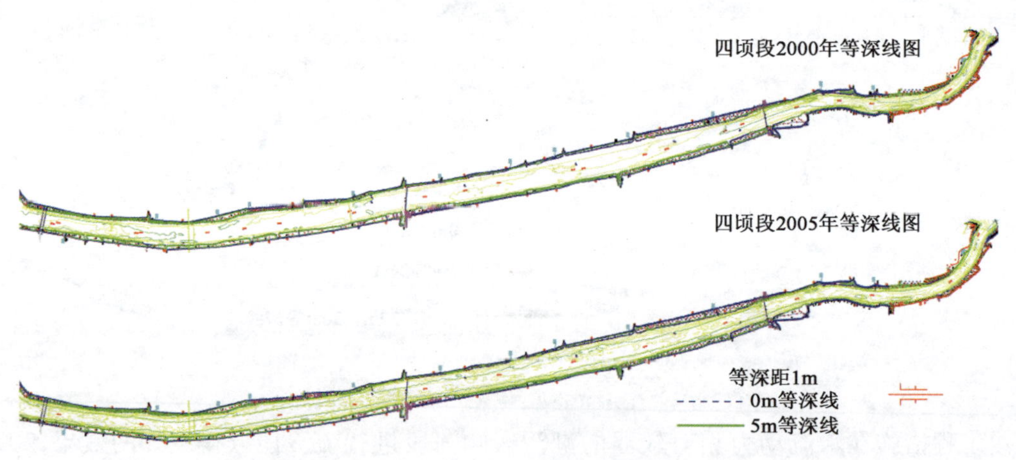

图 5-10　四顷段整治工程前后效果示意图

右岸的横 1 ~ 横 12 丁坝实施后在左岸引起冲刷，并在下游永业洲头段引起较大淤积。为消除影响，拆短了右岸横 1 ~ 横 12 丁坝长度，在左岸进行护岸并对下游进行应急疏浚，疏浚量约为 $50 \times 10^4 m^3$。

此河段的全部丁坝工程在 2000 年前已经全部完工，但水深仍较浅，坝头部位也没有冲刷的痕迹，2000 年的工程效果如图 5-11 所示，整治工程不但没有达到预期的目标，反而造成了不利影响，抛筑丁坝束水攻沙和“塞支强干”的整治方式在该河段是不合适的工程措施。

2003 ~ 2004 年实施了疏浚工程，2005 年与 2000 年对比，横山段：在航槽内河床总体呈现冲刷的状态，平均下切了 2.64m，在航槽外整治线内冲刷也平均冲深了 0.81m，在整治线外淤积,平均淤高了0.36m。永业围段:永业洲左槽,河床总体呈现冲刷的状态,在航槽内平均下切了2.38m,在航槽外平均下切了0.43m,永业洲尾河床总体呈现冲刷的状态,在航槽内平均下切了1.56m,在航槽外平均下切了0.61m。全河段合计冲刷了$326\times10^4m^3$,比航槽疏浚量大约$100\times10^4m^3$。

虎跳门水道在疏浚深槽贯通的情况下,水流动力有所增加,航槽得以维持且继续冲刷,航槽外也有所冲刷,航道水深大于6.0m,航宽大于100m,疏浚工程取得良好的效果,达到要求的航道尺度,2005年的工程效果如图5-11所示。

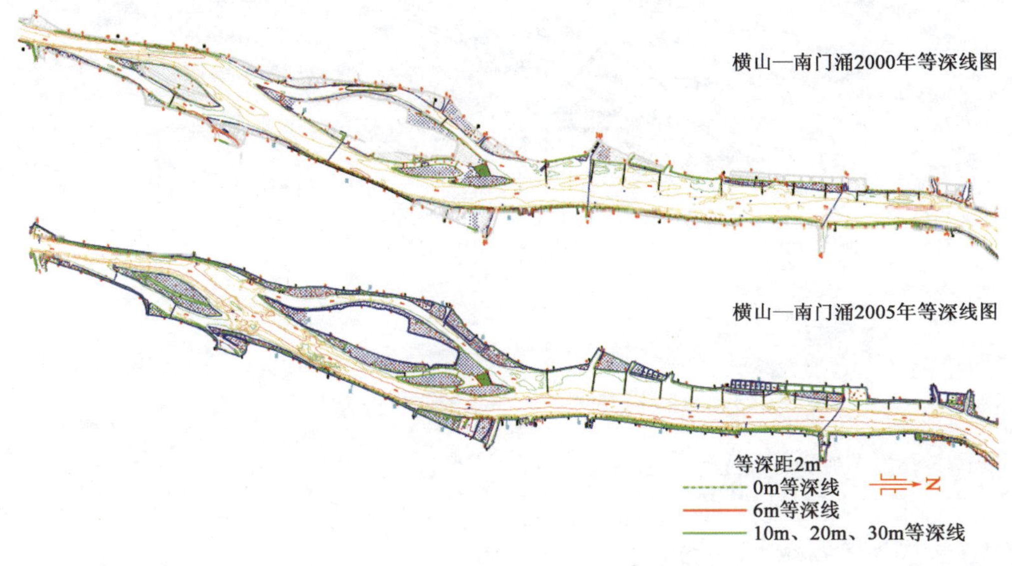

图5-11　横山至南门涌浅段整治工程前后效果示意图

4)虎跳门口门与大沙尾口门整治对比分析

虎跳门口门河口段为西江下游主要分洪汊道虎跳门的口门河口段,大沙尾口门河口段为北江主要分洪道沙湾水道的口门河口段,同属以潮汐作用为主的汊道口门河口段。虎跳门口门河口段按设计实施了以丁坝群整治为主的工程措施,大沙尾按设计采用了疏浚方案,经过近十年演变,两浅段水深良好,满足航行的通航要求(图5-12、图5-13)。

(1)虎跳门河口段

虎跳门口长约10.5km,为西江下游航道整治的试验工程河段,试验采用了丁坝、疏浚、炸礁、护岸等综合治理的航道整治工程措施,筑坝和炸礁工程于1996年开工,主体工程于1998年完成,1998~2000年该河段淤积较严重,总淤积量为$183\times10^4m^3$,2000年的等深线图如图5-14a)所示。2002~2003年进行了疏浚,共疏浚了$136\times10^4m^3$,2000~2005年底整治线内冲刷了$263\times10^4m^3$,整治线外淤积了$48\times10^4m^3$。

整治线内呈现普遍冲刷的趋势,整治线外略有淤积,口门左汊淤积的同时右汊内有所冲刷,右汊成为深槽的趋势较为明显,6.0m等深线全线贯通,航宽满足100m要求,实施疏浚的航槽位置和走向相对稳定,2005年的工程效果如图5-14b)所示。

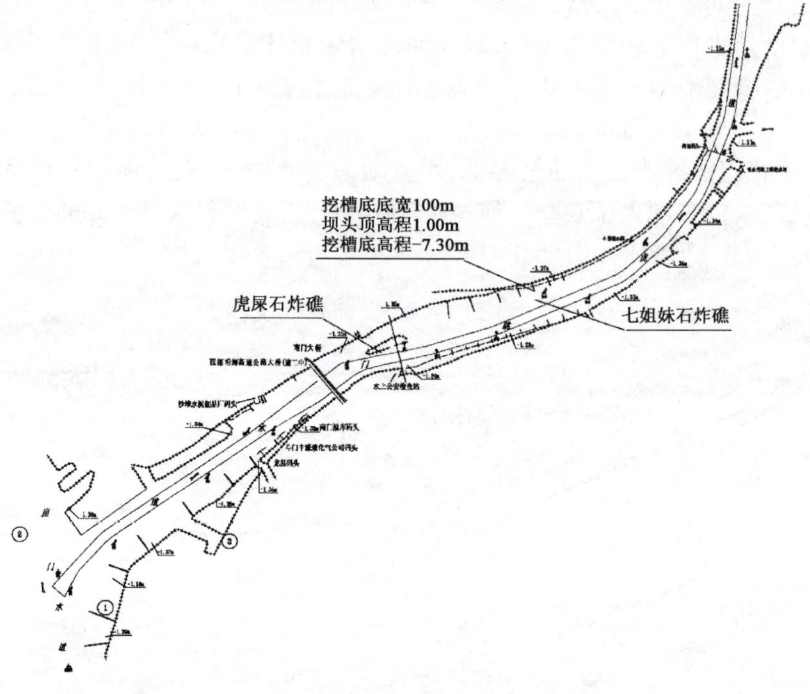

图5-12　虎跳门口门段初设阶段工程情况

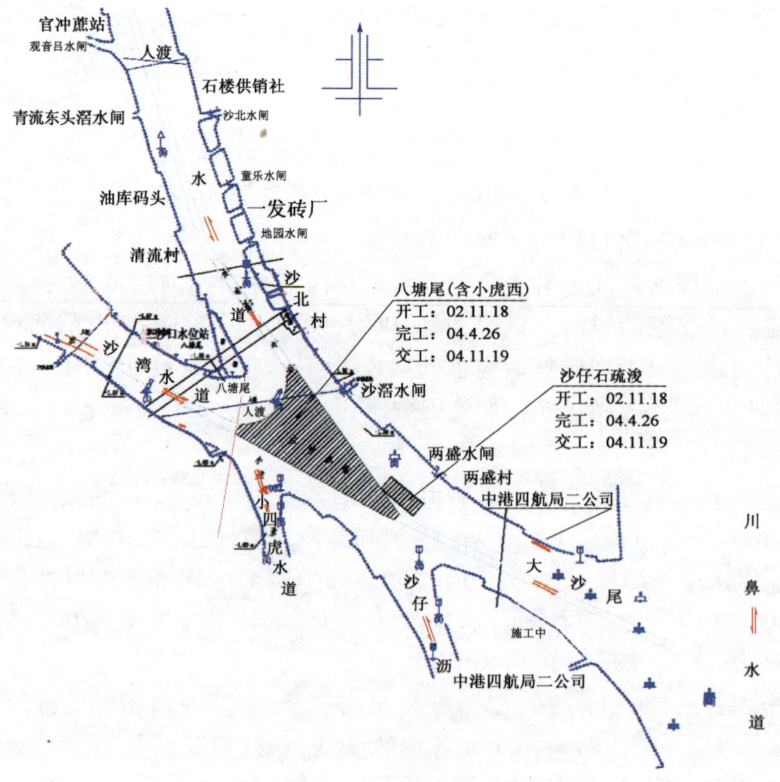

图5-13　大沙尾口门段竣工阶段工程情况

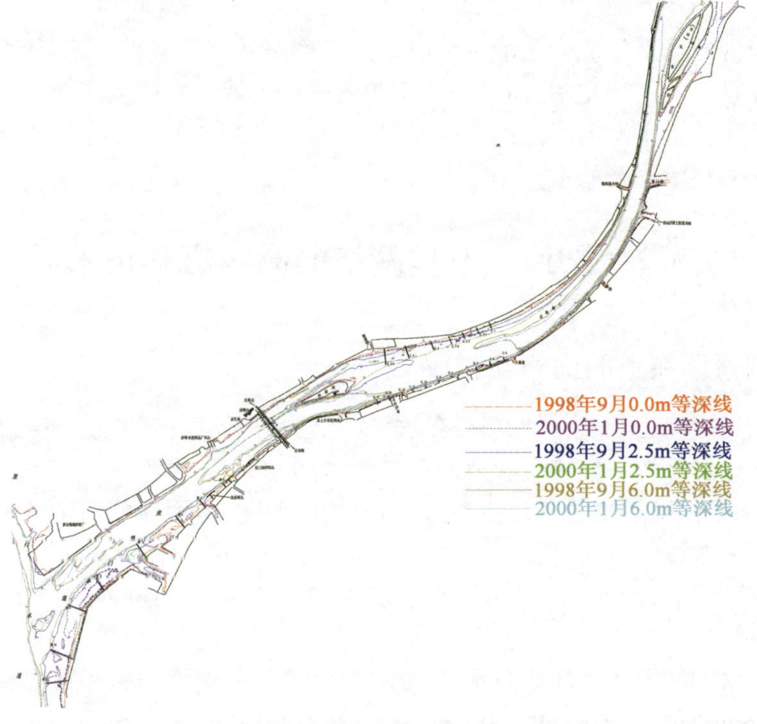

a)2000年等深线图

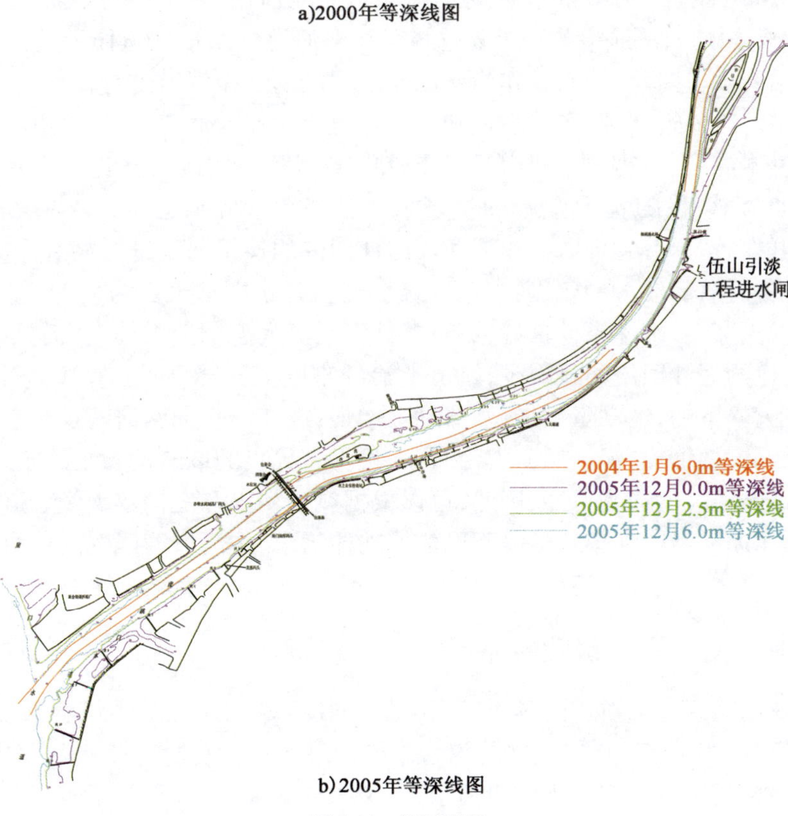

b)2005年等深线图

图5-14　等深线图

(2)大沙尾

珠江三角洲网河区以径流为主的主要泄流河段的宽浅滩段整治工程中,完全没有采用传统的丁坝等坝工建筑物进行整治,而采用大型挖槽进行疏浚的整治方法获得了全面成功,其关键是通过大型疏浚使上下游河段的河床断面更协调,水流更平顺,水动力更为集中畅顺,这是对传统整治工程的整治思路的重大调整。

5.2 网河区航道网络的高等级化技术

5.2.1 网河区航道的网络化构成

珠江三角网河区河道众多,通航条件各异,珠江三角洲河网区的重要航线是西江、北江、东江干流与伶仃洋或黄茅海等潮流主通道的河口港之间的联通通道,自然条件下的河道回淤差异较大,流量大的泄洪通道也是排沙主通道,河道的河面宽,但泥沙的回淤量大,深水航道难以维持,传统上,一般选择河道尺度及流量适中的潮汐作用较强、泥沙回淤较少的河道作为主要连接航线,航道等级相对较低、航线不成网络,如早期西江至伶仃洋的主要航线是东平水道、陈村水道、沙湾水道等。

随着珠江三角洲网河区的河床及水动力的变化,航线的选择思路和路线也产生重大变化,在时间和空间分布变化上,航线的选择变化主要是先北后南,先上游分汊河道后下游分汊河道。20 世纪 80 年代的西江航道整治工程选择了北部河道的东平水道作为西江与广州港的连接河道进行整治开发,选择江门水道作为西江与江门港的连接河道进行整治开发,主要原因是广州港和江门港均较靠近北部,东平水道和江门水道成为便捷通道,东平水道和江门水道的河道尺度和流量基本满足通航要求,河道及河床较稳定,泥沙回淤较少,航道整治的难度相对较容易;20 世纪 90 年代后,随着下游航道的发展,则选择莲沙容水道作为西江与广州港的连接河道进行整治开发,选择劳龙虎水道作为西江与江门港的连接河道进行整治开发,主要原因是广州港和江门港外移,船舶大型化,通过莲沙容水道和劳龙虎水道更为便捷,莲沙容水道和劳龙虎水道的河面更宽阔,水深条件良好,更有条件满足更大型的船舶通航,而且,20 世纪 90 年代后,这两条水道的泥沙回淤明显减少,航道整治的难度大为降低;进入 21 世纪后,上游来沙大幅减少,河床大幅下切,纳潮量增加,潮流动力增强,珠江三角洲网河区各水道的通航条件大为改善,河道水深大幅增加,泥沙回淤大为减少,根据新提出的以疏浚为主的航道整治新思路,大幅度全面提高航道尺度成为可能,因此,可以根据航运需求开发构建现代航道网。根据深水港航道、沿海直达通航和内河集疏运等不同航运功能需求,按河口湾区潮汐主通道和河道主泄洪通道及分汊河道构筑现代航道网。

5.2.2 航道网的高等级化技术

珠江三角洲网河区连接航道的等级原来较低,如莲沙容水道、陈村水道、顺德水道、洪奇沥水道和小榄水道等,20 世纪 80 年代之前均为三或四级航道,航道水深为 2.0 ~ 2.5m。航道高等级化的目标主要是满足港澳线千吨级要求,航道水深为 4.0m。西江下游则需要提高到沿海 3 000 吨级,航道水深由 2.5m 提高到 6.0m,东江北干流石龙至东江口段由 1.0m 提高到 4.0m。

高等级标准见表5-1。

珠江三角洲航道高等级标准表

表5-1

序号	航道名称	起讫点	里程(km)	等级	航道尺度(m)		
					航深	航宽	弯曲半径
1	西江干流	思贤滘~百顷头	86	一	2.5/6.0	50/100	360/650
2	东平水道	思贤滘~大尾角	68	三	2.5/4.0	60/80	400/480
3	莲沙容水道	南华~莲花山	90	三	2.5/4.0	50/80	360/480
4	小榄水道	莺歌咀~大南尾	30	三	2.5/4.0	40/80	300/480
		大南尾~横门口	15	一	205/6.0	40/120	300/580
5	虎跳门水道	百顷头~虎跳门	45	一	2.5/6.0	50/100	250/580
6	磨刀门水道	百顷头~灯笼沙尾	44	一	2.5/6.0	50/100	360/650
7	白坭水	渡槽桥~巴江桥	18	三	2.0/3.2	35/60	275/480
		巴江桥~珠江东桥	25	三	2.5/4.0	50/60	330/480
8	陈村水道	三山口~濠滘口	22	三	2.0/3.2	50/60	330/330
9	洪奇沥	北围头~洪奇门	25	三	2.0/4.0	40/80	330/480
		板沙尾~北围头	16	三	2.0/4.0	50/80	360/480
10	劳龙虎水道	虎坑口~狗尾	16	三	1.5/4.0	20/60	90/275
11	潭江水道	三埠~熊海口	58	三	2.0/4.0	30/80	360/480
12	崖门水道	熊海口~崖南	25	一	2.5/7.2	100/120	1 000/5 000
13	顺德水道	紫洞口~三槽口	25	三	2.0/4.0	30/80	90/480
		三槽口~火烧头	25	三	2.5/4.0	30/80	90/480

注:航道尺度中前面数据为整治前航道现状尺度,后面数据为整治后达到的航道尺度。

航道的高等级化需提高的航道水深和宽度的幅度较大,技术难度高。构建珠江三角洲高等级航道网的关键是充分利用河道变形的有利时机,根据河道属性变化采取合适的整治措施进行合理开发。珠江三角洲中上部河道河床大幅下切、上游来沙减少,珠江三角洲网河区上段河道由以平原冲积游荡性河床为主转变为以河口海相的稳定河床为主,河床趋于稳定,变形减少,河床的冲淤变化幅度小,冲淤基本平衡或有所冲刷,局部回淤以悬沙回淤为主,回淤强度小。因此,充分利用河性变化,通过疏浚开挖可大幅提高河道水深,形成深水航道是构建高等级航道网的关键。

5.3 航线的选择技术

珠江三角洲网河的河性改变为建设高等级航道网提供了基础条件,如何形成稳定的航槽,航线的选择相当重要,合理的航道选线能充分利用径流和潮流两方面的动力,形成稳定畅通的航道。

1)充分利用河势航槽选线,宜适当居中并与河流主动力轴线一致

在1992年以前,本河道从肇庆~虎跳门口,对比1978~1992年航道测图,在此14年中肇

庆～百顷头淤积量为4 090×10^{4}m^3，虎跳门水道冲刷量为213.6×10^{4}m^3，全河段合计表征为淤积，淤积量为3 876.4m^3。年淤积量为276.9×10^{4}m^3。年均淤积高度约为0.018m。自1991年开始，西江干流（从羚羊峡口始）及干流水道共112.91km河道上开始大规模的人为挖沙，在河床里取走了大量河床质，又经过多次洪水造床，使该河道发生大规模的以河床下切为主的河床演变。经冲淤对比分析，1992～2005年间，共冲刷了51 544.82×10^{4}m^3，每延米为4 565.1m^3/m，也就是说2005年比1992年的河床过水断面面积增加了4 565.1m^3，河床平均下切了3.56m。年均冲刷量3 964.99×10^{4}m^3，年均冲刷深度为0.27m。

而在此之前14年是缓慢的淤积，年淤积量为276.9×10^{4}m^3，后13年为剧烈的冲刷，年冲刷量为3 964.99×10^{4}m^3，冲刷强度为淤积强度的14.3倍。也就是说后13年冲刷的量值是前186年淤积的总和，将历史上186年的总淤积量在此13年内全部取走。这一冲刷的河势，在将来若干年内仍有进一步发展的可能。

所以就总体平均情况来说，全河段平均冲刷深度已达3.56m，如果说本河段的控制浅滩水深为3.0m，加上此冲刷深度近乎3.0m，只要保持枯水期设计水位不下降，则6.0m设计水深将自行达到。显然西江干流水道整治工程利用这一有利河势，可节省较多的工程量及投资。

从河床横断面变化分析，河道两岸均有堤围或已被利用的边滩，取沙集中于河道中间，经大规模取沙后的河道多为U形断面，河相关系系数（$\sqrt{B}/H$）变小，河流主动力居中，水流动力轴线的弯曲半径增大，航槽选线宜根据河势及河床断面形态适当居中并与水流主动力轴线一致。

2）充分利用潮流动力航槽选线，宜适当居中并与潮流动力轴线一致

虎跳门水道与西江干流水道的情况不同，其前14年虽然略有冲刷（与江新联围有关），但冲刷量甚微。而后13年，因为该水道的河床质属于粉砂及淤泥类型，不能作为建筑用沙，所以社会上的人为采沙很少，即使有也只是规模不大的作为围垦吹填用沙，并未造成河势的根本改变。所以只能采取大规模的疏浚措施。其中的四顷浅段、横山梅阁浅段、七姐妹浅段、虎跳门口浅段，在初步设计时的挖槽疏浚工程量为588.3×10^{4}m^3（212.3+248.6+119.4），实际竣工结算时工程量至少为949.710^{4}m^3。以上三个挖槽河段共长27.30km，平均每米挖260m^3，平均挖深厚度为2.0m。

工程河段洪季和枯季水面线的区别明显，我们很明确地判断该处河段的洪水造床作用大，枯水造床作用小。从沿程分流比的变化，说明其径流量自上而下逐步变小，以马口为100%计，到横山～西炮台站只有19%了。从潮位差由西炮台上溯，其潮位差逐渐变小，上溯潮流量逐渐变小，说明潮汐动力自上而下是逐渐变大的（图5-15）。

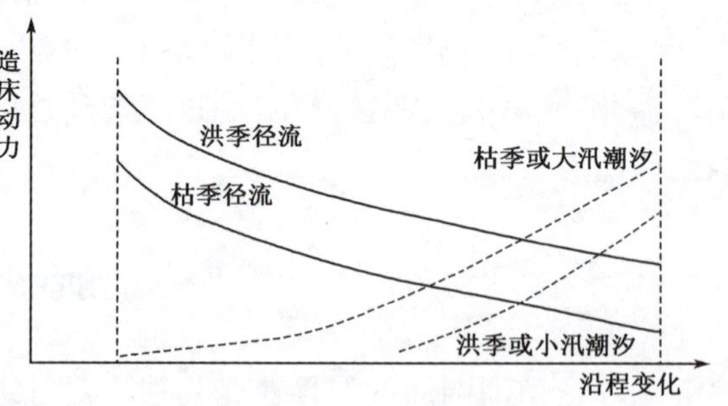

图5-15　洪、枯季径、潮流造床动力沿程变化示意图

上述有关动力对河床所施加的影响和相互作用对航道有利的两个方面，我们可以进一步说明如下：

洪水期水面比降大，造床作用也大，输沙能力强，在不同河段因其边界条件变化较大，总呈宽窄相间之势，而所有河床演变在相同水文条件下，必然具有宽浅（淤）窄深（冲）之势。近13

年的变化使干流水道冲刷下切呈明显趋势。在洪水期，该河段脱离了潮汐的影响，河床的下切必然引起水位的下降。也就是说在相同水位下，其行洪能力加大，或者说在相同流量下，其水位下降。因为这是过水断面变化所造成的结果。本河段增加的断面面积主要是河床下切的枯水断面部位面积增加，而洪水部位断面面积因为河床宽不变而面积不变，所以洪水位的下降是由于枯水断面拉动的，并不是洪水部位断面面积增加而使水位下降。故随着流量的减小，水位的下降，其变化后增加的河床断面面积的比例就越大，其水位下降的幅度越大。但是枯季，当水位下降至 ±0m 时，受珠江口平均海平面高程 ±0m 的控制。不管河床如何下切，其水位大体在 ±0m 左右不再下降。这就是在径流造床大规模河床下切时潮汐作用阻止水位下降的原理。利用这一原理，本区航道整治的河段，在 1992 年以前其设计水位都在 ±0m 以下，如果航道水深为 3.0m，该处河底高程为 -3.0m。经过 13 年河床演变，河床冲刷了 3.56m，使该处河床高程为 -6.0m，而枯水水位基本不变，为 ±0.0m，水深可为 6.0m。这是取得水深的基本保证，不同于无潮河流。例如北江的清远水文站、东江的博罗水文站、韩江的潮安水文站及汀江的溪口水文站等，近十多年来，由于河床下切引起枯水设计水位接近 2.0m，但其枯水期航道水深基本上没有变化，其根本原因乃是不属于感潮河段，大海的海平面无法左右该地区的枯水位。

所以，珠江三角洲的航道整治以提高航道尺度为目标，采用疏浚为主的手段，洪水期能使洪水位降低，对防洪有利，枯水期设计水位基本不变，对提高航道尺度有利。就航道整治而言，大规模的疏浚工程后能获得较大的水深得益于枯水期设计水位工程前后基本不变这一原理。

航槽疏浚后，航槽水深明显大于两侧的水深，水深越深，潮波的传波速度越快，潮流动力更集中于水深较深的航槽中，航槽选择在河道中部有利于形成滩槽分明的断面形态，也有利于与涨落潮动力相一致，如涨落潮流的水流动力轴线不一致时，宜选择落潮动力为主，并尽可能调整水流动力轴线以保持涨落潮轴线相协调。

从河床横断面变化分析，河道两岸均有堤围或已被利用的边滩，取沙集中于河道中间，经大规模取沙后的河道多为 U 形断面，河相关系系数（$\sqrt{B}/H$）变小，河流主动力居中，水流动力轴线的弯曲半径增大，航道选线应适应水流动力的变化，航槽轴线选择宜适当取直居中，使中枯水水流动力增强，其动力轴线与洪水动力轴线基本一致。因此，航槽选线宜根据河势及河床断面形态适当居中并与水流主动力轴线一致。

5.4 分汊河道、交汇区及弯道的整治技术

5.4.1 分汊河道整治

珠江三角洲河流密布，纵横交错，形成了许许多多、大大小小、形形色色的江心洲，广义而言，珠江三角洲网河是由众多的江心洲分隔而成，这时所定义的分汊河道是指中小型江心洲所形成的分汊河道，如容桂水道的海心洲、西江的墨砚洲、海寿沙、大平沙、潮莲洲等，主要浅滩与江心洲的存在有密切关系，这些江心洲的左右汊的分流比相差不大，也相对稳定，由于水动力不足，两汊的水深均较单一河道的水深小，或由于水动力的变动，形成洲头或洲尾浅滩，因此，分汊河道是航道整治的主要浅滩段，西江下游航道整治、莲沙容航道整治等工程整治的主要浅滩大部分为江心洲引起的汊道浅滩。传统上，整治分汊河道浅滩的方法采用强干堵支的思路，

为集中水流动力，设计的初始阶段均考虑选择一汊通航，另一汊为副汊，如东平水道新沙洲浅滩的整治，采用强干堵支取得了较好的初期整治效果。但西江下游两岸经济发达，分汊河道的两岸均为城市或港区，通航价值均较高，选择一汊为主通航汊道后，对另一汊的城市及港口的发展相当不利。近年的河床演变使河床大幅下切，两汊水深和航宽均基本达到设计水深的要求，而潮量的补充使河道的水动力增加，特别是枯季，落潮流量增加较大，使扩大后的河道断面得以维持。上游来沙量的减少，特别是推移质泥沙的减少，两汊的航道回淤相当少，这使两汊通航成为可能。选择两汊通航可继续保持两分流比的稳定，增加洪水期河道的泄洪能力并保持两汊的均匀，避免主通航汊道流量增加对堤岸形成新的影响，同时，对两岸城市和港口的发展创造了有利条件。在容桂水道进口第一个分汊河道，保持了两汊容桂水道和均安水道均按相同通航标准通航，西江干流下游的江心洲河段如墨砚洲、太平沙和海寿沙在竣工时均形成了两汊通航，经观测分析，两汊均能保持稳定并满足通航要求。在珠江三角洲网河的中上段河道整治中，对于大江心洲的分汊河道根据发展需要选择两汊通航，两汊通航的关键技术是根据水沙条件变化合理选择航线，采用以疏浚为主进行整治，对局部浅段采用大型挖槽进行开挖以调整水流，并重点保持洲头及进口段节点稳定，如容桂水道的海心沙、西江的太平沙、海寿沙等各汊道均取得良好效果。由于水动力条件及来沙条件的不同，传统上的强干堵支、分汊分治、洲头梳子坝等整治方法及措施应慎重考虑，一般不宜采用，如东平水道的新沙洲浅滩，近期考虑泄洪要求对支汊的封堵石坝进行拆除，西江的太平沙、海寿沙及百顷头等均取消了原设计的洲头梳子坝，工程取得良好效果。

5.4.2 交汇河区整治

珠江三角洲网河区河汊密布，航线由多条河汊水道组成，各水道的连接处是河汊的交汇流口，各交汇流口一般形成锐角，航道的弯曲半径较小，需采取一定的工程措施进行治理才能满足通航要求。西江下游航道整治中，典型的分流口有南华、百顷头等，莲沙容水道整治中，典型的河汊分汇口有板沙尾、火烧头和八塘尾，这些分汇流口一般均处于淤积状态，20 世纪 90 年代以前，分汇流口形成的三角形淤积体的淤长速度较快，严重影响船舶航行，由于水流条件的复杂，采用各类坝工的整治工程措施，对减少交汇处的淤积或增加航道的弯曲半径的效果不明显。

从珠江三角洲整体的河床演变分析，上游来沙减少，水流动增强，泥沙回淤的速率明显减弱，采用疏浚进行切嘴后，交汇流口的淤积量不大，因此，按合理的弯曲半径，采用疏浚挖除交汇流口形成的三角形淤积体是交汇流口浅段治理的主要工程措施，其关键是必须将交汇处的三角形淤积体全部挖除，利用交汇区的宽度布设直径不小于 1.5 倍设计船长的调头圆以满足船舶在较小弯曲半径的弯道减速转弯航行的需要，同时，利用涨落潮流的流向变化调整交汇流处滞流区的位置，改善水流条件，减少了回淤。板沙尾、火烧头和八塘尾在开挖后的 3 年内，其回淤较轻微，基本满足航行的需要，是这种设计理念和技术的例证。而对于十字交汊的复杂交汇型浅滩治理宜适当采用丁坝调整水流或潮流动力轴线的位置，减少涨落潮流动力轴线摆动及其产生回流区的影响，如东莞水道南丫涌浅滩的治理，就是调整水流动力轴线、减少过渡段长度和涨落潮时的水流动力轴线摆动，从而取得良好的整治效果，整治后至今 15 年，基本保持整治时的设计水深，回淤量很少。

5.4.3　弯道整治

珠江三角洲河道密集，部分河道相对较弯曲，河面较窄，主要航线由几条水道组成，水道的连接较弯曲，航道的弯曲半径不足是提高航道等级的主要制约因素之一，如西江下游航道整治工程中，涉及航道裁弯切嘴工程有三处，均位于三角洲连接通道的虎跳门水道，其主要特点是位于三角洲的下段或靠近口门段，潮流作用明显，洪水的水流动力相对较弱，河床的造床动力相对较弱，由于航道等级较高，航行需要的河道断面较大，一般航行需要的河道断面均略大于水流泄洪需要的断面及上下游的河道断面或相差不大，因此，裁弯切嘴的航道断面可按以航行需要的断面为主进行设计，其航道断面设计一般考虑三大因素，设计船舶航行时需要的航道弯曲半径和航道尺度、河道泄洪时的河道断面及上下游相邻的河道断面。根据白坭水道牛角湾切嘴工程和西江下游航道整治工程中三处航道裁弯切嘴工程的观测，开挖河道的断面与上下游河道基本适应，没有明显的冲刷或回淤，新开挖的河道凹岸的冲刷和凸岸的回淤均不严重。

5.5　软基筑堤技术

随着社会经济的发展，航道整治的理念已发生较大变化，从单纯的以航道整治为主向河道综合治理发展，形成了河道综合治理的理念和方法，主要体现在河道裁弯切嘴的软基筑堤技术、河道岸堤生态治理、提高河道泄洪能力和减少咸潮影响等综合措施。

珠江三角洲的主要特点是河窄、水深、弯曲，航道整治工程中存在大量的裁弯切筑和筑堤工程。高等级航道网由多条水道形成，河岸地质多为软弱淤泥土，裁弯切嘴筑堤软基处理技术是珠江三角洲高等级航道网建设成功的关键技术之一。如西江下游航道整治中的白坭水道建设中的牛角弯、西江下游航道整治中的横坑裁弯、莲沙容水道航道整治工程中的火烧头切嘴等。

航道裁弯切嘴的软基筑堤技术，关键是筑堤软基处理，其方法与堆场、路堤、堤围加固等的软基处理基本相同，但特点不一样。航道裁弯筑堤工程一般线长，处理量大，工期要求较紧，荷载要求较小，边坡需要开挖，临水面存在水位升降变化，边坡整体稳定要求高。与公路路基工程的软基处理有一些相似，公路的软基处理同样是线长面广，荷载相对较小，软基处理的工作量大，但其边坡不需要开挖，没有水位升降变化，一般采用处理强度不太大、投资较省的软基处理方法；港口码头的驳岸软基处理与航道裁弯筑堤要求有一定的相似，但码头工程一般线短量小，荷载强度要求高，一般采用处理强度较大、投资相对较高的软基处理方法；传统的水利筑堤对工期要求不高，一般不进行软基处理，而是采用逐年加高的办法，对岸坡的稳定影响较小。正是由于航道裁弯筑堤的特殊性，就需要有适合航道裁弯筑堤工程特点的软基处理技术。

对深厚软基，比较经济成熟的处理方法是排水固结方法和反压护道方法；当工期较紧时，可以采用真空联合堆载预压方法或复合地基方法。珠江三角洲地区裁弯切嘴软基处理的实践和主要经验是，在用地易于解决时，裁弯切嘴应尽量采用自然放坡的形式；用地受到限制必须采用陡坡或直立式护岸时，应慎重选择岸坡软基处理方法。真空预压方法是一种较为成熟和经济的岸坡软基处理方法，也可以考虑碎石桩/搅拌桩/旋喷桩等加固岸坡软基，但是采用碎石桩、搅拌桩、旋喷桩等复合地基时，除了重视现场试验研究外，还应重视施工因素对处理质量的

影响。

以西江下游航道整治工程的横坑裁弯为例，横坑上弯右岸岸坡在 -5.0m 高程处设置一级平台，平台以下坡率为 1∶2.5，平台以上坡率为 1∶3.5。坡肩附近采用大粒径碎石桩加固，碎石桩直径 1m，间距 2m，设置 7 排，正三角形布置。碎石桩设计桩长 13 ~ 15m，以穿过软土层并进入黏土层 50cm 为准。右岸新堤顶宽 5.5m，高程 4.0m，内坡脚距离岸坡坡肩 9.25m。新堤下软基采用袋装砂井排水固结法处理，袋装砂井直径 7cm，间距 1.0 ~ 1.3m。横坑上弯裁弯筑堤和软基处理右岸断面见图 5-16。

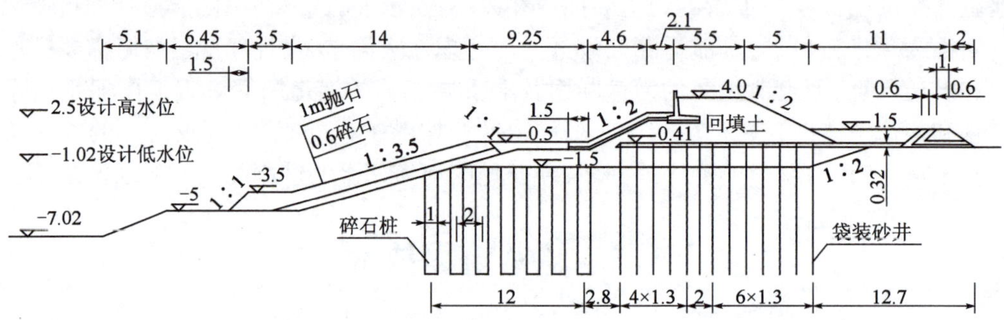

图 5-16　横坑上弯裁弯筑堤工程右岸断面（尺寸单位：m）

横坑下弯岸坡在 0.0m 高程处设置一级平台，平台以下坡率为 1∶5，平台以上坡率为 1∶6。平台范围内采用喷浆搅拌桩进行岸坡加固，搅拌桩直径 0.5m，间距 0.8m，设置 7 排，正三角形布置。搅拌桩穿过软土层并进入黏土层 50cm。横坑新堤顶宽 5.5m，高程 4.0m，内坡脚距离岸坡坡肩 8m。新堤下软基采用喷浆搅拌桩复合地基法处理，搅拌桩直径 0.5m，间距 1.1m，正三角形布置。横坑下弯切嘴筑堤和软基处理断面见图 5-17。

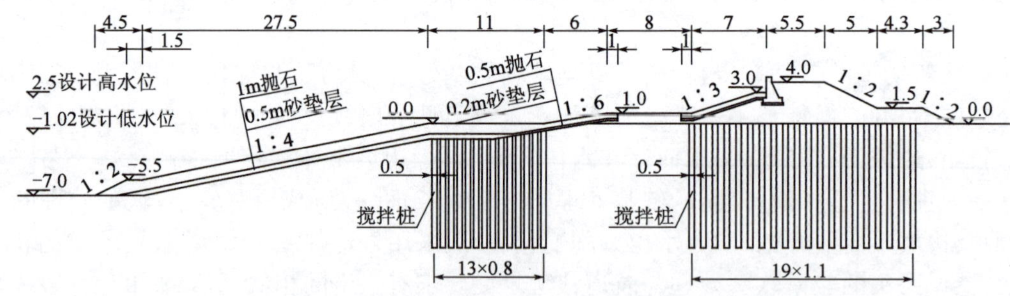

图 5-17　横坑下弯切嘴筑堤工程断面（尺寸单位：m）

从工程的实际效果分析，采用堤坝基底排水固结法加固的效果较好，堤身沉降和稳定均能满足要求，投资较省，施工经验成熟，质量容易监测控制，效果较好。坡前的碎石桩加固对提高边坡稳定性作用不大，而施工过程将使边坡稳定的安全性下降，不利于快速施工。搅拌桩加固的费用高，施工期的强度下降，影响施工的堤岸稳定，土质成分对碎石桩和搅拌桩加固质量及效果影响较大，因此，碎石桩和搅拌桩加固边坡的方法应慎重采用。

第6章 河口区航道整治技术

6.1 河口区的形态及分类

珠江三角洲河口区包括八大入海口门水道及其口外海滨区，其中虎门、蕉门、洪奇门（沥）和横门东四口门与伶仃洋河口湾联为一体，虎跳门水道和崖门水道则共同汇入黄茅海，这些河口均属入湾型河口，而磨刀门与鸡啼门则直接面向外海，属入海型河口。

河口区范围包括八大口门内水道和口外海滨区，上游网河区下泄水沙与口外潮流波浪的交互作用，对河口区水域的动力环境和滩槽演变有着极其重要的影响。

6.1.1 珠江八大口门

1）虎门

虎门位于伶仃洋湾顶，出口断面在沙角，口门宽深，面南偏东，上接狮子洋水道，下连伶仃洋东、西深槽，为典型的潮控型河口，亦是珠江口最重要通海深水航道——广州港出海航道之咽喉。通过虎门注入伶仃洋的径流包括东江全部径流和西、北江部分径流以及珠三角东北部诸小河汇流。由于口内纳潮库容巨大，口外潮能易于集聚，使虎门主要受潮汐动力控制，其潮汐吞吐量居八大口门之首。

2）蕉门

蕉门位于虎门西约8km处，出口断面在南沙，口门宽浅，面向东南，属河控型河口。蕉门口外分为两汊，其南汊龙穴南水道沿万顷沙东侧向南延伸入海，东汊凫洲水道沿南沙尾向东延伸与虎门口深槽交汇。目前，蕉门下泄水沙有七成以上经由凫洲水道注入伶仃洋。

3）洪奇门

洪奇门位于蕉门南侧，口门走向亦很近似，出口断面在冯马庙，属河控型河口。长期以来，洪奇门尾闾持续淤堵，口外浅滩蔓延，危及泄洪，也不利通航，后经综合整治，使其出口往东南延伸并与横门北汊合并经横门东水道入海，口门段水深有所改观。

4）横门

横门距洪奇门约4km，口门方向近正东，为河控型河口。横门水道出口被横门岛（现经围填扩大后改称马鞍岛）分成南汊和北汊，北汊与洪奇门口合并后沿横门东水道南下，横门入海航道即由该水道进入伶仃洋；南汊受芙蓉峡限制，分流较少且稳定，为当地泄洪通道。

5）磨刀门

磨刀门是西江径流和泥沙的主要出海口门，原出口断面在灯笼山，口门坐南偏东为典型的径流型河口。经多年整治后，磨刀门海区形成一主一支两条出海水道，其中延伸至横琴岛～横洲的顺直河段为西江泄洪主通道，也是开发西江出海航道的主选水道，其口门直面外海，成为径流与波浪双控的河口。左汉洪湾水道则为侧向分洪通道，亦为来往澳门的千吨级航道。

6）鸡啼门

鸡啼门出口断面在黄金，口门面南，外为广袤浅滩，属河控型河口。鸡啼门是1959年泥湾门堵海工程完成以后形成的出海口门，此前，位于鸡啼门上游16km处的泥湾门才是珠江八大出海口门之一。由于口外滩涂宽浅，目前尚不具备通航条件。

7）虎跳门

虎跳门出口断面在西炮台，口门坐南偏西，为河控型河口。虎跳门西侧紧邻崖门口，都是注入黄茅海的口门。虎跳门是西江干流航道又一个入海口门通道。

8）崖门

崖门位于银洲湖入海口门，出口断面在官冲，口门方向近正南，属潮控型河口。它与虎跳门均位于黄茅海湾的顶部，崖门口外的西侧是崖南围垦区。崖门是珠江八大口门中最西边的一个口门，潭江流域的径流主要通过银洲湖从崖门出海。

上述珠江河口八大口门，因其主控动力不同，被分成潮控型与径流型两种类型，如虎门和崖门就属潮控型河口，其余均属于河控型河口。除此之外，珠江八大口门还因口外海况不同又可分成入湾型河口与入海型河口。如虎门、蕉门、洪奇门和横门均汇入伶仃洋河口湾，虎跳门和崖门则汇入黄茅海河口湾。由于伶仃洋和黄茅海在其湾口均有岛屿散落形成屏障，阻挡或消减了外海波浪的传播，因此入湾型河口受波浪影响甚小。像磨刀门和鸡啼门这样的入海型河口，由于口门直接面对外海，波浪动力对口门动力地貌环境的影响就比较显著。

6.1.2　海湾型河口

1）伶仃洋

伶仃洋位于珠江三角洲东部，它主要汇集东四口门（虎门、蕉门、洪奇沥和横门）的来水来沙，为珠江主要出口和最大的潮流型河口湾。伶仃洋呈喇叭状，走向接近NNW-SSE方向，湾顶（虎门口）宽约4km，湾口（澳门至香港大濠岛之间）宽约30km，纵向长达72km，水域面积超过2 000km²。

伶仃洋湾顶由沙角和大角山对峙形成峡口，湾口面对万山群岛天然屏障。东部沿岸多湾，由北往南有交椅湾、大铲湾、深圳湾；西岸由北往南多滩，蕉门、洪奇沥和横门的出口附近堆积着许多浅滩；中部有淇澳岛和内伶仃岛扼守湾腰，东南有暗士顿水道经香港的汲水门入维多利亚港，西南有洪湾水道与磨刀门河口相通。

伶仃洋的水下地形具有西部浅、东部深和湾顶窄深、湾腰宽浅、湾口宽深的分布特点，以“三滩两槽”为基本格局，其中“三滩”指西滩、中滩和东滩，“两槽”指西槽（伶仃水道）和东槽（矾石水道—暗士顿水道）。

珠江三角洲经东四口门（虎门、蕉门、洪奇沥和横门）注入伶仃洋的年径流量约为1 670亿m^3，占珠江年总径流量的55%；年输沙量约为3 664万t，占珠江河口总输沙量的42%。其中洪季输入到伶仃洋的径流量约占全年的80%，输沙量约占全年的90%以上。

伶仃洋的潮汐受南海潮波系统控制，属不正规半日混合潮类型。当潮波从外海传入伶仃洋河口湾时，由于喇叭状湾型的收缩作用，形成潮汐能量的沿程积聚，潮差从湾口向湾顶逐渐增大。东部自然水深较大，潮汐作用强，西部受河口径流影响，潮势较弱，故东岸潮差大于西岸

(图6-1)。

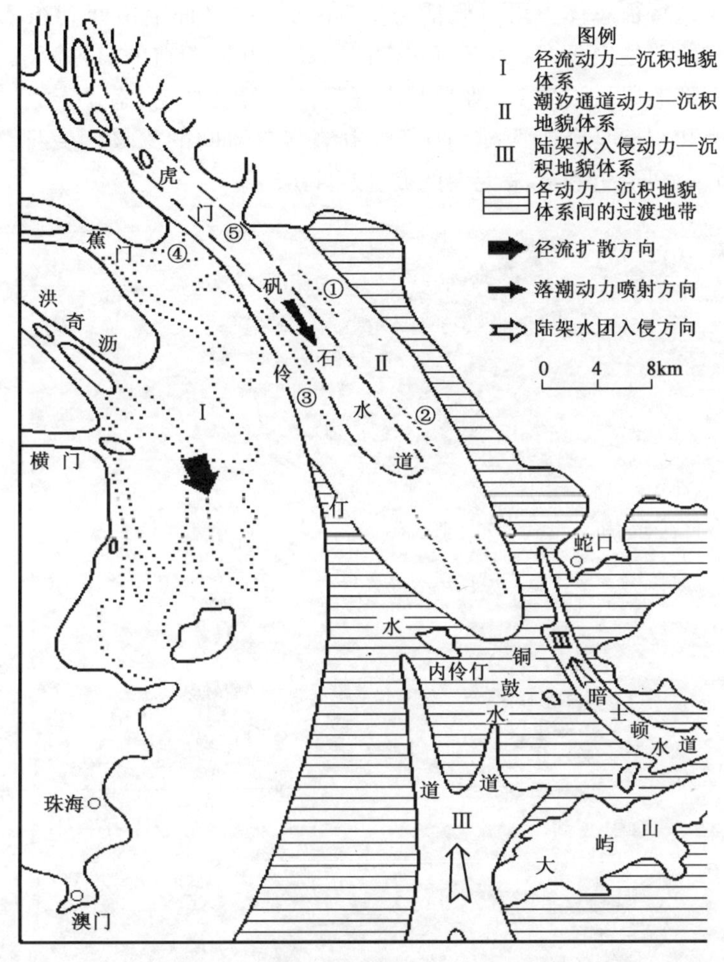

图6-1 伶仃洋河口湾形势及基本动力架构

伶仃洋的潮流属于不正规半日混合潮流类型。虽然潮差不大,但由于河口湾喇叭状幅聚形态和湾顶(虎门)上游巨大的纳潮容积,潮流动力仍然十分强劲。伶仃洋在湾腰以北水域潮流基本以往复流形式运动,涨潮流向偏于西北,落潮流向偏于东南;在内伶仃岛以南水域,潮流介于往复流与旋转流之间变化。伶仃洋湾内涨潮平均流速一般为0.4~0.5m/s,落潮平均流速在0.5~0.6m/s之间。东槽涨潮势力较强,枯季尤为明显,西槽落潮动力占优,汛期更为突出。无论涨潮还是落潮,湾内纵向流速均呈由湾口向湾顶逐渐增大的分布特点。

伶仃洋是淡水径流与含盐海水的相互作用地带,夏季由于径流动力较强,盐淡水混合主要发生在湾腰以北水域,其混合结构呈高度分层型;冬季因径流动力减弱,盐淡水主要作用区上移至虎门内,伶仃洋湾内盐淡水混合状态接近垂直均匀型。在盐淡水高度分层的夏季,淡水径流浮在表层向海排泄,底部盐水则向陆补偿上溯,表层优势流指向外海,中底层优势流指向上游,从而在伶仃洋湾腰以北水域形成垂向密度环流,并使细颗粒泥沙加速絮凝,在"滞流点"附近出现最大浑浊带,该处也是拦门沙发育的主要部位。

伶仃洋的悬移质含沙量具有深槽小、浅滩大、东部低、西部高、枯季清、汛期浑等主要分布特征,多年平均含沙量在0.1~0.2kg/m^{3}之间变化。

伶仃洋北部海床特征总体上可以概括为“三滩两槽”,平面上由西到东依次为西滩、西槽、中滩、东槽、东滩。西滩是由蕉门、洪奇门和横门的动力共同塑造的口外海滨;中滩包括北部虎门外的拦江沙和南部的矾石浅滩;东滩为北起虎门沙角经交椅湾,南止于大铲湾的一条呈西北走向的滩地。西槽和东槽是介于西滩与中滩、中滩与东滩间的深槽。伶仃洋长期维持着“三滩两槽”的基本地貌格局,近百年来无大的变化(图6-2)。

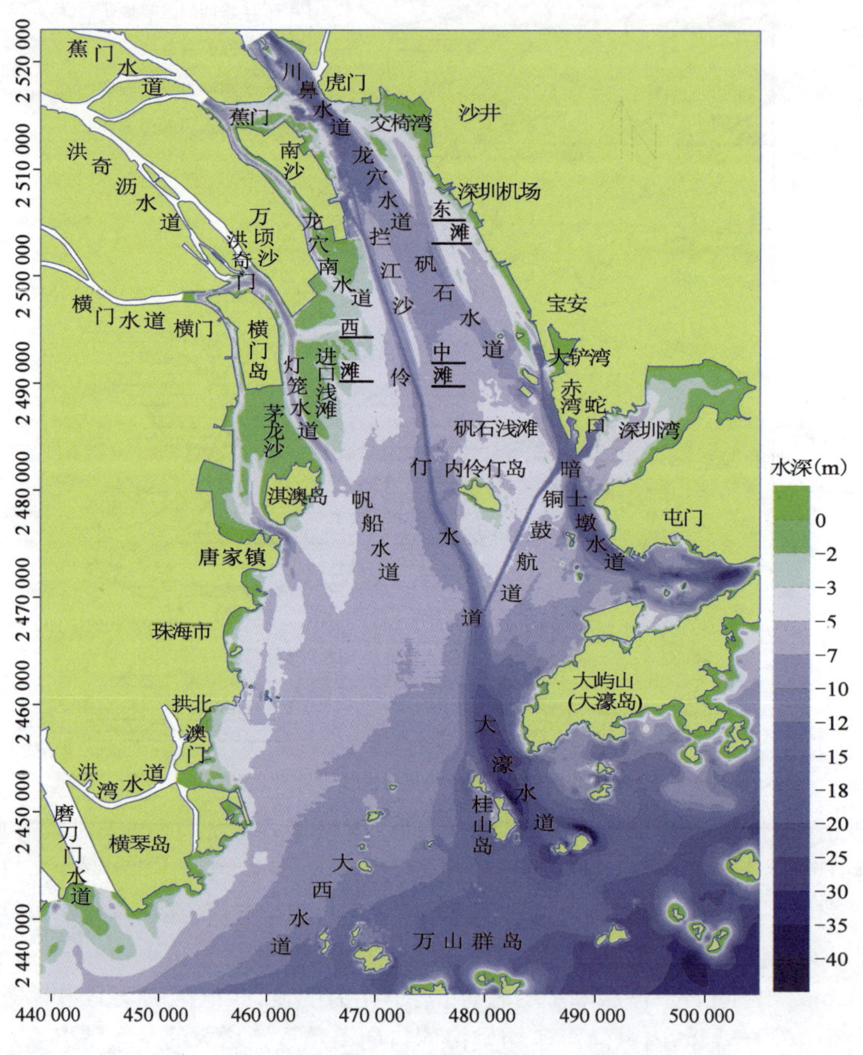

图6-2 伶仃洋“三滩两槽”水下地形示意图

伶仃洋河床质的粒径具有中滩粗、边滩细,湾顶附近较粗、湾口一带较细的分布特点,航槽和下游深水区的床沙中值粒径一般为0.005~0.01mm,西滩和东滩的底质中径大部分也在0.01mm以下,但在蕉门口、横门口以及交椅沙、公沙、拦江沙等处河床质明显粗化,中值粒径可达0.1~0.5mm。

伶仃洋具有汛期湾腰段淤积、湾口和湾顶处冲刷,枯季两端淤积、中部冲刷的季节性变化特征,但其自然冲淤率一般都很小。据测算,伶仃洋西滩的自然沉积率为2~5cm/a,东滩沉积速率仅为 1cm/a 左右，湾内平均沉积率在 1.5～2.5cm/a 之间，属于微淤环境。

20 世纪 90 年代以来，伶仃洋受人类活动的影响加剧，特别是西滩围垦成陆与中滩大规模采沙，使内伶仃洋北部的滩槽分布演变发生一些异变，如西滩面积减小、中滩北蚀南淤、东滩向后略退、西槽加宽变深、东槽上缩下展，内伶仃海域在面积缩减的同时容积则在明显增大。

2）黄茅海

黄茅海位于珠江三角洲西部，是沟通崖门水道和虎跳门水道的潮流型河口湾。黄茅海上窄下宽状如漏斗，湾顶宽约 2km，湾腰宽约 17km，纵向长约 40km，水域面积达 538km^2。湾口多岛，形成大襟西、大杧西、三角山西和南水西四个峡口与外海相通。黄茅海湾腰至湾顶段为落潮冲刷槽，三虎以南东槽和西槽为涨潮冲刷槽，拦门沙浅滩位于湾腰以南展宽段，海湾两侧潮坪边滩分别有东滩、西滩和大海环浅滩（图 6-3）。

图 6-3　黄茅海形势图

由崖门水道和虎跳门水道汇入黄茅海的年平均径流量分别为202亿m^3和196亿m^3,洪季来水占全年径流量的80%。外海潮流由湾口四个峡口进入,年纳潮总量达4 600亿m^3。

上游径流平均每年携带870万t泥沙进入黄茅海,洪季来沙约占全年输沙量的75%。此外,还有近岸流和潮流携带的海域来沙在河口湾南部过境或交换。据分析,每年在黄茅海落淤的泥沙在500万t左右,其中约有20%为海域来沙。

黄茅海潮汐为不规则半日潮,落潮历时普遍大于涨潮历时,平均潮差1.16m,最大潮差3.07m。黄茅海虽然潮差较小,但因纳潮量巨大,多年平均山潮比在0.3左右,是典型的以潮汐动力为主的河口湾。

黄茅海湾内潮流在岸边界约束下基本呈往复流运动,湾外潮流旋转性增强,且受西南向沿岸流影响显著。湾内落潮平均流速一般在0.40~0.60m/s之间,涨潮平均流速一般在0.35~0.55m/s之间,在北部深槽,实测落潮最大流速超过2.0m/s。

黄茅海湾口各通道潮流动力特征不尽相同,东口涨潮流优势明显;中口洪季落潮流占优,枯季涨潮流增强;西口枯季落潮流占优,洪季涨潮流占优。

黄茅海湾内边滩和浅滩为粉砂质黏土或黏土质粉砂类的沉积物,中值粒径一般小于0.008mm,北部深槽及东侧湾口床沙则明显粗化。

黄茅海属低含沙河口湾,湾内多年平均含沙量在0.1~0.2kg/m^3之间,具有东低西高的分布特征和汛期北高南低、枯季南高北低的季节差异。

黄茅海的泥沙运动除了受径、潮动力的控制之外,还被风浪和盐淡水混合等动力左右。风浪掀沙会使含沙量显著升高,盐淡水混合致使悬沙絮凝加速沉降,并在滞流点附近形成最大浑浊带。

黄茅海多年平均沉积速率为1.37cm/a,边滩以淤为主,东滩变化较小,西滩淤强稍大;北部深槽以冲为主,深泓呈持续下延趋势;拦门沙浅滩位于湾腰一带,滩顶高程多年变化不大;湾口东、中口门基本保持稳定,西口门通道趋于淤浅。

6.2 海湾型河口深水航道整治技术

珠江三角洲八大入海口门中东四口门(虎门、蕉门、洪奇门和横门)均汇入伶仃洋河口湾,西二口门(崖门和虎跳门)则汇入黄茅海河口湾,按口门外水域环境分类,可称之为入湾类河口。磨刀门与鸡啼门河口直突外海,称之为入海类河口。

与其他河口一样,上述几个通航河口均存在拦门沙浅滩,但主控动力有所不同,有潮控型(如伶仃洋)、河控型(如横门口)以及径流与波浪双控型(如磨刀门河口),因此所塑造的拦门沙在形成机理、平面特征以及演变趋势等方面均各有异。如伶仃洋的中滩拦江沙为潮流塑造的纵向沙脊,与东、西槽和东、西滩共同组成滩槽相间的"三滩二槽"地貌格局;磨刀门的拦门沙横卧口门,内缓外陡的纵剖面体现了径流与波浪动力的双向作用;横门水道出口门后水域突然展宽,径流与潮流的动力扩散,致使水流挟沙能力降低,河床逐渐淤浅,形成广袤的拦门浅滩(进口浅滩和淇澳浅滩)。因此,对不同类型的拦门沙航道进行治理开发,需要研究采用与之相适应的对策和措施。

伶仃洋和黄茅海均属潮控型河口湾,水下地形具有滩、槽相间发育的地貌特点,如伶仃洋中滩“拦江沙”即为潮流塑造的纵向沙脊，与东、西槽和东、西滩共同组成滩槽相间的“三滩两槽”地貌格局；黄茅海由湾腰三虎往南显著展宽，与湾口峡岛地貌对应，发育形成东槽、西槽、东滩、西滩以及中部拦门沙浅滩等基本地貌单元，即与伶仃洋相似的“三滩两槽”基本格局。

上述两个河口湾均发育有东、西两个深槽，航道建设首先要面临选线问题；对珠江口这类丰水少沙的河口湾，拦门沙航道应采用何种整治措施最合适需要深入研究；深水航道是一次建成还是分期实施，其工程效果、整治时机等经济技术比较亦需充分论证。

广州港出海航道为珠江口最重要的深水航道，讫于伶仃洋湾口桂山锚地，止至珠江干流黄埔新港墩头基码头，途经大濠水道、伶仃水道、川鼻水道、大虎水道、泥洲头水道、莲花山水道和赤沙水道，全长约115km。伶仃洋是珠江口最大也是水运活动最繁忙的河口湾，广州港出海航道三分之二航段穿越该水域。伶仃洋西槽浅段长约30km，自然水深5～10m，5m以下槽宽500～1 500m，经多次整治开挖，现航道已达到底高程－15.5m，满足5万吨级船舶双向全潮通航。于2012年竣工的三期工程，伶仃航段的航道尺度为底高程－17.0m、有效宽度250m，可通行10万吨级集装箱船和12万吨级散货船。

崖门出海航道是西江干流的主要入海通道，主要穿越黄茅海河口湾。黄茅海上窄下宽状如漏斗，湾顶宽约2km，湾口水域总宽16km，纵向长约36km。湾口多岛，形成大襟西、大杧西、三角山西和南水西四个峡口与外海相通。黄茅海湾腰至湾顶段为落潮冲刷槽，三虎以南东槽和西槽为涨潮冲刷槽，拦门沙浅滩位于湾腰以南展宽段，海湾两侧潮坪边滩有东滩、西滩和大海环浅滩。拦门沙浅滩自然最小水深不足3.0m，经过3 000吨级和5 000吨级两次整治开挖，通航水深达到7.2m，目前正开展3万吨级乘潮航道建设的前期研究，未来规划为5万吨级航道。

广州港出海航道目前是珠三角通航等级最高、通航密度最大的河口区海轮航道，崖门、横门和磨刀门水道则是西江内河高等级航道与外海沟通的主要通道。

广州港出海航道和崖门出海航道经多次开发整治，积累了丰富的研究成果和清晰的科学认识。本节通过实例分析，对珠江河口湾深水航道整治的经验和认识加以总结和归纳。

6.2.1　伶仃洋深水航道开发历程

在20世纪50年代前期，广州港出海航道为自然水深航槽，后经几次疏浚开挖，到1959年航道已达6.9m水深。20世纪70年代中后期，虎门以内航段水深加至9.0m，虎门以外航段水深加至8.6m，2万吨级船舶可以乘潮进港。一期工程（1996～2000年）通过基建疏浚使出海航道水深增加至11.5m，二期工程（2004～2006年）也是通过基建疏浚使出海航道水深增加至13.0m。在出海航道不断拓宽增深的过程中，航槽的泥沙回淤并没有成比例地增大。据调查，在20世纪80～90年代，出海航道全段每年维护9.0m水深的疏浚量在260万m^3左右；当一期工程实施后（航道水深11.5m），虎门以外航段年平均淤强为0.38m，回淤量约为240万m^3，虎门以内航段年平均淤强为0.18m，回淤量约为60万m^3，航道全段年回淤量在300万m^3左右，航道增深了2.5m，回淤量仅增加了40万m^3，反映出航道回淤对水深变化并不十分敏感，出海航道有继续增深的可能性。多家科研单位通过现场调查、模拟试验和理论分析，对出海航道一、二期工程的泥沙回淤进行了大量的研究工作，所预测的平均淤强及其分布与工程实施后的检测结果比较接近。

试验研究和工程实践均表明：对于伶仃洋这样的潮流型河口湾，具有潮量大、风浪小、主流集中、含沙量低等特点，潮流脊型滩槽格局长期保持稳定，航槽具备良好的可挖性与可塑性，无须依靠整治建筑物，通过疏浚开挖即可实现航道逐步增深的目的。航道浚深后水动力会增强，回淤不会成比例增大，可通过不断开挖形成深水航道。

6.2.2 河口湾航道选线原则

伶仃洋和黄茅海均存在东、西两条深槽，港口位置对进港航道航线选择影响较大，航道选择的评价指标有很多，其中航道可挖性和稳定性与航道开挖量和回淤量通常是判断航道选线合理的关键因素。

1）选择可挖性好的航槽

根据伶仃洋和黄茅海的海床地质分析，海湾型河口区的海床的可塑性较强，海床呈U形或W形分布，深槽的可挖性较好，开挖后的挖槽能成槽，挖槽的稳定性较好，因此，从减少开挖量考虑，航槽选线应尽可能利用天然深槽，航线尽可能顺直减少转折点，这样既节省开挖量，也有利于航行安全和维护管理。另外，深槽位置一般也是动力综合作用的反映，是动力相对较优的位置，有利于开挖后的航道稳定。广州港出海航道选择西槽作为出海主航道进行开发符合该原则（图6-4）；崖门出海航道拦门沙航段也是选择天然深槽作为主航线。

2）航线与主动力线最好一致

航槽轴线选择尽可能与潮流主动力轴线相一致，与潮流主动力轴线相一致的航槽通常回淤小，与主动力轴线的交角越大，航槽的回淤越大，航槽轴线与潮流动力轴线交角过大将造成严重回淤，因此，航道选线宜选择与潮流主动力相一致的深槽或通道。

随着近二十多年来珠江三角洲河道的大量取沙，河床大幅下切，珠江三角洲网河的纳潮能力大幅提升，纳潮量的增加使得与潮汐动力相一致的海湾区航槽的潮流动力大幅增加，航槽潮流动力增强提高了航槽水流的挟沙能力，可以减少航槽回淤。因此，航道轴线是否顺应潮动力轴线成为河口湾航道选线的关键判据。

合理的航线应选择落潮优势流所经潮道，航线走向应尽可能减小与涨、落潮主流的夹角。河口湾海面通常十分宽阔，当航道轴线与潮流主流向趋于一致时，随着航槽被挖深，水流动力相应增强，有利于维护槽内水深和槽型稳定；当航道轴线与潮流夹角较大，尤其是要切滩的航槽，挖槽后潮流动能会损耗，且挖槽越深其动能损耗越大，导致水流挟沙力降低，航槽回淤加大，不利于深水航道开发和维护。

深圳西部港区的出海航道——铜鼓航道，其轴线与伶仃洋的涨、落潮主流交角过大，其相对开挖深度虽然没有广州港出海航道那么大，但其回淤强度明显大于后者。又如中山港横门出海航道外段，与潮流主动力线交角相当大，且横穿伶仃洋西滩，其回淤相当大。其次，落潮流的影响大于涨潮流，航槽轴线选择应以落潮流为主，兼顾涨潮流流向，崖门出海航道东航道和西航道的天然深槽及可挖性相差不大，东航道与涨潮动力符合性较好、西航道与落潮流动力的交角较小，西航道的落潮流条件略优于东航道，从落潮动力分析，西航道略优于东航道。

3）航线尽可能避开强浪区

波浪的强度和破碎带的位置对航槽回淤影响较大，波浪大和天然水深较浅的区域受波浪破碎影响，航槽的回淤较大，因此，航槽选线宜选择掩护条件较好的区域，崖门出海航道的东航道受荷包岛和高栏岛等岛群的掩护，避浪条件较好，因此，5 000 吨级出海航道选择了东航道；伶仃洋西槽受波浪影响要略大于东槽，广州港出海航道西汉历史上的传统航道就选择了东航道为主航道，特别是中小型船舶几乎都从东航道通行。广州港出海航道在开建深水航道前已论证了伶仃洋东、西槽的泥沙运动受风浪影响不大，因此在综合其他条件因素后，选择了西槽作为深水航道的航线。

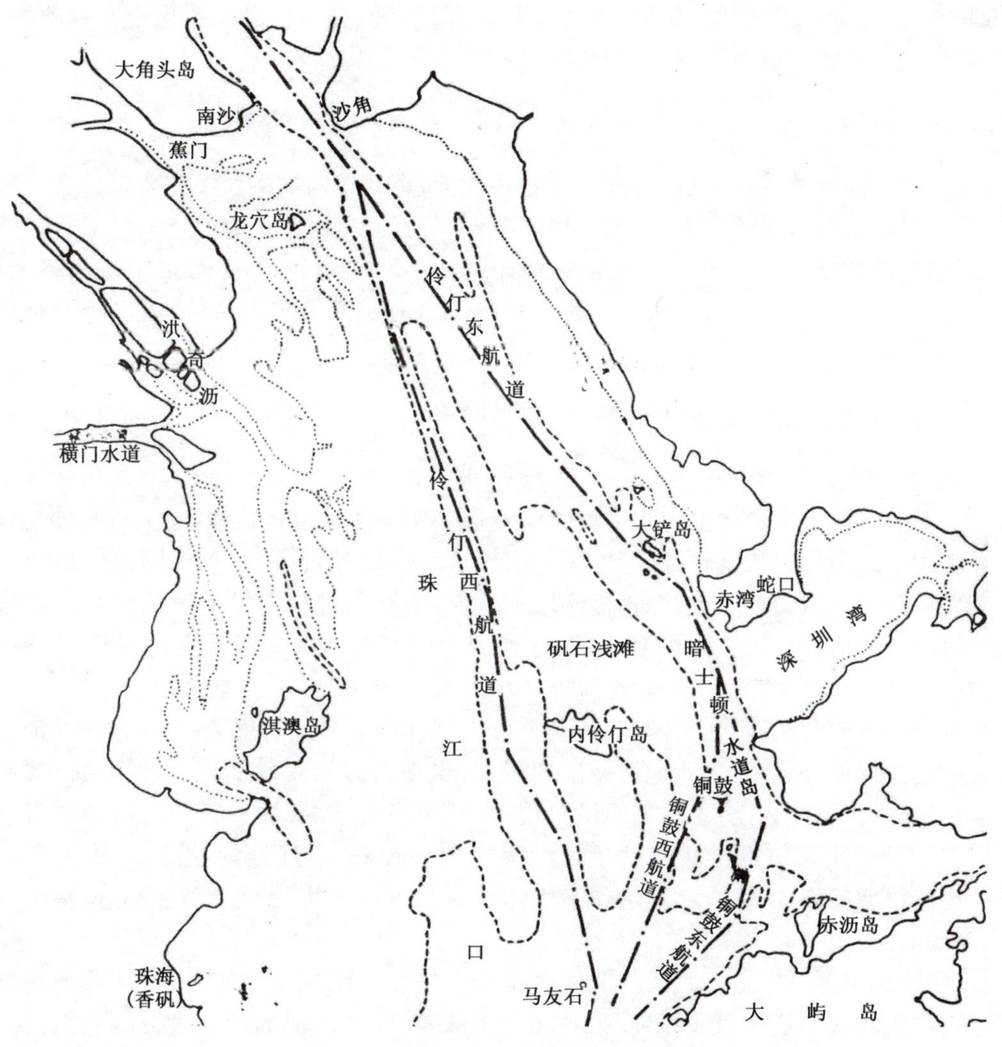

图 6-4　伶仃洋出海航道东、西线航道走向示意图

珠江口的强浪向和常浪向为东南至南向，在波浪作用下，西滩成为泥沙的主要淤积区域，如伶仃洋的西滩和黄茅海的西滩，大型航道选线应尽可能避免穿过西滩，铜鼓航道斜穿伶仃洋中滩，也容易受波浪掀沙回淤影响，回淤量较大。崖门出海航道的拦门沙位于黄茅海湾的中下部，海床水深较浅，经多次观测表明，大风浪是口门段航道发生较大回淤的主要影响因素。

4）台风骤淤的影响

珠江口区域受热带风暴或台风影响较大，以伶仃洋和黄茅海为主的海湾型河口，受口门岛屿掩护和海床底质组成影响，开挖航槽的骤淤影响较小，而且随着航道的挖深，骤淤的影响越小,与波浪夹角越小,骤淤影响也越小,根据近年广州港出海航道、崖门出海航道和深圳铜鼓航道的观测,台风期的回淤略大些,但没有出现严重回淤并影响通航的情况,航道中回淤的范围较广,沿程分布相对较均匀,从各航道骤淤的强度比较,广州出海航道影响最小,崖门出海航道较大,铜鼓航道和横门出海航道最大。从各航道不同开挖深度的回淤分析,与潮流动力及波浪传播方向的夹角小,开挖越深时,航道骤淤影响越小,淤积分布范围越分散。而与潮流动力及波浪传播方向夹角过大,则开挖越深,滩槽高差越大,回淤越严重,淤积越集中。因此,河口湾深水航道选线应考虑台风骤淤的不利影响。

6.2.3 航道尺度和工程措施选择

珠江河口湾海床的特点为可挖性好、可塑性强,航道开挖断面的尺度主要以社会经济发展需要和运营船舶航行的需要确定,航槽的边坡有较好的稳定性。

海床的可挖性好、可塑性强,海面宽阔,海岸的边界距航道较远,工程措施采用疏浚结合、局部用碎岩清礁的方法。根据广州出海航道和崖门出海航道的建设经验,通过疏浚结合局部碎岩清礁可达到设计的航道尺度。

6.2.4 航道回淤特点分析

1)上游水沙变化影响

近二十年来,由于珠江中上游水电枢纽的建设和中下游河道大量取沙,上游来沙总量明显减少,并呈逐年减少的趋势,河口区基本没有出现推移质输沙现象,三角洲网河区出现海相淤积的现象;枯季纳潮量明显增大,海相输沙增加,这种变化对河口区的航道回淤规律产生重大影响,广州出海航道,20 世纪 90 年代以前,航槽回淤时空分布的一般特点是"洪淤枯冲(洪季多淤、枯季少淤)、上冲下淤(上游少淤、下游多淤)",近年来,由于洪季含沙量减少,水流动力增强,水流处于不饱和夹沙状态,因此,海湾上段出现冲刷或少淤的现象;枯季潮汐及波浪影响加大,海相输沙增加,泥沙向上游输送并出现淤积,出现上游淤积增加、下游淤积减少的现象;与 20 世纪 90 年代以前相比,总体上回淤量较少,洪季回淤减少,枯季回淤增强,即"洪季上冲下淤、枯季上淤下冲",航槽淤积强度呈现沿程均匀化现象。崖门出海航道总体上来沙量较少,近几年来汛期的来沙量更少,航道回淤主体是波浪掀沙产生的回淤,回淤部位集中在出海段的中下部。

从近年上游来沙分布分析,西江、北江和东江的来沙高峰均集中于 6 月,流量的高峰也集中在 6 月,水流的含沙量相对较高,河床的泥沙来源较丰富,水流的流量大,冲刷能力强,容易将部分枯季向上游输送的泥沙带往河口区,因此,6 月洪水过程的航槽回淤较大,回淤相对较集中,下游回淤强度大于上游的回淤。

2)潮流和波浪变化及影响

根据水动力变化分析,洪水期的水动力变化较小,主要是泥沙来量减少,主要悬移质或冲泄质可输移至口外;枯水期潮汐动力增强,滞流点上移,根据广州出海航道和崖门出海航道疏浚后的跟踪调查,在海湾内的航道中基本没有浮泥存在,主要原因是枯水期的航道水动力增强,其次是航道浚深后的河床更趋于平整,深潭与浅滩的高差变化减少,这有利于水流的流动,减少浮泥停滞的空间。

航道开发浚深后，滩槽之间的高差增大，潮流在海湾传递的分布产生变化，沿深槽的动力进一步增强，深槽顺直连贯，波浪传递畅顺，传递速度增大，这有利于减少航道的回淤。

从潮流动力和波浪传播特点分析，航道轴线适当选择顺直，有利于水流挟沙能力沿程均衡和潮波的传播，有利于减少航道的回淤和浮泥的存在。

珠江口的强浪向和常浪向及次常浪向均为东南至南向，在波浪作用下，西滩成为泥沙的主要淤积区域，如伶仃洋的西滩和黄茅海的西滩，因此，穿过西滩的大型航道回淤较严重，如斜穿伶仃洋西滩的横门出海航道、九洲港进港航道、位于黄茅海西岸台山电厂煤码头进港航道等，其回淤均较严重。

3）人类活动影响

近年来随着海床取沙的加剧，对伶仃洋和黄茅海的海床形态变化产生重大影响。海床取沙集中在海湾的中上部“三滩二槽”分界点附近，局部大量取沙形成几公里长宽甚至长达十几公里、水深达20m左右的深潭，局部大型深潭的出现改变局部水流流态，对航道的稳定和局部淤积有一定的影响。

6.2.5　分期实施与维护效果

河口湾航道采用分期分层实施的建设方案，逐步形成深水航道是积极稳妥的建设方案，这与珠三角网河河床调整及水动力变化是相适应的。由于珠三角网河河床不断下切并向上游延伸，扩大了纳潮容积，使口门外的潮动力逐渐增强。航道小幅逐步加深，与河口湾潮动力逐渐变强的过程相适应，可有效减轻航道因浚深带来的增淤影响。其次，深水航道的逐步开发有利于与船舶大型化过程和通航密度需求之间的协调，与航道等级相适应的重载船舶频繁地在航槽中通行，有利于增强槽底水流紊动，减少泥沙沉积，从而减少航道回淤。

综合河口湾航道建设的经验，广州港出海航道和崖门出海航道适合开发大型深水航道，宜抓住有利时机进一步拓宽挖深以满足大型深水港发展的需要；铜鼓航道是进出深圳西部港区的主要通道，为减少航道回淤宜适当调整航道轴线位置，充分利用深槽并减少航道与潮流夹角；横门出海航道、九洲港航道以及台山电厂码头航道均处于靠近西滩浑水区和航线与水流交角过大等不利因素，开发深水航道的时机和条件尚未成熟，不宜过度开发，应适当控制航道建设规模与标准，满足中小型港口船舶通行的需要。

6.3　入湾型河口航道整治技术

入湾型河口主要是指汇入海湾或内海的河口，根据汇入海湾或内海河口的位置可分为三类，第一类口门称为潮汐通道型口门，如虎门的莲花山及川鼻水道和崖门水道等；第二类口门称为内河型汇流口门，如蕉门的枕箱水道和虎跳门水道，以及东江三角洲的东江北干流及东莞水道口、北江沙湾水道出口的大沙尾水道等；第三类口门称为海湾型汇流口门，如龙穴南和横门，这种口门随着入汇口门的延伸和变迁，形成了新的口门，如横门北汊与洪奇门汇合后形成了汇合段，横门水道的南汊金星门、蕉门南汊的龙穴南水道等。从这些汇流型河口的演变和开发案例分析，总结出了以下主要经验和结论：

6.3.1 航道开发思路和理念

第一类口门为潮汐通道型口门，属潮汐影响为主的丰水、弱潮、少沙河道，潮汐动力强、潮量大、潮差小，水下地形较稳定，是优良的深水河段或内湾区，如虎门内的狮子洋和崖门内的银洲湖，天然水深一般均在10m以上，回淤相当轻微。对这类河口，可根据河床可挖性和港口发展需要通过不断开挖形成深水航道，航道水深可达满足3万~5万吨级甚至更大型船舶的通航要求。这类航道与海湾区出海航道相连，受制约的主要因素是海湾区出海航道的拦门沙浅段，如银洲湖水道的水深远大于崖门出海航道的水深。其次，这类航道通常距离外出海口较远，港区与城市的空间距离较近，如航道开发水深超过深泓线的天然水深较多时，航道开挖量将大幅增大，同时，港区规模过大与城市用地矛盾也增大。因此，合适的航道开发水深以与天然深泓水深相协调为宜。

第二类口门为径流型汇流口门，由河流的汊道汇入海湾顶部附近或潮汐通道，汇流区的边界基本成陆，口门内河化，20世纪90年代以前，由于上游来沙量较多，推移质输沙活跃，河口区航道回淤较严重且不稳定，成为通航的浅段，如沙湾水道出口的大沙尾浅段，横门北汊出口的烂山浅段等。近十多年来，由于上游来沙减少，特别是推移质输沙基本没有，上游带来的泥沙淤积大幅减少，河口段可根据地质的可开挖性和发展需要通过不断开挖形成深水航道，由于河宽较窄，航道难以过度挖深，也不利于大型船舶作业，航道等级一般可达到0.3万~3万吨级，以满足发展需要并小于其汇入的潮汐通道的航道水深为宜。如北江河口的蕉门水道口、大沙尾水道口、小虎西，东江河口的东莞水道口、淡水河口、倒运海和虎跳门口等，这些河口区可开发成为新的优良港区。

第三类口门为海湾型汇流口门，口门区的水域宽阔，边界不明显，一般为海域的滩涂或边滩，是泥沙的主要回淤区，径流动力快速减弱，深槽逐渐变浅、消失或不明显，成为海湾型汇流的口门浅滩或拦门沙，其航道开挖后回淤泥较严重，一般情况下回淤强度与开挖深度成正比，开挖越深、回淤越大。这类口门航道的开发条件和开发时机尚未成熟，对于这类口门的开发应控制开发程度，不宜过分开挖。如汇入伶仃洋中下部的龙穴南水道与横门水道出口的淇澳浅滩等。

6.3.2 入湾型河口的航道选线

该类河口一般按深泓线位置选择航道轴线，其最主要的考虑因素是航道的可挖性和回淤量。

(1)对于第一类和第二类口门，河床呈U形或W形分布，挖槽的稳定性较好，从减少开挖量考虑，航槽选线的原则宜尽可能选择天然深槽的位置，对河口分汊段宜选择以落潮流为主。

(2)潮流和波浪对第一类和第二类口门的影响较小，一般不影响其航道选线，但对第三类口门影响较大，航道选线需要重点考虑口外动力环境特点。珠江口的强浪向和常浪向主要为东南至南向，在波浪作用下，河口湾西侧浅滩成为泥沙运动的活跃区，经过该水域的航道最容易发生淤积，挖槽难以维持。台风骤淤对第三类口门海域的影响会比较显著，航道发生骤淤的可能性也较大。一般对第三类口门航道开发的航道选线仍以沿深泓线为主，尽可能减少与潮流的夹角。

6.3.3　航道尺度和工程措施选择

根据珠江口海湾海床的特点，第一类和第二类口门河床的可挖性好、可塑性强，岩基的岩面较浅，航道开挖断面的尺度主要受河道宽度、岸坡稳定和河床岩面高程影响。第一类口门浅滩的治理的主要工程措施以疏浚为主，结合碎岩清礁。对第二类口门的浅滩整治，除采用疏浚措施以外，还可适当采用围垦和导堤相结合的方法进行整治，以加快边界的形成，有利航槽的稳定，如横门北汊的烂山和虎跳门口浅段的整治，就是通过围垦、导堤和疏浚的综合治理达到整治效果，航道水深从不足4.0m达到6.0m以上并保持长期稳定，航槽基本没有回淤。第三类口门河床的可挖性好，开挖后回淤量较大，航道开挖断面的尺度主要受回淤量限制，主要工程措施以疏浚为主，如需较大幅度提高航道尺度，采用合适的构筑物形成合理边界，其效果更好。

6.3.4　航道回淤特点分析

1)上游水沙动力变化及影响

近二十年来，由于珠江中上游水电枢纽的建设和中下游河道大量取沙，上游来沙总量明显减少，并呈逐年减少的趋势，河口区基本没有出现推移质输沙现象，三角洲网河区出现海相淤积的现象；枯季纳潮量明显增大，海相输沙增加，这种变化对河口区的航道回淤规律产生重大影响。第一类口门航道的天然水深较深，一般航道水深小于天然深泓水深时，航道的回淤相当少；当航道水深大于天然深泓水深时，虽然总体上回淤强度较小，但处于咸淡水交换区域的回淤量会增大，特别是枯季海向来沙的回淤增强，深槽区容易出现淤积。第二类口门航道的径流水动力较强，当上游来沙量较大特别是存在推移质输沙时，部分口门的水域较宽，水动力减弱明显，航道的回淤较大，两岸的港池回淤也较明显。近年来，由于上游来沙减少，特别是推移质泥沙淤积基本没有，开挖的航道总体上回淤较少，航道可根据开发需求和河床的可开挖性进行开发。第三类口门的水动力明显减弱，回淤较严重，汛期的洪水泥沙含量较高，容易淤积，台风及波浪对航道稳定也产生重大影响，航道的开发总体上淤积较严重，航槽的回淤强度随着滩槽高差的增大而大幅增加，因此，应控制开挖深度，如横门出海航道的淇澳浅滩等。

2)潮流和波浪影响

根据水动力变化分析，枯水期潮汐动力增强，洪水期的水动力变化较小，主要泥沙来量减少，上游来沙的泥沙颗粒变细，珠江三角洲河道的中下部基本产生推移质泥沙的输移，悬移质或冲泄质可输移至河口或口外；对第一类和第二类口门的潮流动力影响明显增强，而泥沙来量减少，有利于减少开挖航道的回淤、维持航道的稳定，而这两类河口处于海湾的顶部或上部，受波浪的影响很小，这有利于开挖航道的稳定。

第三类口门位于海湾的中下部，河口边界尚未形成，潮流动力分散，涨落潮流动力带也不一致，是悬移质泥沙的主要淤积区域，海床表面多为稀松的淤泥层，且淤泥层较深，开挖后的航道边坡稳定性较差，不利于开挖航槽的稳定。而这类河口也受到波浪的影响，在波浪作用下，河口边滩成为泥沙的主要淤积区域，如龙穴南出口的西滩浅滩和横门汇合段的淇澳浅滩等，因此，第三类口门的航道开挖回淤较严重，不利于大型深水航道的建设。

6.3.5 实施管理影响和应用

第一类和第二类口门航道采用分期分层实施的建设方案,也可一次实施。根据珠三角的河网的近期河床及水动力变化特点和建设要求,第二类口门采用与港口建设规模相适应的同步实施方案更有利,河网的河床不断下切并向上游延伸增加了网河区的纳潮量,使口门的水动力逐步增强,有效地减少了航道开挖回淤影响。第三类口门不大适合建设大型深水航道,一般开发的深度较小,宜采用一次实施方案,这有利于减少施工过程的回淤。

6.4 入海型河口整治技术

珠江三角洲主要入海型河口是磨刀门入海口门,磨刀门为西江的主干,是珠江最主要的径流型入海口门,也是珠江各口门中可能利用治导建筑物进行拦门沙治理的口门。直接入海型河口的最主要问题是拦门沙的形成和影响,磨刀门是珠江八大口门中最主要的泄洪和排沙通道,也是拦门沙影响最大的口门。20 世纪 80 年代以前,拦门沙主要位于石栏洲以北的内海区,1985 年开始对内海区进行双导堤治理,20 世纪 90 年代初期磨刀门双导堤工程完成后,口门延长,下泄流量集中,拦门沙外移至石栏洲南的外海区。横洲发育,在下游口外形成交杯四沙和正对河口的沙洲,使口门形成以西汊为主汊的一主一支的格局,拦门沙的外移,海洋动力影响逐渐增加。

6.4.1 抓住有利时机及时治理

磨刀门开发治理的时机较好,前期磨刀门内海双导堤治理取得较好效果,进行口外拦门沙治理是前期治理的延续,有较好的经验可借鉴,可在前期工程的基础上对河口拦门沙进一步治理;口外拦门沙形成后形态基本稳定,沙滩之间深槽的水深较好,为进一步开发提供较好的基础;珠江流域总体条件较好,上游来沙减少,近年磨刀门的输沙量不足 20 世纪 90 年代以前的一半,枯水的含沙量更少,对减少河口淤积有影响;中枯水期的纳潮量增加,特别是枯水涨落潮流量增大,落潮量的最大流量约增加 50%,且涨潮历时增加、落潮历时减少,对河口的冲刷力明显增加;抓住有利时机进行拦门沙治理更容易取得良好效果。

6.4.2 波浪是影响拦门沙的主要因素

磨刀门拦门沙经过前期的治理,由内海的拦门沙演变为外海的拦门沙,波浪作用影响增强,磨刀门河口海区主要受 SE 和 S 向浪影响,月平均波高为 1 ~ 1.3m,最大波高为 3.1m,拦门沙所在海域水深为 1 ~ 4m,拦门沙顶的最小水深约 1.0m,拦门沙主要位于波浪的破碎带范围内,波浪影响是拦门沙形成的主要原因之一,拦门沙的治理应尽可能减少波浪的影响,导堤是主要的工程措施之一。

6.4.3 拦门沙的治理理念和方法

从航道角度考虑,河口段入海口门的整治主要是拦门沙的治理,从河口治理考虑,河口段入海口门的整治是河型的控制和河口治导。主要是治导线布设,治导线不同于整治线,一般治导线是作为河道堤岸的控制线，因此，治导线的宽度一般应大于整治线宽度，整治线是在治导线控制下为满足通航要求而进行的布置。根据磨刀门水道口外段的现状和特性，基本形成一主一汊的分汊河口格局，这也与珠江口河口演变过程不断分汊的特性相吻合，因此，磨刀门水道口外段的治理宜采用分汊治理，而整治线宜在治导线的基础上进行布置，整治线宽度可适当缩窄。

根据前期治理的经验，结合近期的研究和演变及自然条件分析，控制治导线的主干西汊导堤的布置如图6-5所示，治导线布置的线型以顺直为主，适当微弯，并有一定的扩宽率，正干选择西汊，其治导线宽度为2 500～3 000m，扩宽率为1.0%～1.25%，这有利于保持河道的纳潮动力。导堤头部位置宜选择在月平均最大波高的波浪破碎带之外，以减少波浪破碎兴砂对航槽稳定的影响和减少回淤，导堤顶高宜选择在平均潮位或平均高潮位之间，既能增加导堤内航槽的落潮动力，又能减少波浪破碎越浪泥沙的影响。

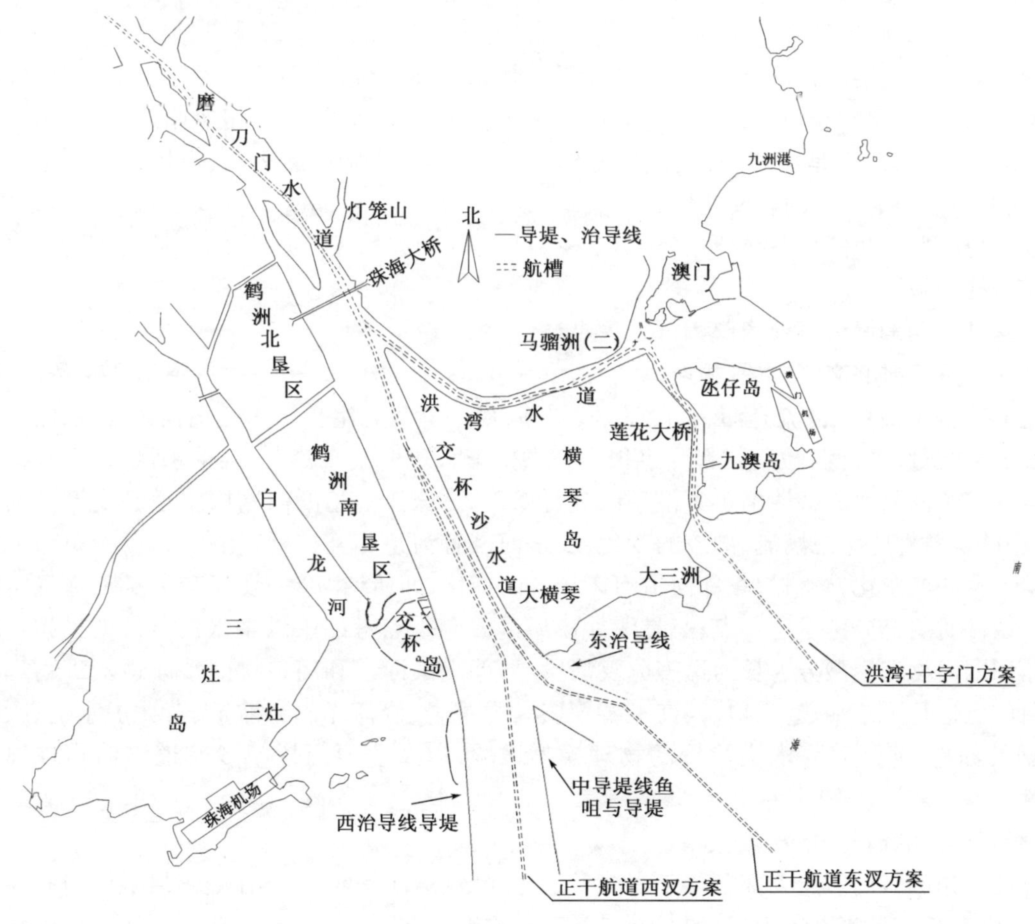

图6-5　磨刀门河口治理方案布置示意图

第7章　珠江三角洲航道建设水沙模拟研究

7.1　物理模型理论与关键技术

7.1.1　模拟概念与珠江三角洲航道物理模型试验类别

1）模拟的基本概念

网河区河工模型试验是建立在相似理论基础之上。相似原理是研究两个物体（例如模型和原型）的相似现象和相似关系的基本理论。两个物体存在相似，根据相似原理，两个物体在静止或运动时，其形态是相似的；受到外力作用以后，其各个质点的运动、力场的分布是相似的，即受力的作用是相似的。要使模型试验结果与原型相似，须同时具备以下几个相似条件：第一模型与原型的几何形态必须相似，第二模型与原型的起始条件必须相似，第三模型与原型的边界条件必须相似。

2）珠江三角洲网河区航道整治河工模型试验

珠江三角洲河涌交错，水网相连，河网密度为0.81～0.88km/km^2，大小河道324条，河道总长约1 600km。珠江径流充沛、含沙量低、弱潮、径流季节变化和年际变化较大，洪水流量常数倍于平滩流量，水（潮）位变化幅度也很大。洪枯季水沙量差异较大，洪季水量大，来沙量亦大。珠江三角洲网河的特性确定其模型试验特点，一是珠江三角洲河网内水道都受潮汐的作用，模型试验条件应考虑潮流、潮位的变化；二是河网各河道相互连通，相互影响，一条河道河床水动力及冲淤变化，会引起相邻河道河床相应的变化，即所谓“牵一发而动全身”，在确定模型边界条件时要充分考虑这一点；三是泥沙模型试验应重点考虑中洪季水沙条件的模拟。珠江三角洲网河物理模型分为长河道多分汊河段、局部交汇河道和河口拦门沙航道治理物理模型。目前已进行了东平、崖门口、西江下游肇庆～虎跳门、伶仃洋出海航道、劳龙虎水道、太平沙、顺德、陈村、莲沙容等水道治理的物理模型试验，以及磨刀门拦门沙航道整治物理模型试验。

3）珠江三角洲口门区治理模型

珠江三角洲口门航道大部分位于海滨及近海地区，珠江是弱潮、多水、少沙网状河口，泥沙颗粒细，淤积后不易为潮流力量掀起，而经常受到波浪、潮汐、沿岸水流等海岸动力因素的综合作用，如磨刀门河口、伶仃洋、黄茅海。由于海岸动力因素本身就是非常复杂的水力学问题，当它们和海工建筑物相互作用后更增加了复杂的边界条件，致使很多问题暂时还不能得到满意的理论解，此在进行海工建筑物的规划设计中，经常需要借助水力模型试验来验证和指导设计，另外海岸动力学的理论研究工作亦需要水力模型试验提供资料和进行验证。

通过模型试验研究航道、港口淤积及适航条件等问题。研究港口淤积及岸滩演变。主要是研究航道、港口布置对附近岸滩冲淤演变的影响，估计港内及航道的淤积量和强度，或研究减轻回淤的措施。如为了便利船舶进出口的航行要求，往往要使口门轴线方向与主波向一致，且口门宽度大些，但这些要求均与改善港内波稳条件相矛盾，因此如何妥善兼顾两方面的要求，需要在模型试验中进行多方案的比较才能确定。

7.1.2 定床河工模型试验

定床河工模型不考虑河床变形，故定床河工模型的相似主要是保证水流运动的相似。纵向流速及横向环流流速沿垂线分布相似的条件，在变态模型内，满足了渐变流运动相似，无法满足横向流速沿水深分布的相似，只有在正态模型内，水面线、流速分布才能同时达到相似。定床河工模型设计的几个限制，为了保证模型的相似性，除了要遵守各种相似条件外，还需要考虑下列几个限制条件。层流与紊流的界限，层流运动与紊流运动性质截然不同，因此模型必须保持与原型相同的流态。由于天然河流的流态一般都是紊流，故必须使模型中的水流也是在紊流区。

7.1.3 动床河工模型试验

1）动床河工模型相似理论

天然河道中泥沙的颗粒分布较广，为了真实地模拟天然河床演变现象，必须保证水流运动相似和泥沙运动相似。水流运动相似要求满足水流运动方程和水流连续方程，泥沙运动相似还要求满足水流挟沙能力方程和河床冲淤变形方程。

全沙模型相似律。目前，在国内动床模型设计方法大体分为三种：以推移质运动为主的模型设计方法和以悬移质运动为主的设计方法以及全沙模型设计方法。在以推移质运动为主的模型设计中，主要考虑沙、卵石的起动相似，按一般非黏性沙起动公式推求起动三相似比尺，以保证河床的冲淤相似，为避免黏性对泥沙起动的影响，模拟的原型沙最小粒径通常限于0.2mm以上。对沙质推移质影响较大的河流，还可以同时考虑沉降相似。在以悬移质运动为主的模型设计中，主要考虑泥沙的沉降相似，同时兼顾起动或扬动相似，以保证河床的冲淤相似。

水流条件的相似。在研究大范围内的泥沙淤积问题时，必须保证水流在平面上的相似，即垂线平均流速沿程和沿河宽的相似，主流和回流的相似。至于流速沿水深分布，虽然严格说来在变态模型上会有所偏离，但对于变率较小的模型来说，其偏离程度是很小的，基本上在误差范围之内。然而，不是在任何阻力形态的模型中都能真正同时满足重力和阻力相似的。如果原体水流处于阻力平方区，模型水流也必须处于阻力平方区，否则就不可能真正满足重力相似和阻力相似。如果模型处于光滑区，即使在某级流量下水位可能偏离不大，但在其他流量级时就将有较大的偏离，更严重的是将影响滩槽的流速分布，因此我们必须使模型水深不至过小，以保证模型也处于阻力平方区。根据紊动水流的基本规律，我们可以求得确定最小水深比尺的判据条件以及重力相似和阻力相似的条件。

悬沙运动的相似。由于悬移质泥沙在运动过程中有超饱和、不饱和问题，它的挟沙能力与真实输沙量之间往往有很大差别，因此在模拟悬沙运动时，单纯模拟挟沙能力是不够的。变形后悬沙相似条件包括沉降相似及挟沙能力相似判据。

应当指出，沉降相似和挟沙能力相似，只是悬沙运动相似的必要条件，还不是充分条件。为了使模型与原体悬沙运动相似，还必须满足扬动相似。后者意味着原型中泥沙能够悬浮时模型中泥沙也应当悬浮。扬动的相似条件包括扬动及悬沙冲淤时间判据。

2）模型选沙研究

为保证泥沙物理模型试验成果能与原型相似，必须进行模型选沙工作。模型选沙工作的内容有许多方面，其中最主要的是了解模型沙的各种性能，其次是材料来源，有无充足的货源，经济上是否合理和加工是否方便等。模型沙的性能主要是指它的物理性质和水力特性两个方面。属于物理性质的有：颜色、比重、干重度、硬度以及机械组成等。属于水力特性的有：起动流速、沉速、阻力等。这两个方面的性能，一般都需要通过试验取得。

关于模型选沙的几个问题：

（1）模型选沙的基本要求

模型选沙的基本要求是选配的模型沙能满足泥沙运动相似律，其中泥沙沉降相似、起动相似和阻力相似是模型选沙的基本要求。

网河区泥沙物理模型一般均对选用的模型沙进行起动流速和沉速试验。如果模型沙的起动流速和沉速与起动相似律和沉降相似律要求偏离不大，还应对所选用的模型沙做糙率试验，检验模型沙是否满足浑水动床水流阻力相似的要求。

（2）模型选沙的其他有关问题

①材料来源。大型泥沙物理模型的模型沙用量相当大，可达数十吨之多。遇到此类情形，在选沙阶段就必须考虑所选用的模型沙有无充足的货源，是否可以保证试验所需要的沙量。

②模型沙的加工和加工设备。根据相似条件确定模型沙的颗粒大小和级配要求以后，由于天然矿物或人工合成材料往往不刚好符合要求，因此，在选沙时，就要考虑合成材料，如木粉、电木粉、塑料颗粒等。

（3）泥沙运动验证试验

动床冲淤验证试验是泥沙模型的决定性环节。因为在动床模型内，特别是在变态动床模型内，水流结构及泥沙运动都不是严格相似的，如果不经过验证试验则试验成果殊难引伸至原体。另外，输沙量比尺及河床变形时间比尺等，目前尚无法正确计算，都要依靠验证试验来解决。动床验证试验的主要项目是冲淤地形的验证，一般应先按原体河流某年的地形资料制造模型，然后根据原体河流的水文及泥沙资料按照要求的各种模型比尺在模型内复演，经历一段时间后测定模型地形，与原体经过相应时间的实测地形相比较，以与原体地形符合为标准，如尚不符合，则可以改变输沙量比尺及河床变形时间比尺等重新进行调试，直至模型与原体在地形冲淤上符合为止。

泥沙运动验证试验的重点是泥沙冲淤部位、冲淤数量相似，平面二维泥沙运动相似。平面二维泥沙运动相似包括悬移质垂线平均含沙量和泥沙粒径沿河宽分布相似，推移质单宽输沙率和泥沙粒径沿河宽分布相似。这些相似条件对于航道工程泥沙问题，是很重要的。模型的泥沙冲淤验证结果为，模型与原型基本一致，数量误差一般都控制在20%～40%以内。

7.1.4　潮汐水流试验

潮汐和潮流是潮波运动过程中水质点的垂直运动和水平运动，它们都具有周期性和往复性特点。潮流易受地形、摩擦以及地球自转柯氏力等的影响，在沿海河口、海峡和狭长的海湾内，海水因地形条件的限制，在正反方向上作周期性交换变化，形成往复式潮流。其最大最小流速相差很大，在流向转为反向时将出现最小流速。在开敞的近海区或大洋里，潮流还受地转偏向力的作用。可见潮汐水流为不稳定流，其变化极为复杂，随海岸轮廓及海底地形不同而千差万别。在天然海岸建造港口或其他海工建筑物，势必影响建筑物附近局部地区的潮流流态、流速，甚至引起潮波特性的剧烈变化（如筑堤将海峡一端堵死或在河口内修建挡潮闸，则海峡内或挡潮闸下的潮波将由推进波型变为立波型）。另外，在淤泥质海岸波浪掀起悬移质泥沙，潮流往往成为输移这种悬沙的主要动力因素。如海工建筑物布置不适当，则会加速港口及航道的淤积，因此需要在模型中试验研究潮汐水流与海工建筑物的相互影响问题，研究潮波运动特性、潮流流态及水流结构的变化。潮汐水流模型有清水潮流模型试验、浑水潮流模型试验、局部动床冲淤模型试验等。

潮汐水流模型（包括潮汐河口模型）的研究工作，在不断总结和完善中。主要原因有二：一是影响潮汐水流及岸滩演变的因素很多，变化复杂，要取得较完整的现场资料较为困难；二是在模型中要复演当地的潮型、潮流也非常困难，模型验证性试验周期长。以往常采用大变率的平面尺度较小的模型，近来有向采用小变率及平面尺度较大模型方面发展的趋势。我国的长江口、珠江口、钱塘江口、瓯江口、连云港及曹妃甸等出海航道模型试验，已积累了不少河口海岸潮汐模型试验的经验。

1）潮汐水流模型的相似比尺

潮汐水流模型首先要满足潮汐不稳定流的水流运动相似，同时在沿海建造港口或其他海工建筑物时，水流由于受到这些建筑物的影响，在平面上产生收缩、扩散，往往形成回流。因此，在解决建筑物以外模型边界范围问题时还需要考虑平面流态相似。此外，沿岸港口及岸滩冲淤演变的泥沙主要来自附近海域的悬沙，如伶仃洋、黄茅海、磨刀门、横门出海口等。模型设计要能满足不稳定流的悬沙运动相似。这种运动在一个涨潮或落潮过程中通常表现为起动、扬动、挟运、沉降等过程，对细颗粒泥沙（$d_{50}\leqslant 0.03\text{mm}$），还要考虑在海水（盐水）中絮凝沉降（悬沙落淤）的影响。要使泥沙运动相似，这几方面的相似条件都要考虑。

2）潮汐水流模型设计和试验中的几个问题

（1）模型的垂直比尺及变率

在珠三角河口海岸潮汐水流模型中，往往需要很广阔的一段海岸线复制在模型中，如为河口，则模型又要求很长，这样模型所需要的场地面积就很大。由于受场地设备操作技术限制，模型比尺值不能选得太小，而将模型制作得很大；但是，如果模型比尺用得很大，而将模型做得较小，且为正态模型时，那么水深就变得很小，这样测量既不易，且水流受黏滞力影响显著，使水流流态失去相似性，不能达到试验研究的目的，为此在潮汐水流模型中一般均采用变态模型。

（2）模型边界

在河口兴建海工建筑物以后必然会引起附近水流流向、流态等条件的变化，因此，关于模型边界的确定,不能单从现有海岸、河口的状况来考虑。根据研究成果,认为建筑物对水流的影响范围可达其突出宽度 B 的 2 ~ 3 倍,即影响半径 $R=(3\sim4)B$,为此模型边界位置以不小于 R 为宜。在模型边界与潮汐箱,回水渠等设备之间尚需要考虑设置过渡段,使水流逐渐趋于均匀平稳,有时还要设置必要的消能滤波设备。

(3)验证试验

当模型制作以及设备安装完毕后,要对模型中的各项水力因素如潮位过程,潮流的流速、流向,以及水流平面流态、流路、转流时刻及转流点位置,断面的潮流流量和断面平均流速过程及含沙量,泥沙冲淤部位等进行验证,务求与现场实测情况符合。验证试验可以先从清水开始进行,然后再做浑水或局部动床冲淤的验证。由于各种因素变化复杂,互相影响,且不易确定各种因素的情况及其相互影响,因此,在验证时可以多做定性试验,控制的因素由单个到多个,逐步地把模型的各种因素和试验方法确定下来。例如,为了要验证水流流态、流速、流向的相似,就需要对模型边界、床面糙率和潮型相位进行调整。这些因素相互影响,变化复杂,所以验证试验是一项细致而繁重的工作。模型经过验证相似后,就可进行各种工程布置方案的试验。

7.1.5 模型变率的选择与限制

1)模型变态的必要性和必然性

在珠三角泥沙模型试验中,会碰到河宽水浅的长河段河道或河口段模型试验,例如珠三角伶仃洋、黄茅海、磨刀门口门河道河床演变模型试验、河道整治模型试验以及淤滩刷槽模型试验等。原型的河宽达 20km 以上,而河槽地平均水深仅 6 ~ 8m,如果采用正态模型进行试验,则需要做宽 100m、长 1 000m 以上的大模型,显然是很不经济的,试验时也难操作。如果按一般的试验室的面积的大小去选择模型比尺,模型比尺小,水深、流速都很小,雷诺数也很低,模型的水流流态和泥沙运动状态都与原型不相似。在此情况下,势必采用模型变态法,增大模型水深和流速,以满足模型各项相似条件,这就是泥沙模型变态的必要性。

根据河工学原理,河道(包括室内试验小河)的河床形态(指河宽、水深、河弯半径、河弯跨度以及河弯幅度等)都是水流与河床组成相互作用的结果,有水流才能塑造河道,水流流量大,塑造的河道过水面积大;反之,水流流量小,塑造的河道过水面积也小。河道形态的大小、水流的作用应是起主导作用的。但也必须看到,在水流运动过程中,水流的运动是受到河床约束的,河床对水流运动有阻力作用,水流运动是在克服河床阻力情况下前进的,这就是人们所谓河床和水流的相互作用形成了河道。所以,河床形态是水流在运动过程中克服河床阻力的产物,如果河床阻力以糙率 n 表示,河床形态以河道宽深比 B/H 表示,则 B/H 与 n 会有密切的关系,其关系可用下式表示:

$$\frac{B}{H}=f(n) \tag{7-1}$$

珠三角沿程宽深比与糙率的关系为:

$$\frac{B}{H}=Kn^{\alpha} \tag{7-2}$$

式中: B——河槽水面宽;

H——河槽平均水深;

n——糙率；

α——指数。

如果用此式写成模型的河槽形态相似比尺$\frac{\lambda_B}{\lambda_H}=\lambda_n^{\alpha}$，当$\lambda_n=1$时才有$\lambda_B/\lambda_H=1$；如果$\lambda_n\neq 1$则$\lambda_B\neq\lambda_H$，即产生变态。这种变态是由河床与水流互相作用不相似造成的自然规律，我们称它为必然变态，也就是模型变态的必然性（自然性）。

2）变率的选择

一般模型的水平比尺可以根据试验范围、研究内容、场地大小、经费等条件决定，主要因素是试验场地。垂直比尺的大小取决于宽深比。对于河口或平缓的淤泥质海岸，以及宽浅河流上进行动床泥沙模型时，往往采用变态模型。但对于弯道的河岸冲刷等问题，为了满足垂直水流的重力相似应根据试验任务的要求、河道特性和水流泥沙条件，选择合理的变率进行模型试验，可以获得较好的试验成果。珠江三角洲网河航道整治物理模型一般变率在5左右，水平比尺200～600，垂直比尺1∶100左右；一般顺直河道变率可稍大些，有弯道河道变率要小些，研究局部通航流态变化需作正态模型，如桥位、水工建筑物通航研究。陈村水道航道整治模型、虎跳门横坑裁弯模型采用比尺为1∶100的正态模型。河口治理模型一般变率在6～10，水平比尺600～1 000。

西江（富湾～百顷头）航道整治模型试验，水平比尺为1∶400，垂直比尺为1∶100；西江百顷头～横山航道整治模型试验，平面比尺1∶350，垂直比尺1∶100，包括虎跳门水道和磨刀门上、中段；太平沙航道整治模型试验，平面比尺1∶350，垂直比尺1∶70，包括太平沙洲、高明大桥，模拟天然河段18km。顺德水道北江大桥航道整治模型平面比尺1∶200，垂直比尺1∶100，研究北江大桥通航条件。磨刀门拦门沙航道整治模型平面比尺1∶650，垂直比尺1∶100。伶仃洋航道治理模型水平比尺1∶1 000，垂直比尺1∶120。

3）模型变率的限制

模型变率系指平面比尺与垂直比尺的比值。从相似理论观点而言，几何相似是相似的基础。模型变态，垂线流速分布就不相似，弯道环流也就不相似，因实际条件所限，模型有时不得不变态，所以讨论一下模型变率的允许范围是有必要的。美国水道试验站的经验是：对于高速水流，急弯或急变段的流速分布，以及在紊乱的过渡段内的诸问题，必须采用正态模型；而对于一般河工模型，变率允许到6；对于只与水面线有关的整体水流问题，则变率有的可达20。

在实际试验中，变率主要受糙率的限制，当变率太大时，模型糙率就很难满足。西、北江干流以及河网区水道宽深比相对较小，在2～13之间，河床形态相对窄深，节点附近显得窄深，江心洲分汊或水道分汊处较浅；越靠近口门，径流作用减弱，潮汐作用增强，河道变宽，宽深比增大。西、北江干流及河网航道整治模型变率不能过大，河口模型变率可适当放大。

窦国仁利用边壁水力半径关系式得到：当原型宽深比为40时，最大变率为3；当原型宽深比为80时，最大变率为5；当原型宽深比为200时，最大变率可以为10。

7.1.6　网河区物理模型的边界处理和试验要求

通过模型进行试验研究的航道整治水力学问题，按其流量是否随时间变化可分为非恒定流和恒定流两大类，以研究水流为主和泥沙为主，分为定床和动床两大类，网河区物理模型一般分为内河水道（受潮汐影响较小）和潮汐河道两类，网河区大部分河道受潮汐影响。

河工模型边界处理是河工模型试验的关键技术，物理模型特别是泥沙模型试验是一项非常复杂的技术，试验人员除了要完全熟悉相似理论、水流及泥沙运动的基本规律外，对于原体河道水流以及河床演变的特点以及工程经验等，都必须有比较深刻的理解，然后才能正确判断模型上的各种现象，并且据以解决实际问题。通过大量水文泥沙资料，分析河道水位流速及河道演变特征，内河水道上边界流量和含沙量过程可概化成若干个流量、沙量级，研究洪水影响应考虑洪水频率（如100年一遇、50年一遇、20年一遇等）。潮汐模型潮型一般选取典型枯水大潮、枯水小潮、典型洪季大潮、洪水小潮以及特大洪水潮等潮型，必要时考虑中潮。尽可能利用大范围数学模型计算成果作为物理模型的边界。推移质模型试验时，由于原体实测推移质资料在一般情况下很难获得，采用经验公式推算，根据模型冲淤验证试验结果，推出原体输沙率数值，是目前较为有效的方法。

在潮汐模型中，为了研究工程的影响，必须模拟从海洋到潮汐边界的整个河口。海洋边界必须设置在工程下游足够远处，以保证假定边界条件位于工程的影响范围之外。下游边界条件的选择，常常因为缺乏像流速和水位这样的水动力学资料而复杂化。在这种情况下，常希望应用二维数值模型的结果，以便最优化地确定下游边界的水流特性。

当潮汐边界上游有堰控制时，则在设置模型的上游边界方面不致会有问题。这种情况，对大河河口来说是很典型的。若情况不是这样，潮汐边界是变化的，且取决于潮汐条件和清水水流（例如大河口的上支流），则必须确定由于建筑工程造成的上游边界的可能范围。还应当研究边界条件的可能变化对试验结果的影响程度。

如果河口对建筑工程的反应是局部的，则有可能在水力模型中要模拟的只是河口的一部分。这时，上、下游边界必须离开计划的工程有足够的距离，以便使得在涨潮期间，建筑工程不致影响到上游边界的水流分布；在落潮期间，不致影响到下游边界的水流分布。在工程影响的范围内，还应当形成典型的原型水流剖面。如果水流变化仅限于潮流断面的一部分的话，根据原型或全河水力模型中测量的流线，也可以用平行于原型主流方向的流线作为模型边界。

7.1.7 各类河工模型的适用条件与河工模型的作用

1）各类河工模型的适用条件

凡河床变形不大，或河床虽有一定变形，但对工程影响不明显者，均可进行定床模型试验。这种模型试验主要是研究工程前各级水位的水流变化和工程后水流条件的改善，并以其水力因子来判断工程的效果。正态水流定床模型还可通过比尺的船模航行试验选择合理的工程方案。例如我国各大江河的一些急滩和险滩治理的模型试验，因河床多为石质，组成基本不变，采用定床试验均可获得满意的结果。一些河床较为稳定、变形不大的浅滩河段，也多进行水流定床试验，根据工程前后实测的流速分布，结合原资料分析和理论计算，可预报浅区水深冲深值；或选择合适的模型沙进行推移质定床输沙试验，观测泥沙运移和冲淤变化情况，估计工程后河床变形的趋势，测定分汊河段的水、沙分配比，通过分析计算，可得出合理的整治工程方案。

珠三角西、北江上游河段以推移质运动为主，中游河段有推移质运动，也有悬移质运动。

下游河段(河口段)以悬移质运动为主;如西江马口以上河段泥沙以推移质运动为主,马口至百顷头河段泥沙以推移质、悬移质共同作用为主,百顷头以下河段泥沙以悬移质运动为主。珠三角河流上游兴建的水利工程以低水头为多(如西江长州枢纽、北江飞来峡水利枢纽以及东江剑潭水利枢纽),库区多为推移质淤积。

有些浅滩冲淤变化频繁,水流泥沙运动较为复杂,一般应进行动床模型试验。动床模型需模拟河床在水流作用下发生变形,它除满足水流运动的相似条件外,还应满足泥沙运动和河床变形的相似条件。因此,动床模型试验要比水流定床模型试验复杂得多,但在浅滩航道整治中进行动床试验更为直观。

天然河道浅滩的冲淤变化与水流的输沙能力及泥沙运动的方式有密切的关系。在一般情况下,泥沙的输移量多集中在汛期。此时浅滩区河面宽、流速小、泥沙淤积,落水时因水流分散冲刷不力而出浅。珠三角河流流速相对平稳,水量大而沙量少,挟沙能力有富余,悬移泥沙除在局部回流缓流区有淤积外,主流区一般不落淤,也就是说这部分泥沙不参与造床运动。浅滩的形成主要是推移泥沙造床的结果。因此,这种浅滩整治的动床模型试验,只模拟推移质泥沙的运动和作用即可。 些平原河流河床的冲淤变化主要是因悬沙输沙不平衡造成的,浅滩在汛期的淤积多为悬沙中的造床质,这些泥沙在落水冲刷过程中仍可冲起为悬移质,至枯水时才多为推移质。这类浅滩的整治模型试验,可简化为只做悬移质中的造床动床模型试验即可达到目的。实践表明,若只做推移质动床模型试验,难以满足河床冲淤变形相似的要求。其主要原因是推移质从模型进口段加入后,它的运动速度和数量远比悬沙要小。

在通航河流建造工程,如大型桥梁、闸坝等,对其上、下游的水沙条件均有所影响,这种影响随着壅水位越高影响越大,反之影响则越小。由于这类工程改变了河段原来的水沙条件,河床原来的平衡条件遭到破坏而产生冲淤变化,并逐渐建立新的平衡。为研究工程上游泥沙淤积和下游河床冲刷对航道港口的影响,应根据不同河段的具体情况,进行不同类型的泥沙模型试验。

2)河工模型试验在航道建设中的作用

天然河流滩险的水流运动和河床变形问题比较复杂。现有的知识难以精确地预测工程后的效果。在此情况下,对那些复杂滩险的航道整治、闸坝工程和桥渡工程等对航道的影响,应根据工程河段的具体情况,选择某些河工模型进行试验,比较工程方案的优劣,选取合理的工程方案,工程实施后,都能达到工程建设的目的和要求。由此可知,利用河工模型试验解决航道工程建设中的疑难问题具有重要的作用。下面以珠三角一些航道整治工程的实践为例,进一步阐明这种作用。

7.1.8 河口区物理模拟试验关键技术

1)了解工程区水流、潮汐、波浪和泥沙运动规律

一般工程区海域水流、波浪和泥沙相对较复杂,工程海区河势分析非常重要,开展物理模型试验前应深入细致地研究地形地貌变化,结合当地水流、泥沙特性,判断工程区主要动力条件,为开展物理模型试验奠定良好基础。

2)波潮共同作用下泥沙物模模拟技术

模拟关键技术有四方面:模型设计和比尺选择、模型沙、波潮共同作用下河工模型试验仪

器和设备。

3)泥沙物理模型试验对于波浪问题的考虑

根据部颁“波浪模型试验规程”,满足波动水质点运动速度相似、波浪传质速度相似。研究潮波共同作用下航道港口泥沙特性,可视来波情况以及对泥沙的影响情况具体分析,波浪模拟时按选定的比尺模拟波浪(规则波或不规则波)的高度及波周期。波浪的传播与地形及建筑物布置、形态等有关,故模拟波浪时需要了解地形、建筑物及当地水深,波浪模型无论是正态或变态,都采用 Froude 相似按“波浪模型试验规程”方法进行,变态模型变率不宜大于5。

4)物理模型试验验证

物理模型验证是模型试验研究的关键技术,验证是否合理、可靠,关系到模型相似和试验成果可信问题。20 世纪 90 年代中期以来,珠江网河大量无序挖沙,致使河床严重下切。河床的人为下切,给泥沙模型的验证带来较大的困难。在选取实测资料时,应区分人工挖沙与自然状态下地形冲淤变化。

7.1.9 河口区物理模拟试验的特点

1)概述

河口区的水流泥沙及河床演变除受河流上游来水来沙的影响外,还受海域来水来沙影响。这类模型的一个主要特点是,在模型的一端或二端,水流具有周期性的不恒定涨落运动。可分为两类模型,上起潮区界,下讫口外海滨的潮汐模型为整体模型;仅模拟其中一小段,甚至仅模拟一小段中的近岸部分模型称为局部模型。河口潮汐模型设计原则与一般定床模型基本相同,在几何相似方面,由于河口和海岸的水面较为宽阔,宽深比大,为使水位、流速和水深的测量能保持一定精度,范围较大的模型需设计成变态,变率在 5 ~ 12 之间。

潮汐模型的一个重要特点是,水流时间比尺($\lambda_t = \lambda_l/\lambda_u$)必须严格遵守,不仅水流模型中应该遵守,泥沙模型中也应在某种程度上遵守,否则,潮波运动就不可能相似。

潮汐地区的原型沙沉降速度受含盐量的影响,不应直接应用公式计算而和模型沙一样,在各自所处的同性质水体中进行试验,从而确定所选模型沙的实际沉速比尺。在崖门、磨刀门和伶仃洋航道整治模型选用模型沙时,考虑了原型沙海水条件下的絮凝沉速。

崖门、伶仃洋海湾是以潮流为主要动力的河口湾,航道整治物理模型主要进行潮汐水流模拟试验,磨刀门海区潮流、波浪作用相对较强。需考虑波浪、潮流共同作用下的河口海岸泥沙物理模型。

近年来,波浪、潮流共同作用下的河口海岸泥沙物理模型技术有了一定提高,模型必须同时满足波浪运动、潮汐运动和泥沙运动相似。在波浪相似方面,如果把波长比尺、波高比尺与水深比尺取成相同,波浪运动相似包括波浪传播、波浪传质速度、波浪折射和波浪破碎相似条件就能得到满足;对变态模型,不能完全相似的只有波浪绕射问题。对于波浪、潮流共同作用下的河口海岸泥沙物理模型,由于所研究的范围较广,另由于选沙需要,往往做成变态模型。模型波高比尺、波长比尺取水深比尺,波陡不变,对于港内、航道泥沙运动来说,波浪绕射系数偏大使模型预报结果偏于安全。

2)泥沙模型试验的特点

(1)珠三角河口湾(伶仃洋、黄茅海)河宽在20km以上,而平均水深仅6~8m,如果采用正态模型进行试验,按最小的平均水深去选择模型比尺,则需要做宽达100m以上的大模型,这在布置和操作方面有许多困难。由于泥沙模型试验的起码要求,模型的流态和泥沙运动与原理均不相似,所以,进行珠三角泥沙模型试验,需考虑"模型的变态问题"。

(2)珠三角河床较为稳定,随着来水来沙条件的不同,主要位置变化不大。一般采用定床加沙的模型试验方法和在河底加糙的方法是可行的。可利用动床本身糙率的规律来满足阻力相似。如本身糙率难以满足试验要求时,要研究采用对输沙影响较小的加糙方法。

(3)珠三角水多、含沙量低,在河口段泥沙细,细泥沙在沉降过程中,流速小时有絮凝现象。絮凝以后,其运动规律与单颗粒的运动规律不同。因此,选配模型沙时,要考虑泥沙的絮凝与反絮凝问题。珠三角悬沙模型的模型沙需采用絮凝特性的模型沙。

(4)珠三角河流洪季流量占全年70%,往往洪峰流量大、时间短,模拟全年流量过程时注意洪峰和沙峰涨落程度,在模型试验中,要使模型的冲淤过程与原型相似,不但要考虑河床冲淤过程的相似条件,还应考虑水流运动过程(例如洪水传递过程)的相似条件。即进行珠三角泥沙模型试验时,要妥善处理模型的水流时间比尺与河床冲淤时间比尺之间的关系,亦即模型时间变态问题。

(5)珠三角水道下游段(如磨刀门、虎跳门等水道口门)属冲积性河流,在河床演变过程中,悬沙和底沙互相交换的机会多,水流漫滩以后,会有滩槽水沙交换现象。因此,在珠三角泥沙模型中,要使模型的悬沙和底沙相互交换的情况与模型基本相似,必须处理好悬沙比尺与底沙比尺之间的关系。

7.1.10　珠三角物理模型控制系统与量测技术

1)物理模型控制系统

珠三角网河区河道纵横交错,水流相互贯通,构成"三江汇流,八口出海"的水系格局。珠江河口港湾因自然地域环境不同,各水域所生成的潮汐潮流往复和旋转过程中,其潮位差与纳潮量、涨落总历时、水体水质(温度含盐含沙量)等方面所呈现的特征是千变万化的。其上游有单汊或多汊江汇入河网,汇水所下泄的径流因受洪、枯季节和沿岸沿途城乡社会经济发展的影响,流入江河港湾的水量水质也不尽相同。显然,潮汐过程和径流变化是非恒定流水力过程"异中求同"的两个共性特质。码头桥墩隧道建设、航道整治疏浚、滩涂围堰人工岛和取排水等工程方案选择与论证对比均需在物理模型或数模计算中进行分析研究。珠三角河口往往是多口门,如崖门、磨刀门、伶仃洋河湾等,据资料分析,目前西江高要、北江三水、东江博罗已受潮汐影响,其中西江南华、北江紫洞、东江石龙以下属强潮区。物理模型模拟相似重要条件之一边界条件相似,要求模型上游径流、口门潮汐运动过程与原型相似,模型控制系统显得非常重要。

南京水利科学研究院河港所多年研发试制改进的实用产品配装系统、河工模型控制与数据采集处理系统,采用的设计方案和技术路径,随着信息电子技术的发展在运用中渐进完善,已成功地应用于国内外诸多潮汐模型试验。其为我国水运交通及水环境开发治理可行性分析和工程方案前期科学研究优化服务。在崖门、磨刀门、伶仃洋河湾物理模型上已成功采用该项技术。

2)先进的物理模型量测技术

物理模型常用的流量设备有量水堰、巴歇尔槽、差压式流量计、电磁流量计、涡轮流量计、超声波流量计等;水位仪有测针、电子跟踪式水位等;流速仪有毕托管,光电式、电阻式旋转流速仪,声学多普勒流速仪;地形仪有超声、电阻式地形仪。从模型实践看,量测仪器精度高、自动化程度强、稳定性好,大大提高模型模拟技术,推动模拟技术发展。下面介绍几种先进的流速仪。

(1)声学多普勒三维流速仪(ADV)

在水动力学研究中,采用 Nortek 公司的声学多普勒流速仪(Acoustic Doppler Velocimeter,简称 ADV)。它能直接测量三维流速,对水流干扰小、测量精度高、无需率定、操作简便和流速资料后处理功能强,极具推广应用前景。在西江、北江航道整治建筑物稳定性研究中、港珠澳大桥物理模型试验中采用了 ADV 技术。

(2)粒子图像测速(PIV)系统

粒子图像测速系统应用在模型试验,发光源打出片光源,CCD 摄像系统将水体中这一层面的流场的光信号转换为电信号进入图像采集卡,由采集和存储系统控制图像卡对图像进行采集和存储,再由数据处理软件进行分析和处理,从而得出流场的流速流向。大型的物理模型试验通常是用该系统测量表面的流场,并采用多套 CCD 摄像系统和图像采集卡进行多帧图像同步采集,再进行后分析处理,这样就可以实施大范围全流场测量。

粒子图像测速系统的关键在于提取粒子的运动信息,如从早期的傅立叶变换法、直接空间相关法和粒子像间距离概率统计法等,到现在的空间相关法。软件包括信号采集、设定灰度阈值、设定网格和边界、示踪点聚合、流线相关、错误向量修正、比尺标定和坐标变换等。粒子图像测速系统测量时不破坏流场,可以在短时间内测量大面积流速流向,具有较高的精度。磨刀门、港珠澳大桥、顺德水道模型采用该技术。

(3)流场实时测量(VDMS)系统

流场实时测量系统(VDMS)是粒子图像测速先进系统,运用数字摄像与粒子跟踪测速技术(PTV)研制开发的表面流场大范围同步测速与监控系统。同时该系统配备强大的后处理分析模块,能够高效便捷地完成测量数据分析处理工作。系统还可配备远程数字监控系统。使用户可远程监控流场试验状态,目前已被广泛应用于水工模型、河工模型、港工模型及水槽等试验中,极大地节省了用户的测量时间,提高了试验精度和效率,增强了试验成果的高科技含量。

(4)电磁流速仪

试验采用日本 KNEK 公司生产的电磁流速仪测量模型框架内部和周边的水流结构,电磁流速仪的测量探头较小,可以方便在框架内部定位且对水流和泥沙输送的干扰较小,可测时均流速和紊动流速。电磁流速仪基于导电性流体在磁场中运动时所产生的感应电势来量测流体的瞬时流速。

试验选用的电磁流速仪主要组成设备包括:计算机处理系统、数据采集系统、数据转换系统和探头四个部分。试验中采用两种探头,一种直杆探头用来测量纵向和横向的流速变化,另一种直角弯曲探头用来测量纵向和垂向的瞬时流速,两者组合一起测量三维流速场。

7.2　物理模型模拟示例

7.2.1　长河道多分汊河段物理模拟试验

珠江河网长河道多分汊河段的物模试验,有西江下游航道、东平水道航道整治、太平沙航道整治物模试验等,如百顷头～横山航道整治工程物理模型研究。

百顷头～横山航道位于珠江三角洲河网区虎跳门水道中上段,虎跳门水道是一条经过多次分流和汇流、既排泄径流又集纳潮流的河道。受各种自然条件影响和制约,沿水道各个河段的径流和潮流量以及泥沙和河底地质地貌形态都有很大差异。

分析了虎跳门水道的水沙特征和河道特点,结合物理模型研究成果,航道设计部门提出的整治原则是:遵照整治以疏浚相结合的原则,顺直宽浅河段,采用疏浚增加航槽水深,适当以整治建筑物束窄河宽,并形成微弯的稳定河形以维持挖槽尺度;改善急弯水流,采用裁弯切滩加大急弯的弯曲半径,调整分流面的局部水流机构,以建筑物来稳定分汊道的主汊,炸除航槽礁石,理顺河床,减少水流阻力,保障船舶航行安全。

7.2.2　局部交汇河段物理模拟试验

珠江三角洲河网航道整治局部交汇河道的物理模拟试验有莲沙容整治工程、陈村水道等物模试验。如莲沙容水道火烧头切嘴整治工程试验。

根据火烧头附近和李家沙水道的河势特征及水流特点,同时兼顾到模型试验条件确定物理模型的模拟范围:包括自顺德水道三善滘水文站上游约1km至沙湾水道磨碟头下游约1km,李家沙水道以及容桂水道顺德新客运港上游(东升)约1km至洪奇沥板沙尾水文站下游约1km。模型有两个上游和两个下游共四个潮汐边界,模拟河道总长度约18km。受试验场地所限,将模型设计成变态(平面比尺 $\lambda_L=200$,垂直比尺 $\lambda_H=70$),其变率为2.86。采用整体定床和局部动床相结合的方法进行试验。

7.2.3　磨刀门(拦门沙)航道工程物理模型

根据试验室可利用的场地面积、供水条件、模型最大浅滩水深等条件确定模型水平比尺 λ_L 为650,垂直比尺 λ_H 为100。定床试验法方案按磨刀门出海航道正干东、西汊航线挖槽,建导堤组合的10个方案。定床试验结果表明,工程前,拦门沙航段水深浅,过流能力不足,流速相对较小;航道浚深后,过流能力增加,航槽落潮流增加7%～38%,对航道的维护是有利的。挖槽+双导堤方案,使导堤内水流更为集中,磨刀门地区波浪大,细泥沙活动活跃,导堤可起到防沙导流作用;导堤束水攻沙的作用也是非常明显;但拦门沙以南航段,涨潮流以西北向居多，试验结果表明，工程后，导堤对涨潮流起阻碍作用，涨潮流速急剧减少；堤头涨急时有回流产生，不利于行船安全，还会增加口门泥沙回淤。堤顶越低回流范围越小。

动床试验表明，磨刀门口门航道整治方案的航槽开挖量约1 000万m^3，工程实施后航槽年回淤量为76万~111万m^3，拦门沙航槽开挖后，流速增大，同时水深加深，水流挟沙能力相应会降低，该航段仍为泥沙主要淤积区。西汊挖槽+东向双导堤方案，涨落潮时堤头回流范围小，不影响船舶安全航行，泥沙回淤量相对较小，该方案相对较优。磨刀门河口风浪大，又有沿岸输沙，磨刀门出海航道拦门沙整治难度大，磨刀门出海航道物理模型通过海区演变分析及试验成果，提出了"导流、挡沙、减淤"的整治思想，采用了稳定分流口、适当导堤方案，利用落潮优势挟沙入海，减少航道回淤量，辅以疏浚，形成出海航道。磨刀门模型及方案见图7-1、图7-2。

图7-1　磨刀门物理模型

7.2.4　伶仃洋航道整治物理模型

南京水科院依据2008年地形资料，建立伶仃洋河口整体物理模型。模型的平面比尺为1∶1 000，垂直比尺为1∶120，变率为8.3，物理模型试验技术路线分别采用定床清水方案试验、动床冲刷方案试验和悬沙淤积试验。研究为定床清水方案试验，着重研究伶仃洋内各大型工程建设前、后对工程区潮流场变化与分布特征以及水位和流速变化。

基于伶仃洋河口动力、水文、泥沙等主要因素建立的物理模型试验研究，可以认为，现有各大型工程项目建成后，河床地形变化与动力条件变化相仿，对伶仃洋河口累积性淤积无明显不利影响，不会改变伶仃洋河口原有的自身演变规律。伶仃洋河口整体物理模型见图7-3、图7-4。

7.2.5　崖门口航道整治物理模型

崖门口航道整治整体潮汐模型平面比尺为1∶800，垂直比尺为1∶100，见图7-5。

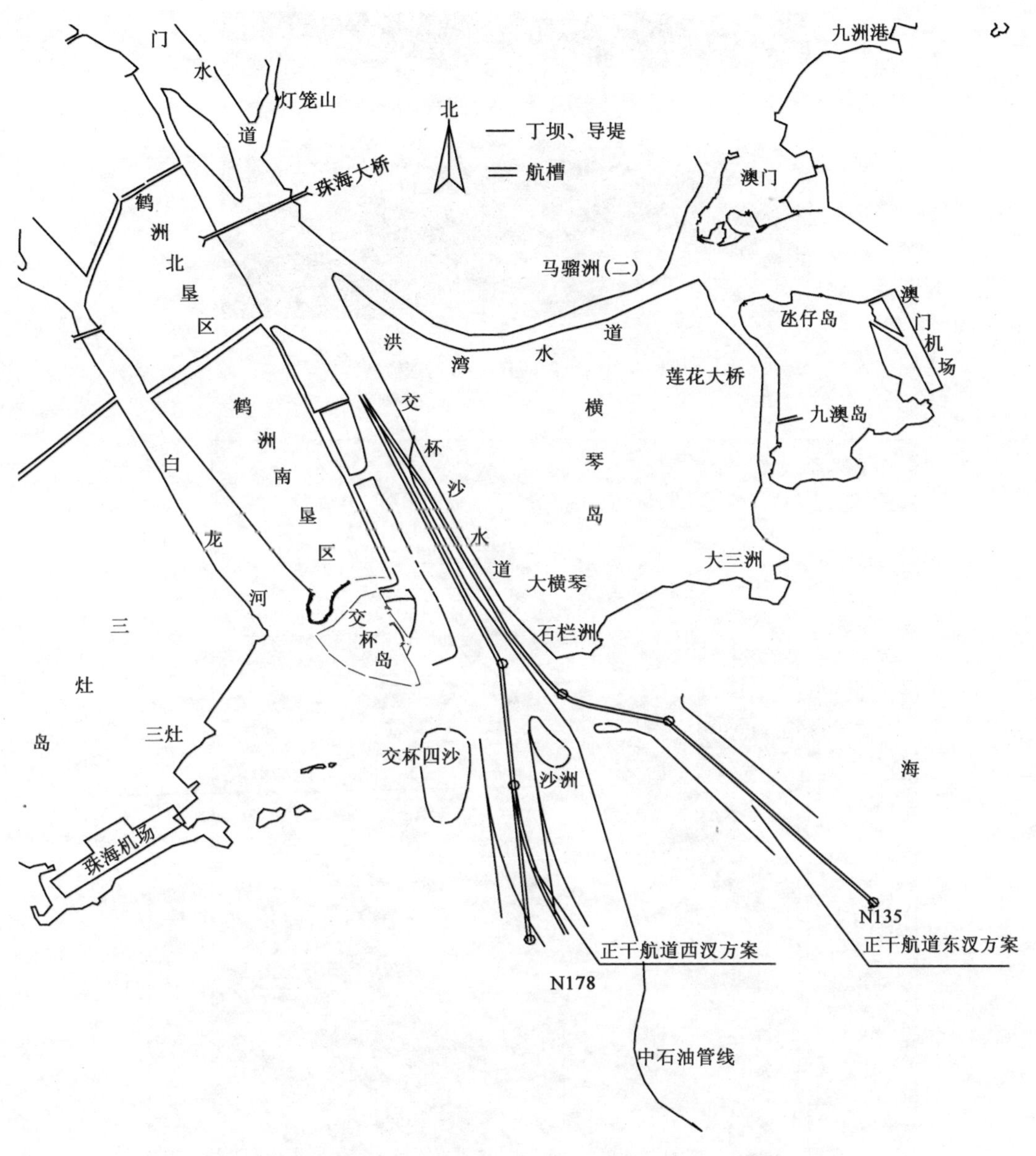

图7-2　磨刀门航道整治工程布置图

以相似理论为基础设计制造的崖门口整体潮汐模型,经过全面验证,模型中的潮汐水位、潮流流场以及航槽淤积变形等,与原型相似良好,用于研究拦门沙航道整治工程是可信的。

围垦方案的试验会减少一定的纳潮量。黄茅海西滩围垦会大幅度降低拦门沙东航道的平均流速,对拦门沙东航道水深维护不利。单挖槽方案不会明显影响黄茅海区各站的潮位和流速。单挖槽是一种比较适合于本河段的航道整治方法。根据模型试验的认识,崖门出海航道向更深更宽的尺度开挖是有可能的。

图7-3　伶仃洋河口整体物理模型

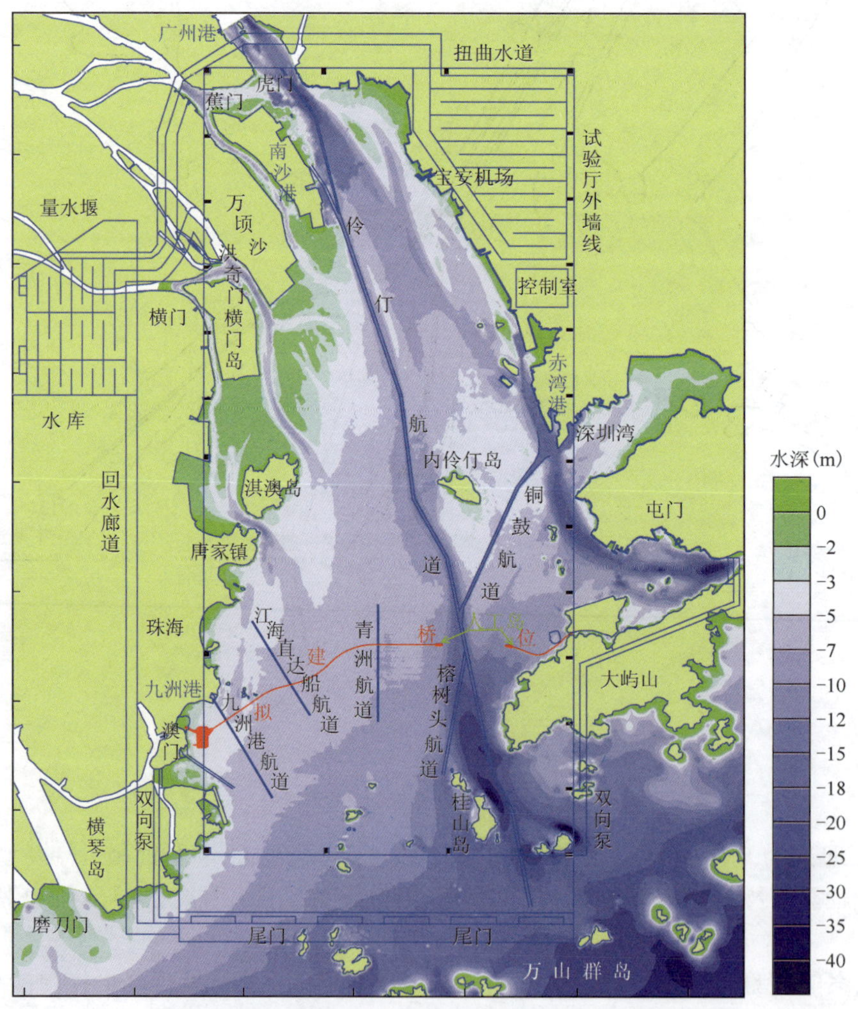

图7-4　伶仃洋河口整体物理模型范围及布置示意图

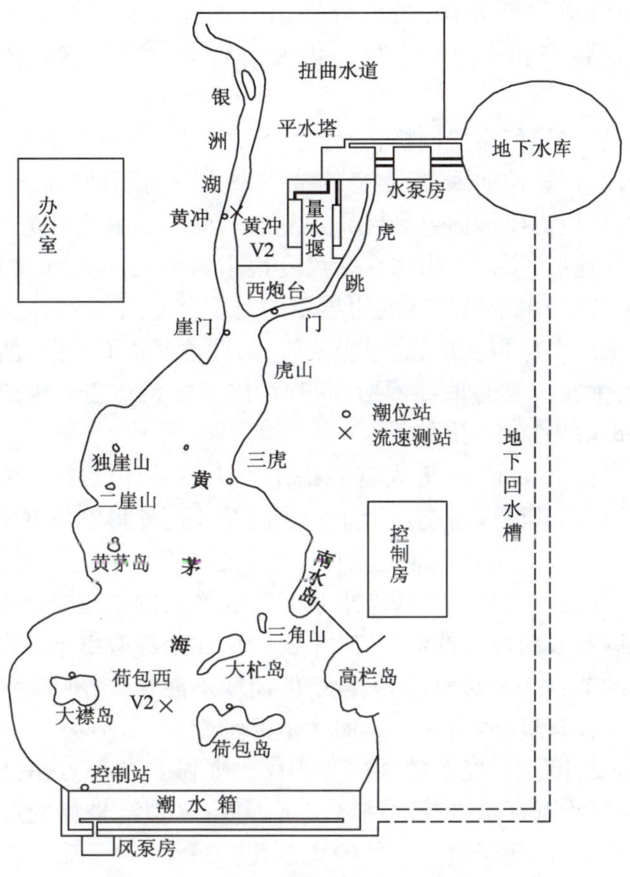

图7-5　崖门口航道整治模型总平面布置图

7.3　数学模型理论与关键技术

7.3.1　网河区航道治理工程数学模拟的特点

珠江三角洲网河体系是世界上最复杂的水系之一，其网河水道四通八达，且相互联系、相互影响、相互制约，存在着此消彼长的关系。由于珠江三角洲河口复杂的水系结构、地貌特征和水沙动力特性，使水沙数值模拟极具挑战性，因此，为了在网河区航道治理工程中取得更可靠的整治效果，相应的航道工程水沙数学模型必须能够反映珠江三角洲网河水系的复杂特点。具体而言，数学模型应能适应多口门、多次分汊和汇流的复杂边界条件，应能模拟三角洲网河水沙运动的复杂分布和航道治理工程引起的复杂流态，并具有较好的灵敏度和可靠的计算精度。

1）适应三角洲网河复杂的模型边界条件

从形态上看，珠江三角洲河网稠密、纵横交错、沿程分汇、支汊众多，是一个复杂的网河系统。西江干流、北江干流和东江干流分别从马口、三水和石龙进入三角洲网河区水系，主干道在向海出流过程中连续分汊，网河区共有大小汊道1 000多条；网河区的水流泥沙通过相互连通的汊道相互分合，最后分别由自东向西的虎门、蕉门、洪奇门(沥)、横门、磨刀门、鸡啼门、虎跳门和崖门八个口门排入南海，构成“三江汇流，八口出海”的水系格局。

对于河道水沙的模拟，如何布置网格，使之贴合曲折边界，并反映随着水位变化的边界地形，同时克服计算域长宽比悬殊的困难，本身就是一个关键问题；而珠江三角洲网河汊道纵横交错、相互连通的特点更使得模型边界条件异常复杂多变。如果选择矩形网格，为了顾及边界形状及河道横断面上的地形，不得不采用众多尺度很小的单元，这就大大增加了对计算机内存的要求，计算量也显著增加；由于模拟域的边界不能与实际边界线贴合，岸边界拟合精度不够还会影响计算结果。采用坐标拟合法，通过坐标转换，建立拟合(正交)曲线坐标系，将不规则区域转化为规则区域，生成(正交)曲线网格，同时在该坐标系下建立水流运动的控制方程，再进行模拟计算能较好地解决这一问题。

自20世纪70年代初，Thompson等人首先提出了生成贴体网格技术，并首次应用于二维物体绕流的数值计算以来，其已成为迄今为止生成复杂几何外形贴体网格的主要技术之一，并仍在研究和发展之中。该方法主要是通过坐标变换，把物理平面上的复杂区域转化为计算平面上的矩形区域，然后在规则的计算平面上求解坐标变换后的水流控制方程，再将计算结果转化到物理区域上。为满足数值计算的需要，对生成的贴体坐标有以下几个要求：物理平面上的节点应与计算平面上的节点一一对应，同一族中的曲线不能相交，不同族中的两曲线仅能相交一次；在拟合坐标系中的节点应当是一系列曲线坐标轴交点，而不是一群三角形元素的顶点或一群无序的点群，以便设计有效、经济的算法及程序。要做到这一点，只要在计算平面中采用矩形网格即可，易于控制物理区域内部的网格疏密程度；在拟合坐标的边界上，网格线最好与边界线正交或接近于正交，以便于边界条件的离散化。可见，对于珠江三角洲网河而言，采用多连通域贴体正交曲线网格是能够较好反映其复杂边界条件的一种数学模型边界处理方法。

2)三角洲网河复杂水沙运动的模拟

珠江径流水量充沛，潮汐相对较弱，在洪水季节由于径流作用控制着整个网河，潮汐作用不明显；在枯水季节，潮汐作用相对增强。水沙在网河内各汊道之间的分配受多种径潮流水文组合的影响，复杂多变。此外，在口门拦门沙海区，还常受波浪动力作用的影响。因此，从动力条件来看，网河系统中不同的汊道内，径潮动力对比和季节变化是非常复杂的。进入珠江三角洲网河区的水沙来自西江、北江、东江、潭江、流溪河等多条河流，在网河区通过相互连通的汊道重新分配调整后，最后分别由八个口门注入南海，故从来水来沙条件来看，它是多源来水来沙、多口门出海的网河系统。此外，珠江三角洲网河型水道还具有不同于其他类型水道的非常独特的水沙运动特征：即径流作用除一般考虑干流的来水来沙外，各汊道来水来沙的再次分配也同样引人注目。若网河水道的某一汊道的分流比、分沙比发生了变化，势必影响网河区相邻各汊道的径流动力与演变，进而影响三角洲网河区径潮动力的相互作用，因此网河区的水沙运动是极其复杂的。

为反映三角洲网河和口外水域不同的水流泥沙运动特征，数学模型从一维、二维、三维的分维计算到多维连接计算进行了许多成功的实践，随着计算机性能的提高和模拟技术的发展，迫切需要全水域的二维计算模式，解决不同维数模型衔接中出现的质量及动量局部不守恒等现象。此外，珠江三角洲网河及河口区域是多种动力和物质输移共同作用的一个水域，水流场、泥沙场、盐度场、污染物场和波浪场之间相互有联系，这就要求在模拟要素上，需要逐渐从水动力单要素向水动力、泥沙、盐度、污染物多要素综合模拟发展。因此多因素综合模拟是未来模拟的发展方向，也是一个极大的挑战。同时，对于这样一个交互影响并动态变化的系统，边界范围的选取十分重要。原则上，应合理控制边界，使之不受到计算域内水流变化的影响，即数值模拟须有足够的范围。对三角洲网河而言，应将入流边界控制在三角洲入口，海向边界控制在外海区不受陆地影响的位置。可见，为正确反映网河水流运动之间的联系及对泥沙等物质输运的相互影响，数学模型的研究范围（空间）需逐渐扩大。因此，本次研究中，珠三角水系采用了大范围网河水动力一维数学模型，为研究航道整治工程泥沙问题，采用了区域二维水沙数学模型，一维网河模型为区域二维模型提供边界条件。

3）航道治理工程引起的复杂水沙响应模拟

航道工程中水流与泥沙运动非常复杂。航道内及整治工程附近的流速、流态（回流、横流、泡漩水等）往往成为通航条件的重要防范目标，宜采用紊流模型模拟复杂的流态。天然河流泥沙运动极为复杂，既有悬移质又有推移质，它们在不同河段与不同工程问题中所起的作用是不相同的。由于河床经常处在冲淤变化之中，特别是在修建整治工程后，冲淤变化相当剧烈，使得泥沙输移产生不饱和输沙（或不平衡输沙），特别是对悬移质而言，通常是非饱和的。河床组成常常是不均匀的，泥沙起动和推移质运动必须能反映非均匀泥沙粗细颗粒的相互影响、泥沙起动的随机性以及床沙粗化对推移质挟沙力的影响。因此，在进行网河区模拟时，悬移质挟沙力中也应考虑不同粒径泥沙的挟沙能力，及冲淤过程中悬移质、推移质和床沙组成的随机变化。

4）较高的模型灵敏度和可靠的精度

航道工程泥沙数学模型的精度要求较高。航道水深有时仅差0.1～0.2m，通航水流条件的流速仅差0.1～0.2m/s，为了达到这一目的，往往“寸水”必争，这就对数学模型提出了较高的要求。泥沙数学模型的准确性很大程度上取决于水流模型的精度，水流模型是泥沙模型的基础，而水流模型模拟精度有赖于计算机性能、计算方法等因素，从某种程度上来说计算结果的精度和计算效能，主要取决于计算网格和计算方法，只有在这两者之间有良好的匹配才能实现计算的高效和结果的合理。

珠江三角洲网河分汊河流很多，分水分沙关系的模拟是非常重要的方面，保证模拟过程中的水量及物质平衡成为提高模拟精度和控制计算稳定性的一个关键。在有限元法、有限差分法和有限体积法三种典型的离散方法中，早期有限差分法应用较多，近几年来多用有限体积法，此离散的方程守恒性好，有利于提高模拟精度。

航道是河道的一部分，河道数学模型研究的问题大都侧重于宏观方面，一般采用一维模型即可，如水库泥沙淤积引起洪水位抬高的计算。但由于一维数学模型只能给出水力、泥沙因子沿河道方向的变化，不能得到水力、泥沙因子沿河宽方向的变化，特别是无法反映河宽变化剧烈的河段洪枯水流向不一致、突嘴和人工建筑物或江心洲尾部常有各种各样的副流（如回流等）。因此要了解航道的演变仅用一维模型是不够的，需要采用二维甚至三维模型来进行模拟预测，才能取得可靠的整治工程效果。此外，在数学模型技术已经比较成熟的条件下，地形及水文资料也在很大程度上影响了数学模型研究的可信度和应用的可靠性。可见，为了提高数学模型的可信度和可靠性，还要求地形及水文资料的完整性和同步性。

7.3.2 网河区航道治理工程数学模型关键问题的处理

1)网河区平面二维模型基本控制方程

控制水沙运动的基本方程在沿水深按静水压力分布等的假定条件下,沿水深积分三维 Reynolds 方程和泥沙对流扩散方程得到:

水流连续方程

$$\frac{\partial H}{\partial t}+\frac{\partial hu}{\partial x}+\frac{\partial hv}{\partial y}=0 \tag{7-3}$$

水流运动方程

$$\frac{\partial u}{\partial t}+u\frac{\partial u}{\partial x}+v\frac{\partial u}{\partial y}=-g\frac{\partial H}{\partial x}+fv+\frac{\partial}{\partial x}\left(v_t\frac{\partial u}{\partial x}\right)+\frac{\partial}{\partial y}\left(v_t\frac{\partial u}{\partial y}\right)-\frac{n^2gu\sqrt{u^2+v^2}}{h^{4/3}} \tag{7-4}$$

$$\frac{\partial u}{\partial t}+u\frac{\partial v}{\partial x}+v\frac{\partial v}{\partial y}=-g\frac{\partial H}{\partial y}-fu+\frac{\partial}{\partial x}\left(v_t\frac{\partial v}{\partial x}\right)+\frac{\partial}{\partial y}\left(v_t\frac{\partial u}{\partial y}\right)-\frac{n^2gv\sqrt{u^2+v^2}}{h^{4/3}} \tag{7-5}$$

悬沙对流扩散方程

$$\frac{\partial(hs)}{\partial t}+\frac{\partial(uhs)}{\partial x}+\frac{\partial(vhs)}{\partial y}=\frac{\partial}{\partial x}\left(\frac{v_t}{\sigma_s}\frac{\partial hs}{\partial x}\right)+\frac{\partial}{\partial y}\left(\frac{v_t\partial hs}{\sigma_s\partial y}\right)+\alpha\omega(S^*-S) \tag{7-6}$$

河床变形方程

$$\gamma_s\frac{\partial Z}{\partial t}+\frac{\partial g_{bx}}{\partial x}+\frac{\partial g_{by}}{\partial y}=\alpha\omega(S-S^*) \tag{7-7}$$

水流挟沙能力公式

$$S^*=S^*(\omega,h,\sqrt{u^2+v^2},\cdots) \tag{7-8}$$

推移质输沙率公式

$$\vec{g}_b=\vec{g}_b(\sqrt{u^2+v^2},h,D,\cdots) \tag{7-9}$$

$$g_{bx}=g_bu/\sqrt{u^2+v^2},g_{by}=g_bv/\sqrt{u^2+v^2} \tag{7-10}$$

式中:h——水深;

u、v——垂线平均流速在 x、y 方向的分量;

H——水位;

v_t——紊动黏性系数;

n——满宁糙率系数;

g——重力加速度;

f——柯氏力系数。

为准确模拟工程前后(如丁坝、港池开挖、挖槽)的流场及泥沙运动所引起的河床变形,采用了完整的紊流模型(如 K-ε 模型,$v_t=C_\mu k^2/\varepsilon$)模拟水沙运动。

紊动动能 K 输运方程

$$\frac{\partial(hK)}{\partial t}+\frac{\partial(uhK)}{\partial x}+\frac{\partial(vhK)}{\partial y}=\frac{\partial}{\partial x}\left(\frac{v_t}{\sigma_k}\frac{\partial hK}{\partial x}\right)+\frac{\partial}{\partial y}\left(\frac{v_t}{\sigma_k}\frac{\partial hK}{\partial y}\right)+(G+P_{kv}-\varepsilon)h \tag{7-11}$$

紊动动能耗散率 ε 输运方程

$$\frac{\partial(h\varepsilon)}{\partial t}+\frac{\partial(uh\varepsilon)}{\partial x}+\frac{\partial(vh\varepsilon)}{\partial y}=\frac{\partial}{\partial x}\left(\frac{v_t}{\sigma_\varepsilon}\frac{\partial h\varepsilon}{\partial x}\right)+\frac{\partial}{\partial y}\left(\frac{v_t}{\sigma_\varepsilon}\frac{\partial h\varepsilon}{\partial y}\right)+\left(C_{1\varepsilon}\frac{\varepsilon}{k}P_h+P_{\varepsilon v}\right)-C_{2\varepsilon}\frac{\varepsilon^2}{k}h \tag{7-12}$$

式中：P_{kv}、$P_{\varepsilon v}$——因床底切应力所引起的紊动效应，它们与摩阻流速 u_* 间的关系为 $P_{kv}=C_k u_*^3/h$，$P_{\varepsilon v}=C_\varepsilon u_*^4/h^2$，$C_k=h^{1/6}/nC_\varepsilon=3.6C_{2\varepsilon}C_\mu^{1/2}/C_f^{3/4}$，$C_f=n^2g/h^{1/3}$；

C_μ、σ_k、σ_ε、$C_{1\varepsilon}$、$C_{2\varepsilon}$、σ_s——经验常数，采用 Rodi 建议的值；

P_h——紊动应力与平均流速梯度相互作用所产生的紊动能量，见式(7-13)。

$$P_h=v_t\left[2\left(\frac{\partial u}{\partial x}\right)^2+2\left(\frac{\partial v}{\partial y}\right)^2+\left(\frac{\partial u}{\partial y}+\frac{\partial v}{\partial x}\right)^2\right] \tag{7-13}$$

2)阻力

在建立模型时选用阻力公式所遵循的原则包括：①试验室和野外资料符合很好；②包含使用范围及误差分析；③易于在计算机模拟中使用；④能提供大范围独立变量解。因此，一般收集大量试验室及野外资料尤其是工程前后水位、流速、河床形态、床沙组成等资料，采用统计分析方法建立不同河型河段阻力沿河宽方向变化的公式。

3)水流挟沙能力

网河区沙质河床水流中的悬移质中粗颗粒与床沙中细颗粒在不断发生交换，悬移质中粗颗粒部分落淤，而床沙中细颗粒被掀起。此时挟沙能力由三部分组成：一是悬移质中细颗粒部分，它从累计效果看，不参与床沙交换，即常说的冲泻质部分 SP'_S；二是悬移质中粗颗粒部分落淤到床面后与床沙发生交换，再部分地掀起后计入挟沙能力 $SP''_S S^*(\omega_2^*)/S^*(\omega_1^*)$；三是从床沙中可冲颗粒中部分地掀起后计入挟沙能力 $\left[1-\frac{P'_S S}{S^*(\omega_1)}-\frac{P''_S S}{S^*(\omega_1^*)}\right]P_1 S^*(\omega_{11}^*)$（何明民，韩其为，1990 年），即

$$S_L^*=SP_S P_{SL1}+SP''_S P_{SL2}\frac{S^*(L)}{S^*(\omega_1^*)}+\left[1-\frac{P_S S}{S^*(\omega_1)}-\frac{P''_S S}{S^*(\omega_1^*)}\right]P_1 P_{SL1}^* S^*(\omega_{11}^*) \tag{7-14}$$

式中：

$$P_{SL1}=\begin{cases}P_{SL}/P'_S & (L\leqslant k)\\ 0 & (L>k)\end{cases};$$

$$P_{SL2}=\begin{cases}0 & (L\leqslant k)\\ P_{SL}/P''_S & (L>k)\end{cases};$$

$$P_{SL3}=\begin{cases}P_{ML}/P'_M & (L\leqslant n_0)\\ 0 & (L>n_0)\end{cases};$$

$$P'_S=\sum_{L=1}^{k}P_{SL};$$

$$P''_{S}=\sum_{L=k+1}^{n_0}P_{SL};$$

$$P'_{M}=\sum_{L=1}^{n_0}P_{ML};$$

P_{SL}——悬沙中第 L 组泥沙重量所占的百分比；

P_{ML}——床沙中第 L 组泥沙重量百分比，悬移质共分 n 组；

k——冲泻质与床沙质的分界粒径；

n_0——床沙中可冲颗粒与不参与床沙交换的分界粒径；

$$S^*(\omega_1)=\left[\sum_{L=1}^{k}\frac{P_{SL1}}{S^*(L)}\right]^{-1}=K_0\left[\frac{(u^2+v^2)^{3/2}}{h}\right]^m\left[\sum_{L=1}^{k}P_{SL}\omega_L^m\right]^{-1};$$

$$S^*(\omega_1^*)=\sum_{L=1}^{M}P_{ML}S^*(L)=K_0\left[\frac{(u^2+v^2)^{3/2}}{h}\right]^m\sum_{L=1}^{M}\frac{P_{ML}}{\omega_L^m};$$

$S^*(\omega_{11}^*)$——床沙中能够悬浮部分挟沙能力，即

$$S^*(\omega_{11}^*)=\sum_{L=1}^{n_0}P_{SL3}S^*(L)=K_0\left[\frac{(u^2+v^2)^{3/2}}{gh}\right]^m\sum_{L=1}^{n_0}\frac{P_{SL3}}{\omega_L^m}。$$

以上是 $S_L\leqslant S_L^*$，即含沙量小于挟沙能力情况，而当 $S_L>S_L^*$ 时，$S_L^*=P_{SL}S^*(\omega)$。

4）非均匀推移质输移

研究区域港口航道工程中的丁坝及挖槽，常常由于推移质运动引起河床变形，因此推移质运动模拟问题亦十分重要。

（1）非均匀沙起动概率

非均匀床沙交换过程中，大小粒径在床面的暴露程度不一样，使得大小颗粒之间的相互影响十分复杂。颗粒处在床面上位置不同，则颗粒所受水流作用力也不同。暴露于平均床面以上的粗颗粒，所受水流作用力相对要大一些；位于平均床面以下的细颗粒，处于大颗粒的尾流区，受到大颗粒的荫蔽作用。我们采用参数 ξ 来反映颗粒的暴露和荫蔽作用，并用床沙几何平均粒径 D_m 作为床沙的代表粒径，经 Little-Mayer、Gessler、Ashida-Michiue、刘兴年、陆永军等试验资料及 San Lus 河资料回归得到荫暴系数表达式（Lu et al，1992）

$$\xi_L=\begin{cases}10^{0.55\lg^2(D_L/D_m)-0.204(D_L/D_m)-0.112} & (D_L\leqslant 0.5D_m)\\ 0.895(D_L/D_m)^{-0.16} & (D_L>0.5D_m)\end{cases}\tag{7-15}$$

粒径为 D_L 组泥沙的临界 Shields 数

$$\theta_{crL}=0.031\xi_L\tag{7-16}$$

将式（7-15）、式（7-16）代入 Gessler 的泥沙停留在床面不动概率公式得到第 L 组泥沙的起动概率：

$$p_L=1-q_L=1-\frac{1}{\sigma\sqrt{2\pi}}\int_{-\infty}^{\xi_L\frac{0.031(\gamma_s-\gamma)D_L}{\tau}}\exp\left(-\frac{t^2}{2\sigma^2}\right)dt\tag{7-17}$$

（2）非均匀沙推移质输沙率

作者从水流功率理论出发导出的非均匀沙推移质输沙率公式（陆永军等，1991 年）为

$$g_{bL} = K_b \frac{\gamma_s}{\gamma_s - \gamma} \tau_0 u_* P_{ML} \left(1 - 0.7\sqrt{\frac{\theta_{crL}}{\theta_L}}\right)(1 - q_L) \tag{7-18}$$

式中：τ_0——水流拖曳力，$\tau_0 = \gamma RJ$；

P_{ML}——床沙级配；

q_L——第 L 组泥沙停留在床面的概率，可由修正后的 Gessler 公式(7-17)算得；

θ_{crL}——由式(7-16) 计算；

$$u_* = \sqrt{\tau_0}/\rho \tag{7-19}$$

$$\theta_L = \frac{\tau_0}{(\gamma_s - \gamma) D_L} \tag{7-20}$$

$$K_b = \begin{cases} 11.6 & (\theta > 0.25) \\ 10^{0.2256 - 2.5348 \lg\theta - 1.8961 \lg^2\theta} & (0.06 < \theta < 0.25) \\ 10^{12.8719} \theta^{10.1319} & (\theta \leqslant 0.06) \end{cases} \tag{7-21}$$

当床沙为均匀沙时，式(7-18)转变成

$$g_b = K_b \frac{\gamma_s}{\gamma_s - \gamma} \tau_0 u_* \left(1 - 0.7\sqrt{\frac{\theta_c}{\theta}}\right)(1 - q) \tag{7-22}$$

式(7-22)与 Samage 等、Gilbert 试验资料、长江新厂(二)站沙质推移质输沙资料的比较表明，计算值与实测值吻合较好(陆永军等，1991 年)。

5)模型中主要参数的确定

(1)挟沙能力系数 K_0 及指数 m

挟沙能力系数 K_0 及指数 m 根据含沙量饱和的河段含沙量 S 与 $\left[\frac{Q^3 B}{A^4 w}\right]^m$ 之间的关系确定。汉江丹江口水库下游冲刷验证计算得到，K_0 与床沙密实程度有关，指数 m 采用韩其为(1987 年)建议的值，$m = 0.92$。

(2)恢复饱和系数的选取

若各种粒径组恢复饱和系数 α_L 取不同值，验证计算工作量很大。数值试验表明，不饱和输沙公式中恢复饱和系数 α_L 可以不随粒径变化。一般情况下，悬移质中各粒径组泥沙均发生冲淤时，$\alpha_L = 0.25$；悬移质中粗颗粒不落淤，床沙中可冲颗粒部分均发生冲刷时，$\alpha_L = 1.0$；悬移质中粗颗粒落淤而床沙中细颗粒被冲刷时，$\alpha_L = 0.5$。

(3)混合层厚度

混合层厚度 E_m 与床沙特性有关。计算表明，对于卵石夹沙河床冲淤平衡河段或大坝下游河床，冲刷初期 $E_m = 1.0 \sim 2.0$m，冲刷后期 $E_m = 0.5 \sim 1.0$m；对于沙质河床，E_m 相当于沙波波高，为 $2.0 \sim 3.0$m。

(4)推移质与悬移质的划分

推移质与悬移质的划分采用悬浮指标 $Z = \omega/ku_*$ 的概念，即当 $Z \geqslant 5$ 时为推移质，当 $Z < 5$ 时为悬移质。

6)计算方法

目前求解二维泥沙数学模型的数值方法很多，主要有有限差分法、有限单元法和有限体积法。

有限差分法是计算机数值模拟最早采用的方法,其基本思想是通过有限差分近似代替微分方程中的各阶(偏)导数项进行数值离散,包括常用的 ADI 格式、蛙跳格式及特征格式等。具体实施过程也有不同,可分为特征线法、显式差分法、交替方向隐式法(ADI)、破开算子法等。差分离散过程数学概念清晰,计算精度随差分格式的不同而异,误差估计、收敛性和稳定性理论趋于完整和完善。有限差分法的计算精度从理论上讲可以通过提高差分的阶数来提高,但是计算会相当繁琐,反而降低其实用性。有限差分法采用其传统的矩形网格不能很好地模拟复杂的水—陆边界,在比较曲折复杂的河道会引入伪物理效应等误差。

有限单元法是用积分求解偏微分方程的方法。有限单元法与有限差分法不同的是求解一个区域的近似解,通过变分原理或者加权余量法中的迦辽金法生成离散方程,然后将各个单元区域各自的离散方程组合成总体的线性代数方程组,通过边界条件和初始条件来求得原始方程组的近似解。与有限差分法相比,有限单元法的计算精度较高,网格的剖分简单灵活,可采用各种单元形式,能很好地适应不规则的复杂边界。但其物理意义不是很明确而且需要求解大型的矩阵,占用内存和机时较大,计算速度慢;不同类型的网格需采用不同的插值函数,在空间上采用有限元方法,在时间上仍采用有限差分法,给程序的编写、数据的存储均带来不便。

有限体积法(FVM)又称控制体积法,基本思路是将计算区域划分为一系列相互连接而不重复的小单元(控制体),每个控制体积里都包含一个网格节点,将待解的偏微分方程对每一个控制体进行积分,从而得到一组离散方程,在已知的边界条件和初始条件下,可以求得原始微分方程的数值解。有限体积法结合了有限差分法和有限单元法各自部分的思路,在离散过程中有限体积法类似有限差分法只寻求节点值,而不考虑网格点间的变化;但有限体积法在控制体的积分时要假定节点值在网格间的分布,这又与有限单元法相近。有限体积法相邻控制体积之间界面运输的通量大小相等,方向相反,故而不论对于一个或者多个控制体积组成的部分区域还是整个计算区域来说,都可以严格满足物理守恒定律;推导过程概念明确,且能够自由地采用不规则的网格,对于复杂边界的拟合效果较好;离散方程格式统一,便于编程计算,具有较好的计算精度。正因为如此,目前国内外出现了较多以此方法为基础的数学模型,如 FLUENT、TEACH、FVCOM、TRIM、UNTRIM 等。

7)计算网格

采用贴体曲线网格能够适应网河区复杂的地形边界条件,通过坐标变换,把物理平面上的复杂区域转化为计算平面上的矩形区域,然后在规则的计算平面上求解坐标变换后的水流控制方程,再将计算结果转化到物理区域上(图 7-6)。

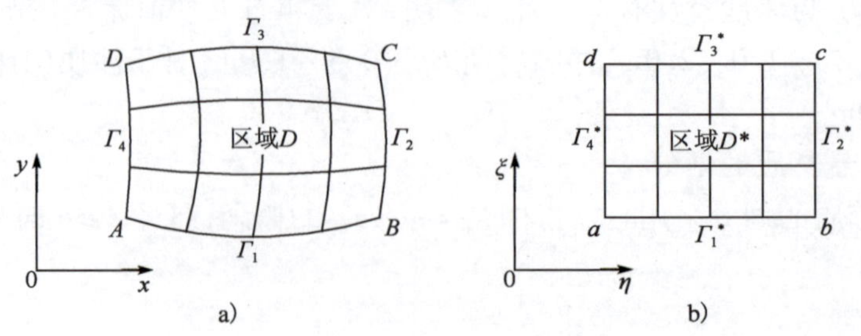

图 7-6　物理平面与计算平面之间坐标转换示意图

根据水流势函数与流函数的性质及水流等势线与等流线的正交性,可导出生成正交曲线网格的坐标转换方程:

$$\begin{cases}\alpha \dfrac{\partial^2 x}{\partial \xi^2} + \gamma \dfrac{\partial^2 x}{\partial \eta^2} + J^2\left(P \dfrac{\partial x}{\partial \xi} + Q \dfrac{\partial x}{\partial \eta}\right) = 0 \\ \alpha \dfrac{\partial^2 y}{\partial \xi^2} + \gamma \dfrac{\partial^2 y}{\partial \eta^2} + J^2\left(P \dfrac{\partial y}{\partial \xi} + Q \dfrac{\partial y}{\partial \eta}\right) = 0\end{cases} \tag{7-23}$$

式中,$\alpha = x_\eta^2 + y_\eta^2$;$\gamma = x_\varepsilon^2 + y_\varepsilon^2$;$J = \sqrt{\alpha\gamma}$;$P = -\dfrac{1}{\gamma}\dfrac{\partial(\ln K)}{\partial \xi}$,$Q = -\dfrac{1}{\alpha}\dfrac{\partial(\ln K)}{\partial \eta}$,$K = \sqrt{\gamma/\alpha}$。

7.3.3 多因子动力地貌演变数学模型

笔者等多年来从事珠江口工程泥沙研究,进行了波流共同作用下泥沙运动特性试验研究,分析了泥沙起动规律和含沙量的垂线分布规律;同时针对河口海岸地区波浪与潮流运动的特点,将波浪过程概化为潮周期中具有平均意义的波浪流要素,叠加到潮流运动方程中,以模拟长时段的水流运动及泥沙场的变化,建立了波浪与潮流共同作用下二维泥沙数学模型,包括控制方程、初始条件、边界条件、动边界技术。引进前期含沙量的概念,得到了磨刀门等海区的水流挟沙能力公式,波浪作用下的挟沙能力采用窦国仁公式,大风期航槽中粉砂及浮泥回淤强度采用罗肇森公式。该模型是一个考虑多因子的复合动力地貌演变数值模拟系统,其主要由底床状态、水动力、泥沙输运和地形更新四个模块组成,其中水动力模块又可分为水流模块和波浪模块。由于河口海岸动力地貌过程随着不同的时间和空间尺度而变化(图7-7),如地形变化是由秒、分、时、天等短时间尺度上不断变化的动力因子(各向波浪、潮流、风暴潮等)作用的结果,而地形显著变化的时间尺度大多数则都在月、年、10年,甚至100年以上。因此,如何在模型中实现较短时间尺度的水沙输运过程和较长时间尺度的地形变化之间的耦合是当前数值模拟中一个亟待解决的关键问题。

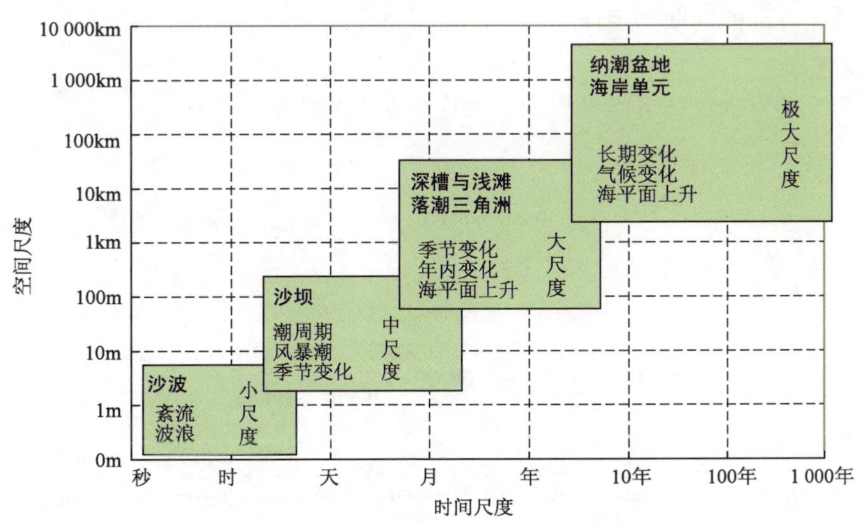

图7-7 不同地貌单元的时间和空间尺度

1)底床状态模块

声学测高计和侧扫声呐等新的高分辨率的测量仪器的使用,可以取得更精确的地形数据,甚至可以获得高时空分辨率的具有三维特征的海床地形,这使底床状态模块的建立成为可能。海床形态代表着不同动力条件的相互作用,不同的水流条件会产生不同的床面类型(Van Rijn, 2007a, 2007b, 2007c, 2007d)。关于这一方面已经开展了许多研究,但是仍有一些机制还有待去揭示。比如,大尺度的海床形态在随时间变化时,展现出了一定的滞后现象,但目前的泥沙模型中仍无法考虑这种底床发育的复杂性。

底床状态模块主要通过两种方式影响水动力模块和泥沙输运模块。一方面,研究中它用来确定糙率大小,这是定义水动力模块中底床边界条件和泥沙输运模块中波流边界层、混合层、床面剪切力及泥沙输移率的关键。另一方面,它将为泥沙输运模块描述床面物质的分布和状态。

2)基于波流共同作用的水动力模块

水动力模块包括水流模块和波浪模块。波浪模块主要起两个作用,首先波浪模块为水流模块提供波浪动力,使水流模块能够模拟风成流。其次,波浪参数将提供给泥沙输运模块,用于说明波浪运动的掀沙作用。在风和波浪边界条件的驱动下,SWAN 模型描述了具有时空变化的二维波动密度谱,用来说明任意地形和流场中短峰波的折射传播(Booij etc., 1999)。波浪产生的过程、白浪、非线性波浪之间的相互作用、底部耗散、波浪破碎和绕过障碍物的传播以及波浪引起的增水都能在该模型中得到明确的计算。

由于波浪周期远小于潮汐周期,目前对于波流作用下的泥沙数学模型主要采用两种模式,一是把周期变化的潮流概化成某一时段的恒定流,引入波浪运动方程来模拟动力场结构在短时段内的变化(李玉成,1995 年);二是把波浪运动过程概化为在潮周期中具有平均意义的波浪流要素,引入潮流运动方程来计算长时段的流场结构以及其对泥沙的作用(Van Rijn,1993 年;曹祖德等,1993 年;辛文杰,1997 年;陆永军等,2005 年)。选择后者更能体现水体含沙量变化与底床冲淤过程的周期性规律。

(1)水流模块

水流模块控制方程包括水深平均的水流连续方程及动量方程:

水流连续方程

$$\frac{\partial H}{\partial t}+\frac{1}{C_\xi C_\eta}\frac{\partial}{\partial \xi}(huC_\eta)+\frac{1}{C_\xi C_\eta}\frac{\partial}{\partial \eta}(hvC_\xi)=0 \tag{7-24}$$

ξ 方向动量方程

$$\frac{\partial u}{\partial t}+\frac{1}{C_\xi C_\eta}\left[\frac{\partial}{\partial \xi}(C_\eta u^2)+\frac{\partial}{\partial \eta}(C_\xi vu)+vu\frac{\partial C_\eta}{\partial \eta}-v^2\frac{\partial C_\eta}{\partial \xi}\right]=-g\frac{1}{C_\xi}\frac{\partial H}{\partial \xi}+fv-$$

$$\frac{u\sqrt{u^2+v^2}n^2 g}{h^{\frac{4}{3}}}+\frac{1}{C_\xi C_\eta}\left[\frac{\partial}{\partial \xi}(C_\eta \sigma_{\xi\xi})+\frac{\partial}{\partial \eta}(C_\xi \sigma_{\eta\xi})+\sigma_{\xi\eta}\frac{\partial C_\xi}{\partial \eta}-\sigma_{\eta\eta}\frac{\partial C_\eta}{\partial \xi}\right]-$$

$$\left[\frac{\pi}{8h}f_w u_w\sqrt{u_w^2+v_w^2}+\frac{Bn}{\pi h^{\frac{7}{6}}}\sqrt{2gf_w}\sqrt{u^2+v^2}u_w\right]-\frac{1}{\rho h}\left[\frac{\partial S_{\xi\xi}}{C_\xi \partial \xi}+\frac{\partial S_{\xi\eta}}{C_\eta \partial \eta}\right] \tag{7-25}$$

η 方向动量方程

$$\frac{\partial v}{\partial t}+\frac{1}{C_\xi C_\eta}\left[\frac{\partial}{\partial \xi}(C_\eta vu)+\frac{\partial}{\partial \eta}(C_\xi v^2)+uv\frac{\partial C_\eta}{\partial \xi}-u^2\frac{\partial C_\xi}{\partial \eta}\right]=-g\frac{1}{C_\eta}\frac{\partial H}{\partial \eta}-fu-$$

$$\frac{v\sqrt{u^2+v^2}n^2 g}{h^{\frac{4}{3}}}+\frac{1}{C_\xi C_\eta}\left[\frac{\partial}{\partial \xi}(C_\eta \sigma_{\xi\eta})+\frac{\partial}{\partial \eta}(C_\xi \sigma_{\eta\eta})+\sigma_{\eta\xi}\frac{\partial C_\eta}{\partial \xi}-\sigma_{\xi\xi}\frac{\partial C_\xi}{\partial \eta}\right]-$$

$$\left[\frac{\pi}{8h}f_w v_w\sqrt{u_w^2+v_w^2}+\frac{Bn}{\pi h^{\frac{7}{6}}}\sqrt{2gf_w}\sqrt{u^2+v^2}v_w\right]-\frac{1}{\rho h}\left[\frac{\partial S_{\eta\xi}}{C_\xi \partial \xi}+\frac{\partial S_{\eta\eta}}{C_\eta \partial \eta}\right] \tag{7-26}$$

式中：ξ、η——正交曲线坐标系中二个正交曲线坐标；

u、v——沿 ξ、η 方向的流速；

h——水深；

H——水位；

C_ξ、C_η——正交曲线坐标系中的拉梅系数，$C_\xi=\sqrt{x_\xi^2+y_\xi^2}$，$C_\eta=\sqrt{x_\eta^2+y_\eta^2}$；

$\sigma_{\xi\xi}$、$\sigma_{\xi\eta}$、$\sigma_{\eta\xi}$、$\sigma_{\eta\eta}$——紊动应力。

$$\sigma_{\xi\xi}=2v_t\left[\frac{1}{C_\xi}\frac{\partial u}{\partial \xi}+\frac{v}{C_\xi C_\eta}\frac{\partial C_\xi}{\partial \eta}\right] \tag{7-27}$$

$$\sigma_{\eta\eta}=2v_t\left[\frac{1}{C_\eta}\frac{\partial v}{\partial \eta}+\frac{u}{C_\xi C_\eta}\frac{\partial C_\eta}{\partial \xi}\right] \tag{7-28}$$

$$\sigma_{\xi\eta}=\sigma_{\eta\xi}=v_t\left[\frac{C_\eta}{C_\xi}\frac{\partial}{\partial \xi}\left(\frac{v}{C_\eta}\right)+\frac{C_\xi}{C_\eta}\frac{\partial}{\partial \eta}\left(\frac{u}{C_\xi}\right)\right] \tag{7-29}$$

式中：v_t——紊动黏性系数，$v_t=C_\mu k^2/\varepsilon$，可采用 K-ε 模型计算 v_t，一般情况下，$v_t=\alpha u_* h$；$\alpha=0.5\sim1.0$；

u_*——摩阻流速；

t——时间；

ρ——海水密度；

u_w、v_w——波浪质点速度。

$$u_w=\frac{\pi H_w}{T_w}\frac{\mathrm{ch}kh}{\mathrm{sin}kh}\cos\theta,v_w=\frac{\pi H_w}{T_w}\frac{\mathrm{ch}kh}{\mathrm{sin}kh}\sin\theta,L_w=\frac{gT_w^2}{2\pi}\mathrm{th}\left(\frac{2\pi k}{L_w}\right),k=\frac{2\pi}{L_w} \tag{7-30}$$

式中：L_w——波长；

T_w——波浪周期；

B——波浪与潮流相互影响系数（曹祖德等，1993 年；辛文杰，1997 年），当波、流同向时 $B=0.917$，当两者互相垂直时 $B=-0.198$，当方向不定时，$B=0.359$；

$S_{\xi\xi}$、$S_{\xi\eta}$、$S_{\eta\xi}$ 和 $S_{\eta\eta}$——波浪辐射应力张量的四个分量。

$$S_{\xi\xi}=\frac{\rho g H_w^2}{8}\left[\left(2\frac{C_g}{C}-\frac{1}{2}\right)-\frac{C_g}{C}\sin^2\theta\right] \tag{7-31}$$

$$S_{\xi\eta}=S_{\eta\xi}=\frac{\rho g H_w^2}{8}\frac{C_g}{C}\sin\theta\cos\theta \tag{7-32}$$

$$S_{\eta\eta}=\frac{\rho g H_{w}^{2}}{8}\left[\left(\frac{C_{g}}{C}-\frac{1}{2}\right)+\frac{C_{g}}{C}\sin^{2}\theta\right] \tag{7-33}$$

式中：H_w、θ——波高和波向；

C、C_g——波速和波群速。

(2)波浪模块

不同潮位下的波浪动力要素由采用波浪折射、绕射联合计算的高阶非线性抛物型缓坡方程数学模型提供。该波浪模型来自 Radder 和 Kirby 发展的波浪折射绕射缓坡方程抛物型模型的改进，改进后适用于方向谱的模型允许较大范围的波向变化，不仅考虑波浪传播过程中的折射、绕射变形及非线性和底摩阻的影响，还考虑了在波浪传播过程中由于风能输入引起的波能增加(王红川等，2004 年)。

考虑底摩擦损耗和风能输入的非线性缓坡方程可用式(7-34)表示

$$(CC_{g}\phi_{x})_{x}+K^{2}CC_{g}\phi+M\phi=0 \tag{7-34}$$

其中

$$M\phi=(-\omega^{2}k^{2}D|A|^{2}+i\omega F)\phi+(CC_{g}\phi_{y})_{y} \tag{7-35}$$

式中：ϕ——波势；

k——波数；

C——波速；

C_g——波群速；

ω——相速度；

A——波幅；

D——考虑波浪非线性参数，$D=\dfrac{\mathrm{ch}4kh+8-2\mathrm{th}^{2}kh}{8\mathrm{sh}^{4}kh}$；

F——考虑波能损耗和风能输入的参数。

由式(7-34)可以得到高阶抛物型近似方程：

$$(kCC_{g})\phi_{x}+\left[\frac{1}{2}(kCC_{g})_{x}-ik^{2}CC_{g}+\frac{i}{2}\omega^{2}k^{2}D|A|^{2}+\frac{\omega}{2}F\right]\phi-(P_{1}B+iP_{2})M'\phi+\frac{P_{1}}{k}(M'\phi)_{x}=0 \tag{7-36}$$

其中 $P_1=0.25$，$P_2=0.75$，$B=\dfrac{k_x}{k^2}+\dfrac{(kCC_g)_x}{2k^2CC_g}$，$M'\phi=(CC_g\phi_y)_y$

令

$$P=CC_{g} \tag{7-37}$$

$$R=-\beta kCC_{g}-(P_{1}B+iP_{2})(CC_{g})_{y}\alpha+\frac{P_{1}}{k}[(CC_{g})_{yx}\alpha+(CC_{g})_{y}\alpha_{x}] \tag{7-38}$$

$$S=\frac{1}{2}(kCC_{g})_{x}-ik^{2}CC_{g}+\frac{i}{2}\omega^{2}k^{2}D|A|^{2}+\frac{\omega}{2}F \tag{7-39}$$

$$T=-(P_{1}B+iP_{2})CC_{g}\alpha^{2}-\beta\alpha(CC_{g})_{y}+(CC_{g}\alpha^{2})_{x} \tag{7-40}$$

则(7-36)可简写为

$$kP\phi_{u}+R\phi_{v}+S\phi+T\phi_{vv}+\frac{P_{1}}{k}(CC_{g})_{y}\alpha\phi_{uv}+\frac{P_{1}}{k}(CC_{g})\alpha^{2}(\phi_{uvv}-\beta\phi_{vvv})=0 \tag{7-41}$$

边界条件

$$\frac{\partial \phi}{\partial n} + ikA\phi = 0, A = \cos\alpha \frac{R - 1}{R + 1} \tag{7-42}$$

3）泥沙输运模块

国内外学者对泥沙在波流作用下运动规律的研究起步较晚。对于波流作用下的泥沙起动，主要采用水流和波浪底部最大速度叠加的假设，来确定作用在床面泥沙的动力条件，窦国仁等(1995)采用水槽试验与理论分析相结合的方法，通过泥沙受力分析，再由试验资料确定有关参数，提出波流作用下泥沙起动条件。对于波流作用下的泥沙输移，主要研究方法可分为四类：第一类为经验分析法，通过实测资料统计分析建立经验公式，在解决具体实际问题时，具有简便和针对性较强等优点，但经验公式受资料范围和河口海岸区域特性限制，适用范围不够广泛；第二类为因次分析法，刘家驹(1988 年)认为近岸海区水体含沙量与风吹流、波浪和潮流密切相关，同时也与泥沙沉速和水深等因素有关，通过因次分析将风吹流、波流以弗氏数的形式体现，得到含沙量计算公式；第三类为能量平衡法，窦国仁(1995 年)将潮流和波浪作用于悬浮泥沙的能量相加，从而导出潮流和波浪共同作用下的挟沙能力公式；第四类为明渠水流挟沙能力公式的移植，通过借用单向水流中的研究成果，将单向水流中的输沙率公式中重要的“输沙动力因素”(如摩阻流速剪切力等)用波流作用下的相应因子取代，从而得到波流作用下的各种输沙率公式(Gotoh,1995 年)。

波—流动力作用的复杂本质和泥沙输运的参数化仍是目前数值模拟中急需解决的问题。受制于此，波流共同作用下泥沙运动模拟的研究目前尚处于探索阶段。前人相关研究主要集中在数学模型理论建立和数值方法改进等方面，其泥沙方程中的泥沙起动切应力、挟沙能力、泥沙扩散系数大多仍采用前人的相关研究成果，或遵循河流输沙的研究途径，以波流作用下的床面剪切应力替代河流泥沙输运公式中的剪切应力(Bijker,1971 年；Swart,1976 年)；或者在悬沙扩散方程中采用波流作用下的挟沙能力，从而讨论波流作用下的泥沙扩散(窦国仁等，1995 年)；或在潮流方程中引入辐射应力(严以新，1988 年)，然后结合悬沙扩散方程，讨论波流作用下的泥沙扩散(曹祖德等，1993 年)。而对于波流边界层泥沙起动机制、泥沙输移对紊动强度的响应机理以及床面附近含沙量表达式的推导等泥沙运动基本理论研究仍亟待加强，这些泥沙基本理论研究是决定泥沙数学模型成败的关键。

波流共同作用下的悬沙及底沙运动方程与纯水流作用下的运动方程在形式上是一致的。

(1)悬沙不平衡输移

非均匀悬沙按其粒径大小可分成 n_0 组，且 S_L 表示第 L 组粒径含沙量，用 P_{SL} 表示此粒径悬移质含沙量所占的比值，则

$$S_L = P_{SL}S, \qquad S = \sum_{L=1}^{n_0} S_L \tag{7-43}$$

针对非均匀悬沙中第 L 组粒径的含沙量，二维悬沙不平衡输沙基本方程为

$$\frac{\partial hS_L}{\partial t} + \frac{1}{C_\xi C_\eta}\left[\frac{\partial}{\partial \xi}(C_\eta huS_L) + \frac{\partial}{\partial \eta}(C_\xi hvS_L)\right] = \frac{1}{C_\xi C_\eta}\left[\frac{\partial}{\partial \xi}\left(\frac{\varepsilon_\xi}{\sigma_s}\frac{C_\eta}{C_\xi}\frac{\partial hS_L}{\partial \xi}\right) + \frac{\partial}{\partial \eta}\left(\frac{\varepsilon_\eta}{\sigma_s}\frac{C_\xi}{C_\eta}\frac{\partial hS_L}{\partial \eta}\right)\right] + \alpha_L\omega_L(S_L^* - S_L) \tag{7-44}$$

式中：S_L^*——第 L 组泥沙的挟沙能力，$S_L^* = P_{SL}^* S^*(\omega)$；

P_{SL}^*——第 L 组泥沙的挟沙能力级配；

$S^*(\omega)$——总的挟沙能力；

ω_L——第 L 组泥沙的沉速；

α_L——第 L 组泥沙的含沙量恢复饱和系数。

河口泥沙沉速受含氯度影响，含沙量验证计算表明，用式(7-45)计算沉速，当 ω_L 小于0.015cm/s时，ω_L 应取絮凝后沉速0.015cm/s，当 ω_L 超过0.015cm/s时，则采用式(7-45)计算值。

$$\omega_L = \sqrt{\left(13.95\frac{v}{D_L}\right)^2 + 1.09\frac{\rho_s - \rho}{\rho}gD_L} - 13.95\frac{v}{D_L} \tag{7-45}$$

(2)底沙不平衡输移

非均匀底沙按其粒径大小可分成 n_b 组，底沙不平衡输移基本方程为(窦国仁，2001年)：

$$\frac{\partial hS_{bL}}{\partial t} + \frac{1}{C_\xi C_\eta}\left[\frac{\partial}{\partial \xi}(C_\eta huS_{bL}) + \frac{\partial}{\partial \eta}(C_\xi hvS_{bL})\right] = \frac{1}{C_\xi C_\eta}\left[\frac{\partial}{\partial \xi}\left(\frac{\varepsilon_\xi}{\sigma_b}\frac{C_\eta}{C_\xi}\frac{\partial hS_{bL}}{\partial \xi}\right) + \frac{\partial}{\partial \eta}\left(\frac{\varepsilon_\eta}{\sigma_b}\frac{C_\xi}{C_\eta}\frac{\partial hS_{bL}}{\partial \eta}\right)\right] + \alpha_L\omega_L(S_{bL}^* - S_{bL}) \tag{7-46}$$

式中：S_{bL}^*——第 L 组底沙的挟沙能力，$S_{bL}^* = g_{bL}^*/(\sqrt{u^2+v^2}h)$；

g_{bL}^*——单宽底沙输沙率；

S_{bL}——床面推移层的含沙浓度，$S_{bL} = g_{bL}/(\sqrt{u^2+v^2}h)$；

α_L——第 L 组底沙的恢复饱和系数；

ω_L——底沙的沉速；

$\sigma_b = 1$。

(3)床沙级配调整

床沙级配方程为

$$\gamma_s\frac{\partial E_m P_{mL}}{\partial t} + \alpha_L\omega_L(S_L - S_L^*) + \alpha_{bL}\omega_{bL}(S_{bL} - S_{bL}^*) + [\varepsilon_1 P_{mL} + (1-\varepsilon_1)P_{mL0}]\gamma_s\left(\frac{\partial Z_L}{\partial t} - \frac{\partial E_m}{\partial t}\right) = 0 \tag{7-47}$$

式(7-47)是将CARICHAR混合层一维模型(Rahuel 等，1989 年；Holly 等，1990 年)[32,33]扩广到二维模型的，E_m 表示混合层厚度；式(7-30)中左端第四项的物理意义为混合层下界面在冲刷过程中将不断下切底床以求得底床对混合层的补给，进而保证混合层内有足够的颗粒被冲刷而不至于亏损。当混合层在冲刷过程中波及原始底床时，$\varepsilon_1 = 0$，否则 $\varepsilon_1 = 1$。P_{mL0} 表示原始床沙级配，P_{mL} 表示床沙级配。

(4)底床变形

$$\gamma_s\frac{\partial Z_L}{\partial t} = \alpha_L\omega_L(S_L - S_L^*) + \alpha_{bL}\omega_{bL}(S_{bL} - S_{bL}^*) \tag{7-48}$$

底床总冲淤厚度：$Z=\sum_{L=1}^{n}Z_{L}$。

4）基于多过程耦合的地形更新模块

根据De Vriend(1991)的尺度理论，河口海岸动力地貌过程随着不同的时间和空间尺度而变化。如紊流发生在秒的时间尺度上，而潮流运动发生在小时的时间尺度上；沙波（空间尺度10m）的形成和破坏是在潮周期的时间尺度上，而滩槽变化（空间尺度10m～10km）则在月和年的时间尺度上。可见，动力地貌演变数学模型需要涉及较宽范围的时间和空间尺度。因此如何实现较短时间尺度的水沙输运过程和较长时间尺度的地貌变化之间的耦合，就成为地貌演变模拟过程中的一个关键问题。作为集成模型中的重要组成部分，地形更新模块在两者的耦合中起了重要作用。

本书将动力地貌演变过程模拟分解为落潮、涨潮、憩流、大潮、小潮、风暴潮、各向风浪等多个代表不同条件的平行过程，根据所有过程在多因子耦合中所起的贡献率得到加权平均底床变化，然后通过地形更新继续进行计算模拟（图7-8）的方法有效克服了这一技术难题。采用该种计算流程设计的模型，不仅可以同时考虑潮流、波浪、风暴潮等多个因子作用下的动力沉积过程，通过平行计算节约大量计算时间，而且实现了水沙输移与底床变化在同一时间尺度下的耦合，因此更容易包括水流、泥沙和地形之间的各种相互作用，模拟结果与传统方法相比也具有更高的准确性。

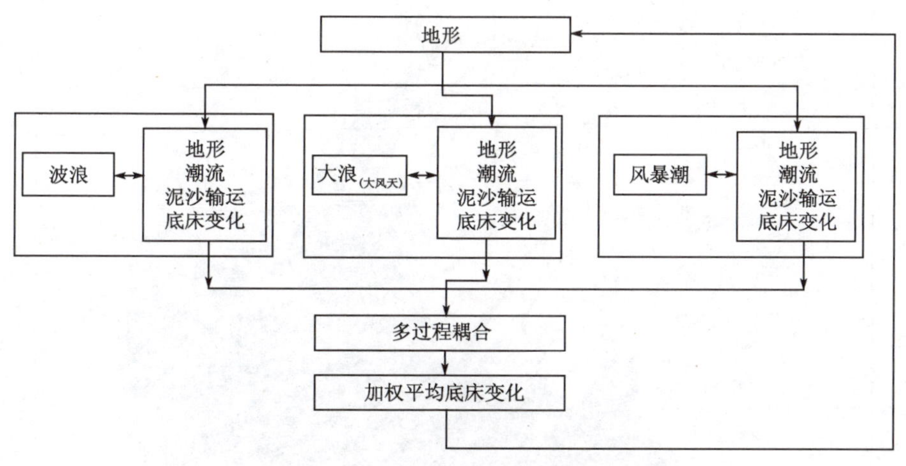

图7-8 多因子复合动力地貌演变模拟流程图

7.4 数学模型模拟示例

7.4.1 珠江三角洲大范围水动力网河数学模型

为了较好地模拟珠江网河区的潮汐和潮流运动变化，本研究采用网河区一维河网模型和河口二维潮流模型耦合的水动力模型。一维河网模型上游边界，西江至梧州，北江至石角，东江至博罗，珠江上游至博罗，潭江至石咀；下游边界至虎门水道大虎潮位站、蕉门水道南沙潮位站、洪奇门水道冯马庙潮位站、横门水道横门潮位站、磨刀门水道灯笼山潮位站、鸡啼门水道黄金潮位站、虎跳门水道西炮台潮位站、银洲湖水道黄冲潮位站，共有 2 075 个计算断面、1 734 个计算河段、213 个计算叉点，河段总长超过 1 966.6 km。在河口海湾的平面二维潮流计算中，针对计算域内岛屿较多、岸线曲折边界复杂的特点，采用的网格为三角形非结构网格。一维网河模型在虎门水道大虎、蕉门水道南沙、洪奇门水道冯马庙、横门水道横门、磨刀门水道灯笼山、鸡啼门水道黄金、虎跳门水道西炮台、银洲湖水道黄冲与二维模型连接，见图 7-9。

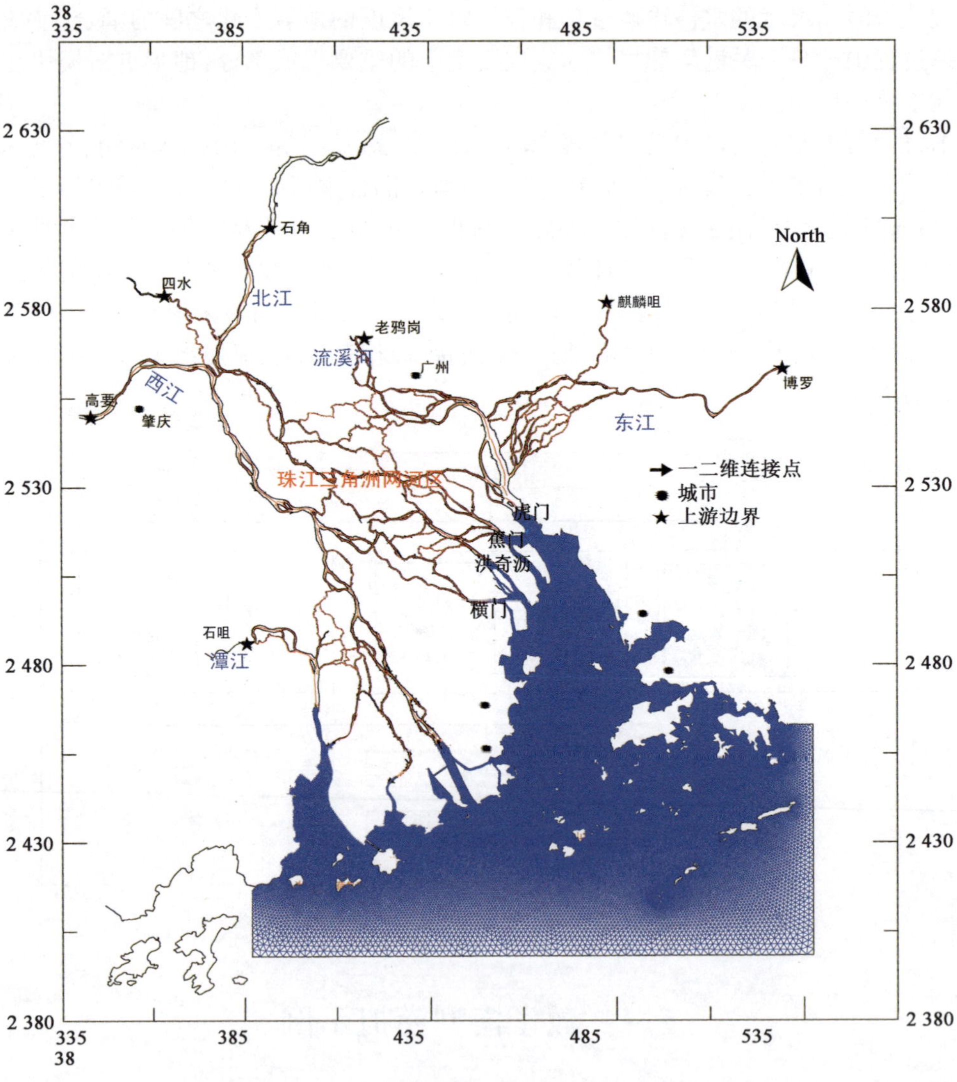

图 7-9　一、二维耦合计算范围及计算网格

模型验证分别采用一维、二维模型分别验证和一维二维模型耦合验证的方式。一维河网模型采用 1999 年 7 月洪季水情和 2001 年 2 月枯季水情进行验证；二维潮流模型采用 2007 年 8 月 13 日～14 日实测的伶仃洋海域现场勘测的夏季大潮过程的水文资料进行了验证计算，验证资料包括 13 站潮位和 11 条垂线测流数据；一、二维耦合模型采用 2001 年 2 月枯季水情进

行验证;验证结果满足规范要求。

模型通过不同年代地形边界计算表明,受河床下切、河槽容积增大的影响,珠江三角洲网河区潮位下降明显,同时珠江三角洲网河区潮汐通道更加顺畅,潮流动力增强,潮差变大,潮区界和潮流界上移。

7.4.2　虎跳门航道整治工程二维潮流泥沙数学模型研究

西江干流至百顷头又分为两汊,左汊为磨刀门水道,右汊即为虎跳门水道,虎跳门水道再经崖门出海航道(黄茅海)注入南海(图7-10)。虎跳门水道受径流与潮汐动力的共同作用,枯季主要是潮汐动力,洪季主要是径流动力。

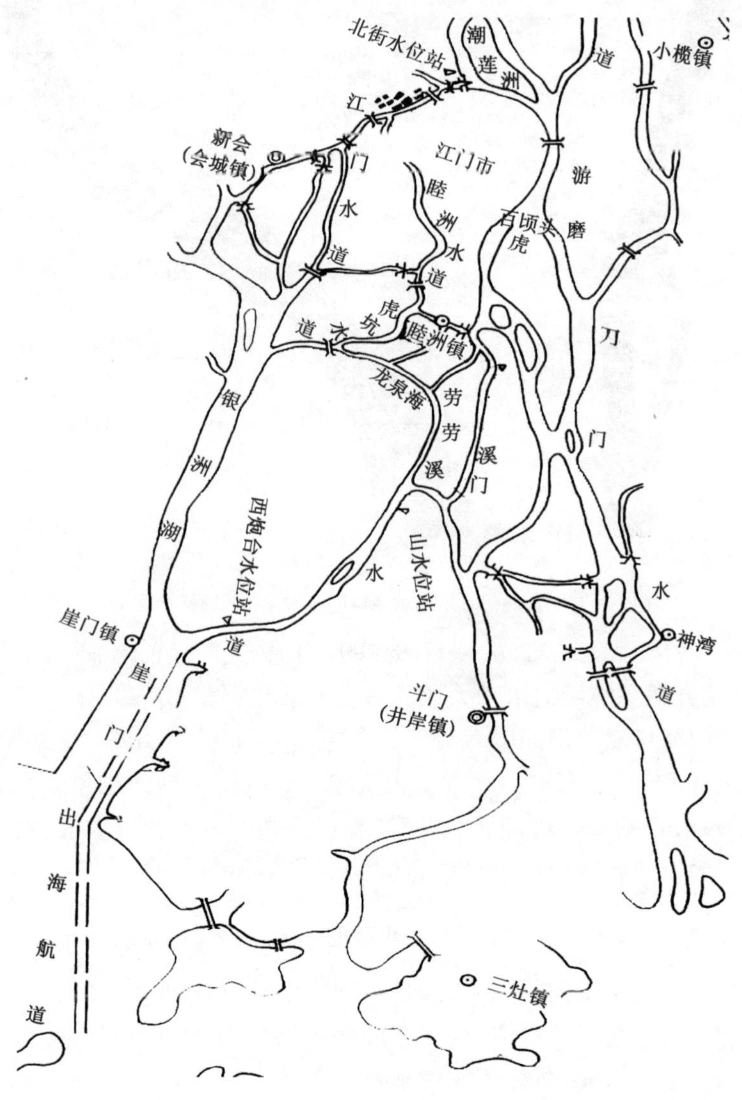

图7-10　虎跳门水道位置示意图

针对西江下游河网地区各水道水流泥沙相互联系、相互制约与相互影响的特点，建立了虎跳门水道的二维水沙数学模型，计算区域的上边界定在横山水文站上游约500m，下边界定在虎跳门口。计算河段长18.8km，在计算区域内布置303×61个网格节点，沿潮流方向布置303个网格，与潮流方向基本垂直的方向布置61个网格点。经正交计算，形成如图7-11所示的正交曲线网格。

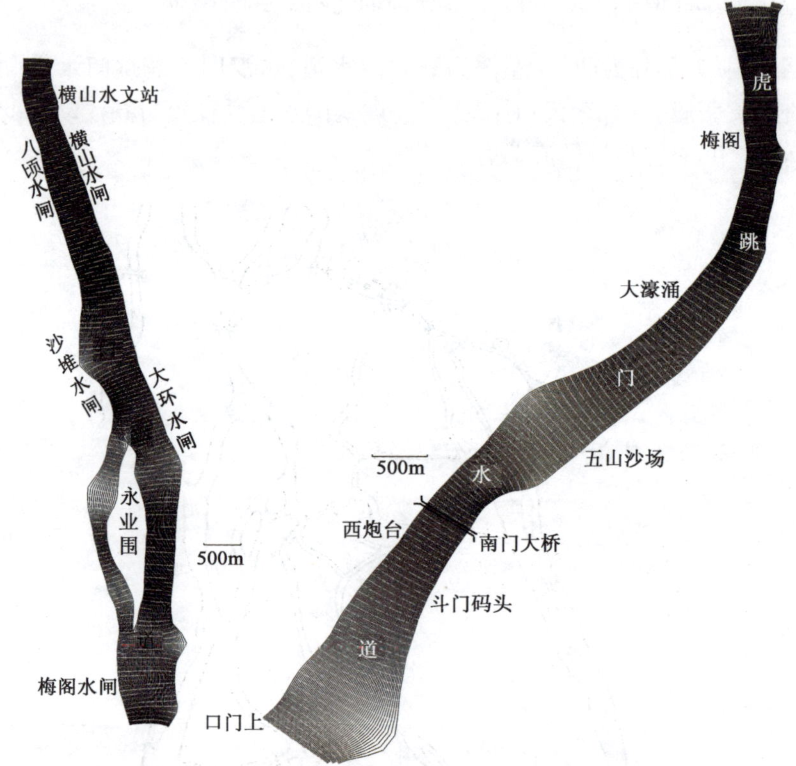

图7-11 虎跳门水道横山至口门河段计算域网格示意图

在对1996年、1997年水沙资料的验证及1997年整治工程前后河床变形的验证的基础上，计算了不同开挖方案实施后的水动力条件变化和航道回淤量。

虎跳门水道南门涌口～口门河段疏浚工程实施后的2004年，6m等深线全线贯通，航宽满足100m要求，达到了整治预期目标；其中工程实施一年后航槽内回淤量约8.2万m^3，与2001年模型预测值9.6万m^3基本一致，说明本模型有比较高的精度和可靠性，有关测算理论和技术为航道整治工程的设计和建设提供了重要依据与支撑。

7.4.3 劳龙虎航道整治工程二维潮流泥沙数学模型研究

西江出海航道经银洲湖走向的航线，即从百顷头沿荷麻溪而下，到狗尾转入劳劳溪水道，过东成村后经由龙泉海通往虎坑水道，再入银洲湖至崖门口。中段即由劳劳溪北段、龙泉海、虎坑水道尾段三部分连接组成，简称劳龙虎水道。

建立的二维水沙数学模型所模拟的水道包括：睦洲水道、荷麻溪水道、赤粉水道、横坑水道、虎跳门水道（横山～虎跳门出口）、劳劳溪水道、龙泉海水道、八宝水道、虎坑水道及银洲湖水道。

整个计算域分成三大部分，第一部分计算域包括荷麻溪水道、横坑水道、赤粉水道、劳劳溪水道、龙泉海水道及虎坑水道，在计算域内布置了 130×94 个网格点，经正交曲线网格计算，形成如图 7-12 所示的河网区域正交曲线网格。

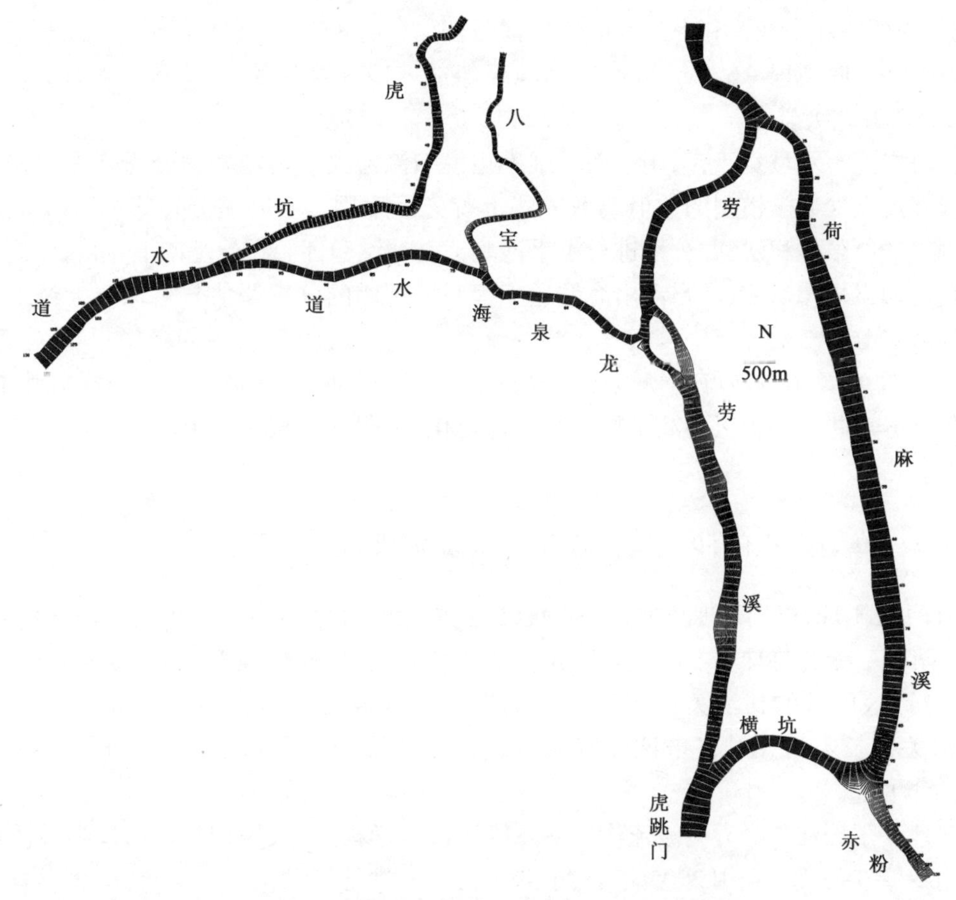

图 7-12　荷麻溪—横坑—劳龙虎水道计算域网格图

第二部分计算域为虎坑至银洲湖，在计算域内布置了 140×70 个网格点。第三部分计算域为虎跳门水道横山～口门河段，在计算域内布置了 303×61 个网格点。

通过劳龙虎航道的 2001 年枯、洪季水沙同步资料的验证，虎跳门水道 1996 年、1997 年水沙资料的验证及虎跳门水道整治工程前后河床变形的验证，计算了虎跳门水道浚深至设计水位下 6m、劳龙虎航道不同裁弯、不同浚深方案后各水道分流比的变化及年回淤量。

模型计算结果表明，虎跳门水道浚深后，引起劳龙虎水道分流比减少，从而使该水道每年有 6.1 万 m^3 的泥沙淤积，年回淤厚度为 0.06～0.07m；若劳龙虎航道裁弯半径为 530m 方案，疏浚至设计水位下 3.2m 时本身每年多淤 2.4 万 m^3，疏浚至设计水位下 4.0m 时每年多淤 3.8 万 m^3；若劳龙虎航道裁弯半径为 330m 方案，疏浚至设计水位下 3.2m 时每年本身多淤 2.9 万 m^3，疏浚至设计水位下 4.0m 时每年多淤 4.4 万 m^3。由此可见，疏浚工程实施后，劳龙虎水道内的泥沙回淤量较少，这部分淤积尚不至于很快影响航道的正常通航。

7.4.4 广州港出海航道工程二维潮流泥沙数学模型

广州港出海航道自伶仃洋湾口附近的桂山锚地，经榕树头水道、伶仃航道、川鼻航道、大虎航道、坭洲头航道和莲花山东航道至黄埔新港，全长约115km（图7-13）。航线主要有两个浅段，即虎门内的莲花山浅段和虎门外的伶仃洋浅段。伶仃航道自1959年开通后，航道维护尺度为底宽150m，底高程-6.9m，可通航万吨级船舶。1979年拓宽浚深至底宽160m，底高程-8.6m，为2万吨级航道。

河口海岸通常水域宽浅，采用平面二维模型模拟潮流泥沙运动较为合适。在广州港出海航道工程潮流泥沙数学模型的数值离散方法上曾先后采用了有限差分格式的ADI法和基于无结构网格的有限体积法，并分别进行了水沙验证与冲淤验证。在此基础上，进行了广州港深水出海航道回淤规律研究、广州港出海航道工程回淤预测的分析评估与港珠澳大桥工程对航道的水沙影响分析。

计算表明，模型能够较好地模拟伶仃洋的潮流泥沙运动，计算结果与实测资料基本吻合，模拟结果充分反映了工程区的冲淤特征和数量变化，表明该模型对航道泥沙问题具有较好的预测精度。

7.4.5 磨刀门拦门沙航道治理工程波流泥沙数学模型研究

磨刀门处于珠江三角洲网河区，是西江的主要出海口门，口门两岸地处珠海经济特区，临近澳门，是当前珠江三角洲西部地区和西江中上游与澳门之间的主要通道之一（图7-14）。该区域的整治关键在于正确的航道选线及拦门沙浅滩治理原则和方法。磨刀门整治关键技术研究对将来该区域航道的建设及维护以及对澳门、珠海等地的航运发展有着重要的意义。

本文建立了珠江口磨刀门波流作用下二维泥沙数学模型，大风期航槽中粉砂及浮泥回淤强度采用罗肇森公式。利用2005年大、小潮水文测验进行了潮位、流速、流向、含沙量过程的验证，计算值与实测值吻合良好，尤其是模拟了口外旋转流特征。利用局部疏浚工程回淤资料，验证了波流作用下泥沙在挖槽内淤积过程，计算的泥沙淤积沿挖槽轴线分布与实测值比较接近。说明模型的边界处理、参数选取是正确的，可用于该河口治理工程引起水动力、航槽回淤预测及航线比选。

比选了磨刀门——十字门水道出海及磨刀门正干出海两条航线，磨刀门正干航线中又包括拦门沙东西两汊的选择。

结果表明，从水动力、泥沙的角度出发，推荐选用磨刀门正干出海航线。此外由潮流波浪泥沙的二维数学模型计算和大风期航道骤淤估算可见，在磨刀门口外东西汊航道都可以，相对说来，选西线航道更优。若考虑到东侧航线与已装设的天然气管道占用线路及防沙导流需要，则开发西侧航道较好。无论是东线航道还是西线航道，磨刀门地区波浪较大，粉砂活动活跃，航道整治时应考虑建造防沙导流堤。

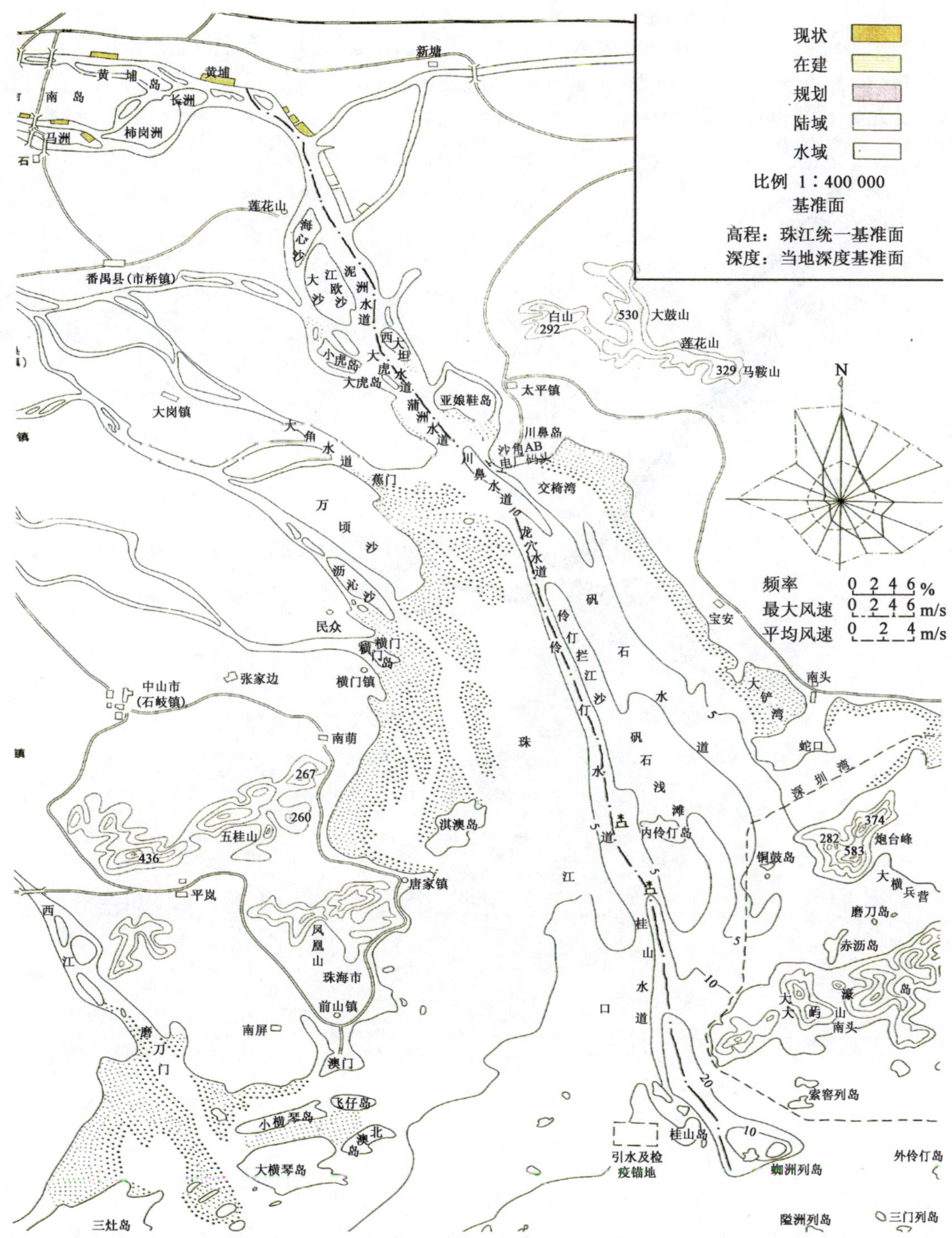

图 7-13　广州港出海航道示意图

7.4.6 崖门出海航道工程二维波流泥沙数学模型

崖门出海航道工程位于珠江八大入海口之一的崖门水道和黄茅海水域，是银洲湖出海的主要通道（位置见图7-15）。崖门航道通航标准从最初的3 000t发展到如今的5 000t，3万吨级航道正处在规划和设计之中。

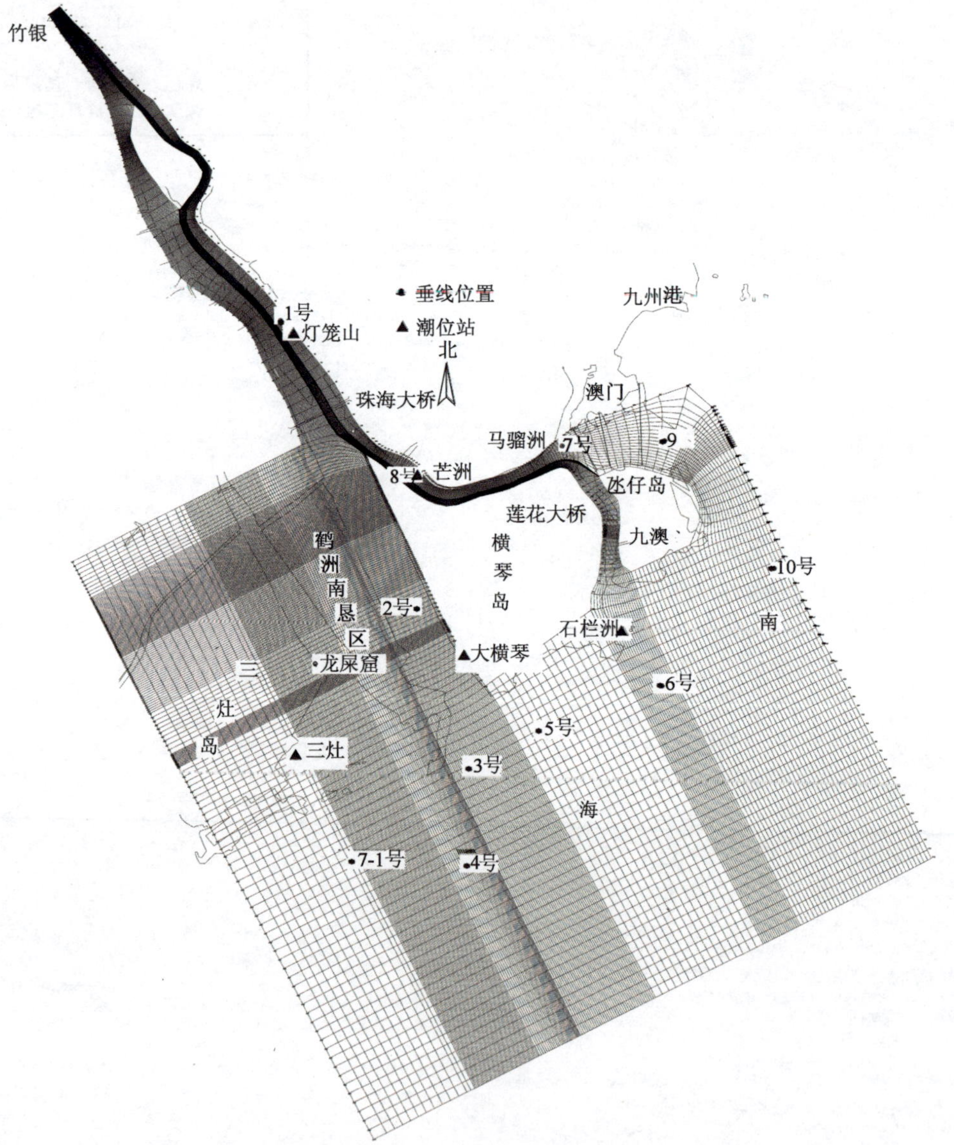

图7-14 计算网格及水文测验潮位站、垂线位置示意图

建立了平面二维波流泥沙数学模型。考虑到崖门出海航道处在风浪较大的黄茅海水域，数学模型考虑了波浪作用对潮流泥沙运动的影响，波流泥沙运动的控制方程则通过叠加波浪辐射应力项来实现。数值离散方法采用了有限体积法离散控制方程。

本模型对枯季大潮(2010 年 1 月 1 日 ~2 日)和洪季大潮(2010 年 6 月 27 日 ~28 日)的实测水沙资料进行了验证,并进行了航道回淤验证。通过模型评估了崖门 5 000 吨级出海航道整治效果与崖门 3 万吨级航道在黄茅海拦门沙段往南的航线比选。

计算结果表明,对于 5 000 吨级出海航道,方案一与现状相比,回淤量的增加主要因西航道疏浚后的泥沙淤强要比相同通航标准下的东航道大所致;方案三回淤量比方案二大的主要原因仍在于东、西两航道在疏浚标准相同的情况下西航道的淤强比东航道要大近 0.20m/a。波潮共同作用下东航道淤强增加比较明显,而北段航道的泥沙回淤受波浪的影响较小。对于 3 万吨级航道,在相同开挖水深条件下,各段航道回淤依然保持水深 12.7m时的特点,且无论航槽疏浚到哪个水深,在单纯潮流水情下,西航道方案的泥沙回淤量都要比东航道方案少一些。

图 7-15　崖门航道形势图

第8章 珠江三角洲高等级航道网管理技术

珠江三角洲高等级航道网基本建成后，航道网在航道尺度参数、水文特征和维护要求等方面有许多新特征，航道维护方法和技术需要创新。根据珠江三角洲高等级航道网的特征，提出珠江三角洲数字航道的总体框架，开发了珠江三角洲航道网维护系统，实现了对珠江三角洲航道网信息的查询、空间分析及管理，能够在GIS平台上，通过改变网格节点属性值模拟挖槽、桥梁、丁坝、护岸、河堤改线等多种涉水工程及航道整治措施，并利用河流数值模拟及GIS空间叠置分析方法，分析航道工程对河道水流的影响，为航道的维护和管理现代化提供支撑。系统的应用有利于提高珠江三角洲航道网现代化管理水平和航道维护效率。

8.1 珠江三角洲高等级航道网特征和维护管理要求

8.1.1 珠江三角洲高等级航道网特征

经过十多年的建设，珠江三角洲高等级航道网基本形成，主要由西江干线和珠江三角洲“三纵三横三线”组成，“三纵”是西江下游出海航道、白坭水道—陈村水道—洪奇沥水道、广州港出海航道；“三横”是东平水道、潭江—劳龙虎水道—莲沙容水道—东江北干流、小榄水道—横门出海航道；“三线”是崖门水道—崖门出海航道、虎跳门水道、顺德水道。高等级航道网在航道尺度参数、水文特征和维护要求等方面有许多新特征。

(1)航道尺度大幅提高，特别是航道水深增大，其中，港澳线航道水深达4.0m，西江等出海航道达6.0m，广州港出海航道达12.5m以上，因此，原部分采用枯水探查水深的方法已不适用。需采用全自动测深仪才能了解航道水深情况。

(2)航道的河性发生较大变化，主要航道由淤积为主转变为以冲刷为主或冲刷平衡，珠江三角洲航道网的中上部航道基本处于略为冲刷状态，局部回淤也不影响水深，河岸及沙洲岸坡冲刷较明显，岸坡保护和维护成为主要维护内容。河口区的航道回淤仍较明显，是高等级航道网维护的主要内容。

(3)航道深水化、船舶大型化和航行船舶密度提高，航道管理成为主要内容，随着信息化的发展，航道管理现代化成为新的发展趋势。

8.1.2 航道维护管理的内容及要求

1992年，交通部在广州召开了全国内河航道养护管理工作会议，确立了“深化改革、依法治航、加强养护、征好规费、科学管理、保障畅通”的航道养护管理工作指导方针。遵循这一方针，航道部门的管理职责是：一方面加强对航道的维护监测，妥善处理由于泥沙淤积或航道变迁对航运的影响;另一方面是加强对航道的营运管理,健全法律法规,防止对航道的人为破坏。

航道维护的主要目标是:建立高效、协调的航道管理体制,进行航道养护机制改革;通过加强航道养护与管理,巩固航道建设成果,保障航道畅通,充分发挥高等级航道网的作用;基本健全航道法规体系,加强航道管理与保护工作;运用现代化、科学化方法提高航道养护技术水平;推进行业文明建设,提高航道维护管理队伍素质。

航道维护应根据航道条件和航道维护类别进行下列工作:

(1)制订年度维护计划,航道维护应根据运输发展要求、航道的通航条件和维护能力,制订年度维护计划。跨省河流的航道,应相互协调,制订标准统一的年度维护计划。

(2)进行航道维护观测,是航道工作的基础。必须加强勘测队伍的建设,搞好航道图的测绘和基本资料的收集积累。主要包括航道维护水文测验、航道整治建筑物观测、浅滩航道维护测量及长河段航道图测绘等,航道维护观测的测量控制系统应与国家测量控制网衔接,成果资料应及时进行分析整理并归档保存。

(3)航标维护,包括航标的设置、调整、检查、保养和维修等,航标配布以适应航运发展需要、江海衔接为原则。海区航标要加强目视航标链的建设,积极发展多种手段的完整的无线电航标体系。海区水上航标实施国际海上浮标系统标准,内河航标按国家标准分等级配布。标志以侧面系统的目视航标为主,宽阔河段可以适当采用雷达反射器或雷达信标。各种航标器材和配套设备应做到标准化、系列化、通用化。同时积极开展航标新技术、新材料、新设备的研究与应用,并适当引进国外先进技术,不断提高航标的技术水平。同时要加强航标的维护管理,研究计算机在管理上的应用,提高管理队伍的素质和航标质量。

(4)采取调标、改槽、疏浚和清障等维护措施,保证航道维护尺度标准,浅滩、急滩、险滩和弯曲狭窄河段的航道应重点维护。疏浚是开发和维护航道的重要手段之一。沿海和内河应根据需要配备适用的机具,使疏浚作业逐步实现机械化。在有条件的地区,还逐步实现了自动化。航道整治是改善通航条件和在一定程度提高航道尺度的经济而有效的措施。航道整治要掌握河床演变规律,重视经验总结,综观全局,远近结合,处理好上下游、左右岸的关系,尽可能与河道治理相互协调。

(5)航道整治建筑物的检查和维修,包括对整治建筑物的技术状况进行检查、对受损的建筑物进行必要的维修及对功能存在明显缺陷的建筑物进行局部改善。

(6)技术指标考核:航道维护工作应按照航道年度维护计划要求进行技术考核。

(7)航道保护:航道保护应符合国家法律和法规的有关规定。

8.2 航道管理维护信息技术

8.2.1 航道管理维护信息系统的概念及意义

珠江三角洲航道管理维护信息系统是以珠江三角洲航道为对象,基于地理坐标和地理信息系统,将珠江三角洲航道网及相关的附属设施以多维(立体的和动态的)、多尺度、多分辨率的信息进行描述。通过计算机技术、多媒体技术、遥感技术和大规模存储技术进行真实航道的虚拟化、数字化、网络化、智能化和可视化,以数字信息为核心的航道信息体系,利用数学模型对航道规划和管理的各种方案进行模拟、分析和研究,并在可视化的条件下提供决策支持,增强决策的科学性和预见性,为管理方式的变革、管理现代化、决策科学化、服务社会化提供支撑。能够有效地提高航道网的维护水平,对于高等级航道网的管理维护有积极的意义。主要体现在以下三个层面:

(1)从水路交通事业发展层面上看,是以信息化推动水路交通管理现代化的发展战略和重要举措。

(2)从水路交通综合管理服务层面上看,整合了各种水路交通信息资源,增强信息资源的综合利用能力。利用现代信息技术,提供现代化的水路交通管理手段,提高水路交通管理水平、面向社会公众的服务能力和科学决策能力。

(3)从信息技术层面上看,是水路交通信息化的重要组成部分,是水路交通信息化的必然阶段,包括标准规范、总体结构、技术体系、信息基础设施、资源共享平台、应用支撑平台、应用系统和保障环境有机组成的共享交换互联互通的信息化综合体系。

8.2.2 航道管理维护信息系统的总体框架

航道管理维护信息系统的总体框架可采用“三横一纵”的框架结构。“三横”为信息基础设施层、信息资源共享层、应用系统层。“一纵”为支撑“三横”的保障环境。

1)信息基础设施层

信息基础设施层负责提供数字航道所需的数据采集、传输和存储管理,是整个数字航道的基础。主要作用是根据水路交通业务的需求,获取数字航道所需的信息,提供可靠的数据传输网络,为各水路交通管理部门提供丰富、可靠的信息。

信息基础设施层可以由数据采集系统、数据传输网络、数据存储与管理三部分组成。数据采集系统根据水路交通管理部门的业务需求采集数据。采集包括航道、船闸、港口、船舶、航标、船员、运输业主、服务业主、造船厂、船检站、规费、建养工程、安全事故、养护力量、救援力量、执法力量等基础数据。数据采集方式包括人工输入、应用系统生成、自动监测系统采集、视频监视、数字化测量、遥测、遥感、数码成像、扫描、数据交换等多种方式。对各类数据采集设施的建设,包括监测站网布设、设备制式、信息格式等,应按统一规划、资源共享原则,编制相应的标准,避免重复建设,充分发挥信息基础设施的效能。

数据传输网络是实现数字航道数据传输的基础硬件平台,是支撑数字航道的物理设施。数据存储与管理是指数字航道所有数据的存储、管理和交换。通过对数字航道信息资源进行整合,在统一的数据标准基础上,采用面向对象数据建模技术,建立数字航道数据逻辑模型,这是实现数据存储与管理的前提和关键。数据存储与管理建设内容包括数据库建设、数据库管理系统建设、主机系统建设、数据存储与备份建设。数据存储与管理是数字航道数据高效运行的必要保证,负责数字航道数据中心软硬资源的建设和管理,确保数据和信息存储、管理和应用的同步性、一致性、完整性和及时性。

2)信息资源共享层

信息资源共享层包括各类可共享软件资源、数据交换服务等;信息资源共享层是整合数字航道各类信息资源,为信息资源提供安全、有序、可靠的统一共享平台。一方面,信息资源共享层把数字航道变成一个有机的整体;另一方面,信息资源共享层实现各水路交通管理部门和其他部门以及上下级部门之间信息资源的交换，为水路交通管理部门提供所需要的信息资源，并且支撑各水路交通管理部门不同业务应用系统的开发，从而提高信息资源的利用率，减少重复建设，降低信息化建设的成本。信息资源共享层是实现信息资源共享的核心，主要分成两个部分：应用服务平台和数据交换平台。应用服务平台主要实现软件资源的共享，为快速组建业务应用系统提供支撑，并提供业务应用系统运行所必需的环境。应用服务平台包括两个层次：系统组件层及应用组件层。数据交换平台通过制定数据交换过程中的标准化规范，实现水路交通业务部门之间公共数据的有效沟通，为应用开发和应用集成提供底层的数据服务，从而达到优化数据结构、促进信息交流，通过数据集成实现业务集成的目的。

3）应用系统层

应用系统层是在信息资源共享层的基础上建设各类水路交通应用系统，包括辅助规划/决策分析、建养工程管理、基础设施管理、航政管理/行政执法、行政审批、指挥调度、安全生产/应急救援、规费征收、政务管理、信息服务等，是在信息基础设施和信息资源共享平台的支持下，开发的各类水路交通管理系统，是数字航道面向最终用户的层面。为了保证实现各业务应用之间的资源共享，所有应用系统的实施须遵循数字航道的总体框架。数字航道应用系统主要包括：辅助规划/决策分析、建养工程管理、基础设施管理、航政管理/行政执法、行政审批、指挥调度、安全生产/应急救援、规费征收、政务管理、信息服务十大类。水路交通信息化过程中，各职能部门开发了许多应用系统，由于各应用系统建设和实施的阶段性、技术性以及其他经济和人为因素影响，导致应用系统彼此孤立，不能实现信息共享，形成信息孤岛。要使已有的应用系统自动地、平滑地、正确地过渡，必须解决好应用系统整合的问题。

4）保障环境

保障环境是数字航道得以顺利运行的保证，包括标准体系、安全体系、建设和运行管理机制等。必须完善数字航道标准体系，制定水路交通信息分类、采集、存储、处理、交换和服务等一系列标准与规范，为信息基础设施和业务应用建设的规划、设计与实施提供保障。信息安全体系由安全控制设备、安全服务措施、安全应急机制和CA认证中心组成，为水路交通行业的各类应用系统提供统一的安全防护和认证授权服务。应满足数字航道对信息的保密性、可靠性、可用性、使用性的要求。建设和运行管理机制主要包括组织体系建设、人才队伍建设和构建完善的绩效评价机制，在组织和制度方面确保数字航道建设的顺利运行。

8.2.3　航道管理维护信息系统的关键技术

建立航道管理维护信息系统的关键技术包括：基于GIS的航道规划设计、数字地面模型的构建生成及应用、数学模型技术、数学模型与GIS的集成技术及计算成果的显示技术、三维可视化的关键技术等。

1）基于GIS的航道规划设计

GIS是数字航道系统中的一项重要服务，首先它的空间数据库管理功能，能够为数字航道系统的各项业务应用提供空间数据服务；其次在空间数据管理的基础上GIS能以图形、表格、计算模型等方式为数字航道系统的各类用户提供地理信息相关的各种信息服务，如地图导航查询、地图叠加表现和空间信息分析等。数字航道系统中的GIS服务包括基础地理数据的采集检测与编辑、基础地理数据的处理与存储、空间查询与分析等。

基础地理数据采集检测与编辑的主要作用在于获取数据，保证系统数据在内容与空间上的完整性、数值逻辑一致性与正确性等。GIS 的数据存储与组织涉及空间数据和属性数据的组织。栅格模型、矢量模型或栅格/矢量混合模型是常用的空间数据组织方法。空间数据结构的选择在一定程度上决定了系统所能执行的数据与分析的功能。空间查询是地理信息系统以及许多其他自动化地理数据处理系统应具备的最基本的分析功能。空间分析是地理信息系统的核心功能，也是地理信息系统与其他计算机系统的根本区别，可分为三个不同的层次：

（1）空间检索，包括从空间位置检索空间物体及其属性和从属性条件检索空间物体。

（2）空间拓扑叠加分析，实现了输入要素属性的合并以及要素属性在空间上的连接。

（3）空间模型分析，可分三类：第一类是地理信息系统外部的空间模型分析，将地理信息系统当作一个通用的空间数据库，而空间模型分析功能则借助于其他软件；第二类是地理信息系统内部的空间模型分析，试图利用地理信息系统软件来提供空间分析模块以及发展适用于问题解决模型的宏语言；第三类是混合型的空间模型分析，其宗旨在于尽可能地利用地理信息系统所提供的功能，同时也充分发挥地理信息系统使用者的能动性。

2）数字地面模型的构建生成及应用

在航道工程的规划、设计、管理工作中，“数字地图”是不可或缺的重要组成部分。将测图上的信息如地形、水深、河床泥沙冲刷和淤积等以数字形式表达、存储在计算机中，从而可方便地进行显示、空间分析和计算。数字地面模型就是一种常用的方法，数字地面模型（Digital Terrain Model，简称 DTM）是描述地面诸特性空间分布的有序数值列阵，在最通常的情况下，所记的地面特性是高程 Z，它们的空间分布由 X、Y 水平坐标系统来描述。分为规则格网数字地面模型、不规则三角格网及等值线数字地面模型几种形式。

在航道整治工程中，数字地面模型除了空间查询等地学方面的应用外，利用 GIS 软件工具的强大功能，加之数学模型计算是建立在矩形网格（逐步可扩展为任意曲线自适应网格）上的，可以对数字地面模型进行取值并计算，更方便地应用 GIS 系统进行专业领域的分析、查询及显示。具体可应用于如下七个方面：

①离散点到网格，从网格节点上提取属性数据。

②生成冲淤、高程、水深等各类等值线和 GRID。

③河床演变冲淤套绘分析。

④生成流矢量场叠和动态显示。

⑤计算并显示河流动力轴线。

⑥三维航道场景的模拟与交互。

⑦各类数据及地图的输出。

3）河道水流数学模型

一维河网水流数学模型在理论和实践上都比较成熟，国内外使用已很普遍，主要用于研究河网地区的水流规律。二维数学模型是从研究河口、海岸水流运动开始的，克服了一维数学模型不能计算河流细部变化的缺点而得到迅速发展，目前在工程中得到了较为广泛的应用，正逐步走向成熟。本节不再详述。

4）数学模型成果的可视化

在地理信息系统中，数学模型计算结果的可视化变得相对比较容易。现代地理信息系统的技术使人们可以任意叠加各种矢量、栅格格式的空间数据，并进行地理坐标匹配，进一步加以分析，这为异构空间数据的分析提供了便利，也为数学模型成果的可视化提供了有力的工具。例如：水流的流速场是河流数学模型计算的重要结果，通常需要很好地展示，由于流场是基于某一水位流量条件下的速度场，因而在流场显示的同时必须同步显示相关的水深、地形以及相应的工程方案等信息，所以流场的可视化是基于地形图的基础演变而来的。

由于显示的区域及区域的显示比例可以任意放缩，而计算网格点却是固定不变的，为满足不同显示要求，流速的插值算法实现了显示区域内所有像素点的完全内插，即该区域内各个像素点的流速值均已获取。各时刻各像素点的流速值完全获取后，进行流速矢量场的绘制。各质点流速矢量以箭头表示，箭头的方向表示速度的方向，箭头的长度表示流速的大小。完成质点流速矢量的绘制，即实现了一幅初始时刻的流场图。

5）三维可视化的关键技术

在地形的三维可视化中，纹理映射技术有着广泛的应用，例如可以在已有地形表面上叠加图像纹理，这是提高地形真实性的有效方法。图像融合技术也可以用于地形纹理粘贴中。一般的图像融合采用的是基于像素的融合。基于像素的融合以每个像素为运算基底，采用某种特定的加权和替代算法将多个图像融合在一起。利用纹理映射技术与图像融合技术，可以实现地形纹理的多分辨率渐变来模拟地形表面随时间变化的效果。

目前三维地形的实时动态显示的技术可以分为两大类：基于图象的绘制技术和基于三维模型几何简化的绘制技术。基于图象的绘制技术的实现方法源于在图形学中广泛使用的纹理映射。它将纹理图象映射到景物简单几何表面，以近似描述表面的纹理细节。当地形的三维模型的复杂程度远远超过了当前计算机实时的图形处理能力时，需要降低这些模型的复杂度，以减少系统需处理的多边形数目，实现实时交互。利用细节层次是一种非常有效的控制场景复杂度的方法。

8.3 珠江三角洲航道管理维护信息系统功能

8.3.1 系统概述

系统目标：根据珠江三角洲航道网相关水文泥沙及地形信息管理、河道冲淤演变及航道整治维护等方面的业务需求，考虑珠江三角洲航道网相关水文泥沙及地形信息管理、河道冲淤演变及航道整治维护等方面的实际需要，结合 GIS 技术、河流数值模拟技术、数学模型结果可视化技术及虚拟现实技术等，构建珠江三角洲数字航道网维护系统框架。系统可分为数据库系统和应用系统两部分。数据库系统包括基础信息数据库、GIS 基础数据源和模型数据源，应用系统包括 GIS 平台、分析与管理、河流数值模拟、航道维护决策支持等子系统。其中 GIS 平台子系统包括 GIS 操作、系统管理、测图管理等功能；分析与管理子系统包括水文资料分析、河床演变分析、航道管理等功能；河流数值模拟子系统包括一维河网数学模型、平面二维水流数学模型等；模型与 GIS 集成子系统包括模型边界条件处理、断面及网格剖分、模型结果显示等功能。

系统采用数据层、中间层、功能层三层架构模式进行耦合（图 8-1）。数据层维护水文泥沙数据、地形资料数据、航道管理规范、航道维护报表及相关资料，功能层包括各种功能模块，中间层为航道信息维护平台及河流数值模拟及航道维护决策支持，这是系统的核心。各子系统所需要的数据及地图都来自航道数据库。

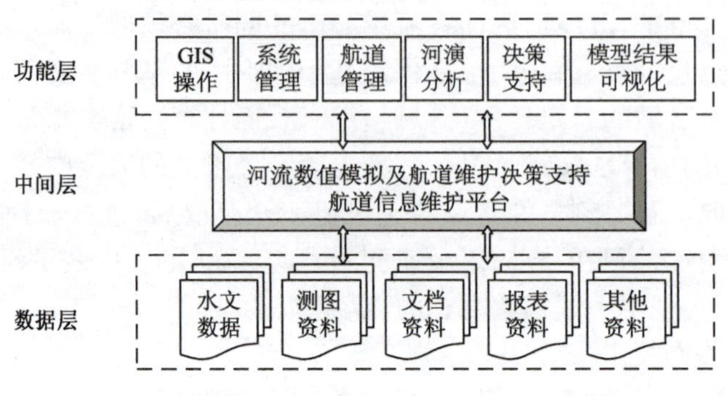

图 8-1　系统三层结构模式

8.3.2　系统功能

系统主要功能包括 GIS 操作、系统管理、河床演变分析、航道管理、河流数值模拟及航道维护决策支持等。

1) GIS 操作

GIS 操作是航道维护系统的基础功能，首先是空间数据库的管理功能，实现应用系统与空间数据的配置及连接，维护空间数据库的安全性、稳定性等；其次是以图形、表格、计算模型等方式提供地理信息相关的信息服务，开发专门的模块，实现不同图层的配置、地图导航，借助专门的系统工具，对地图对象进行浏览、查询、编辑等。图 8-2 为洪奇沥河段测图。通过对航道网中相关河段历年的航道地形图进行数字化，实现测图的浏览、查询、编辑等。

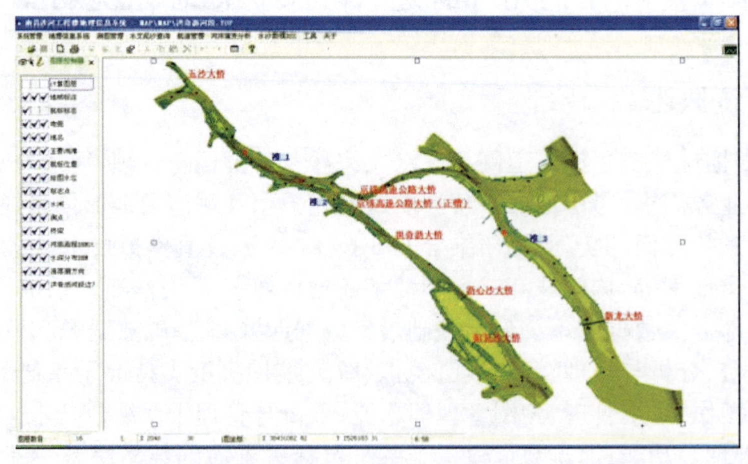

图 8-2　洪奇沥河段测图

2) 系统管理

系统管理实现对系统的初始化配置，保障系统的稳定性和安全性，具体包括用户管理、日志管理、数据库管理等。利用用户管理可以设置用户名称及密码，并为用户指定特定的身份，如管理员、高级用户及一般用户，不同级别的用户有不同的权限。利用日志管理记录用户的操作，当用户登录系统后，系统自动记录用户的操作并保存相应信息，管理员可以随时查询各用户的操作记录。利用数据库管理设置ODBC（开放式数据库连接）数据源，实现数据备份及数据恢复等。数据库备份是系统的重要功能，系统管理员可以根据需要对数据库进行定时或不定时的备份。

3）河床演变分析

河床演变分析是从时间尺度分析河床在一个较长时期内的变化情况，再根据现在的河床边界条件，对未来河床演变趋势做出判断。河床演变分析的基本原则是以河床演变的基本理论为指导，以主要影响因素为主线，以天然河道的实测资料为基础。河床演变分析的内容包括历史演变分析和近期演变分析，分析历史演变的目的是了解河床演变处于何种阶段及演变的位置、规模及速度。如图8-3所示，根据历年测图，运用地理信息系统工具可以分析任意河段、断面的冲淤变化；分析上游来水来沙条件，航道岸线变化，浅滩、深槽、深泓线变化，河势变化；分析航道整治工程建成后航道冲淤变化，深槽、浅滩演变，对航道工程整治效果分析、评价。

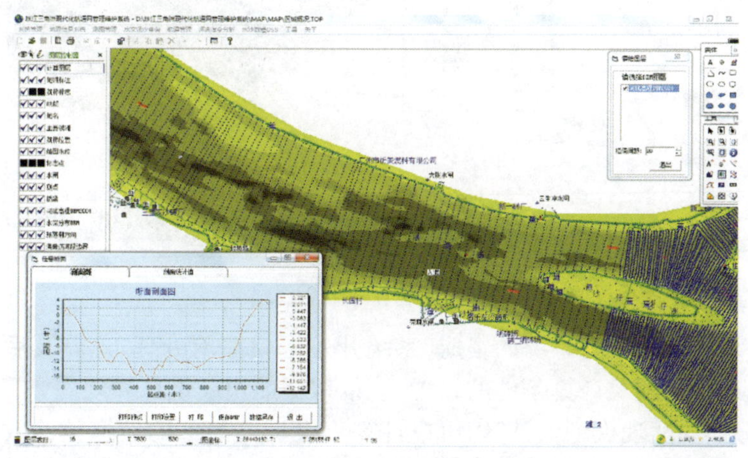

图8-3 意河道断面剖分

4）航道管理

航道管理业务包括航道管理、航标管理、船舶管理、船闸管理、站房码头管理、跨（过）临河建筑物的审批、专项工程的管理等，包括航道信息查询及编辑、航道报表等。航道信息查询及编辑实现对航道数据库中大量的数据资料及工程信息的查询，包括水文测站信息、站点的水文资料、航道实时水情信息、航道工程资料等。航道信息编辑实现对航道信息的管理，开发航道信息录入修改工具，保障航道信息管理工作的顺利进行。在信息录入的方式上，开发两种方式，一是基于本地计算机的录入，二是基于网络的录入，同时满足本地和远端进行数据录入。通过报表系统可以设计多样化的报表格式，并能够将数据库中的数据以报表的格式动态加载输出。如图8-4所示为航标查询、统计模块，可以实现航标信息的地图同步显示。

5)河流数值模拟及航道维护决策支持

河流数值模拟与GIS的集成能够使数学模型的结果被直观地显示出来,同时,又有利于计算者及时发现计算中存在的问题,便于做出正确的调整,进一步促进计算的深入。借助系统平台,可以根据航道的实时情况,通过修改地形的方法,模拟实施挖槽、丁坝、护岸、河堤改线等多种航道整治工程及整治措施,然后利用数学模型进行计算,模拟整治工程对航道的影响情况,如果数学模型的计算结果显示不理想,也就是说模拟整治工程需要进行修改,这在系统中很容易实现,通过工程方案的调整,最终可以优化并得到航道整治工程的最佳方案,这为航道整治工程的规划、设计和航道维护提供了决策支持。

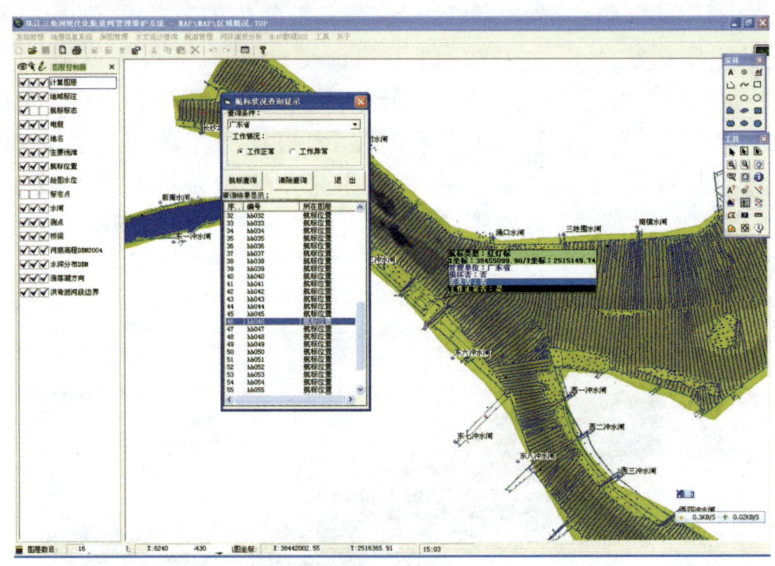

图8-4　航标查询及信息显示

为了实现一维河网模型与系统的集成,系统开发了模型前处理、计算及后处理三大模块,前处理模块实现计算范围及计算条件的设置,可以根据航道的设计和规划方案,给定航道整治的断面信息;计算模块实现模型的计算,可以计算出设计方案下的航道整治效果,计算过程可以可视化显示;后处理模块实现计算结果多种形式的显示及输出。整个计算过程及参数设置实现可视化操作,复杂的模型计算变得操作简单。相对来说,二维模型的计算过程更为复杂。首先要设置计算范围,将目标计算区域进行网格剖分及正交化,网格节点的高程值根据实测高程点插值得到,通过修改网格节点的高程值可以很方便地模拟挖槽、桥墩、丁坝、护岸、河堤改线等多种航道整治工程及整治措施;然后进行计算条件的设置并进行计算;最终计算结果以动态流场、过程线等多种形式显示和输出。同一维模型一样,二维模型也实现模型计算过程和参数设置的可视化操作。

系统整理珠江三角洲河网水沙资料及建模并进行验证,提供动态水面线显示、平面二维流场动态显示、平面地形与水深分布等成果,结果以等值线、等值面分布、流场分布等形式输出,并能和GIS航道测图同步显示及查询,为航道整治工程的规划、设计、方案优化及评价提供了科学、合理、形象、直观的决策支持。图8-5为珠江三角洲一维河网模型潮位分布动态显示及查询界面,激活动态显示按钮后,河道内的颜色深浅代表了即时潮位,整个区域的潮位过程可以动态显示，可以形象地展示出珠江三角洲潮位的涌潮过程，用鼠标单击任意位置，可以显示更详细的信息。图8-6为二维模型的输出结果，流速等值线显示了桥墩对局部流场的影响程度和影响范围，通过参数设置和网格节点的高程设置，同样可以模拟出挖槽、丁坝、护岸、河堤改线等多种航道整治工程及整治措施对流场的影响效果。

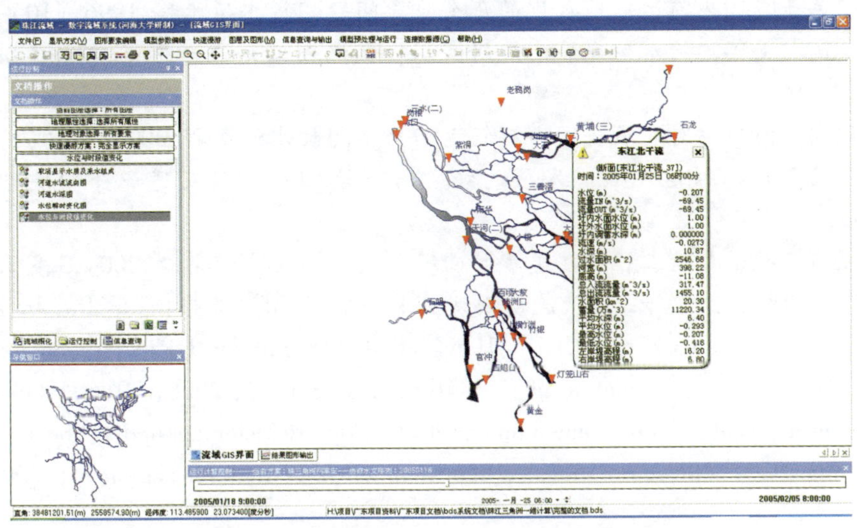

图8-5　珠江三角洲一维河网数学模型结果查询

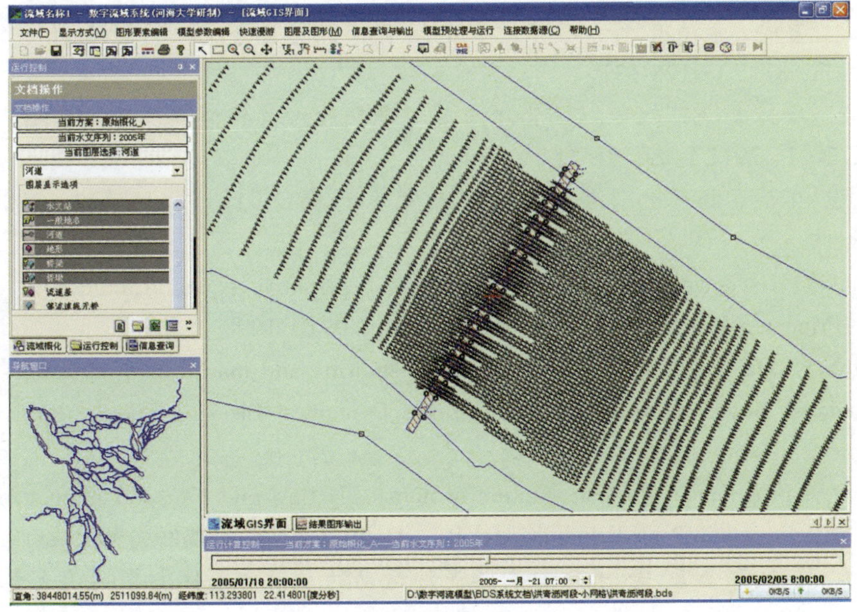

图8-6　洪奇沥河段动态流场显示

参 考 文 献

[1] 阂朝斌.关于我国内河运输现代化的几个重要问题[J].水运工程,1996,(10).

[2] 毛健.中国与美国内河水运发展比较研究[J].武汉理工大学学报(社会科学版),2005,18(5):713-716.

[3] 陈虹.欧洲内河航运对发展我国内河航运的启示[J].水运工程,2002,345(10):39-41.

[4] 唐冠军.欧美内河航运及航道发展的经验与启示[J].武汉交通职业学院学报,2006,8(3):1-7.

[5] 卢汉才.内河航道整治工程科技进步的回顾和展望[J].水道港口,2004,3,3-7.

[6] 唐洪武.唐力模,陈红,等.现代流动测试技术及应用[M].北京:科学出版社,2009.

[7] Tang Hongwu, Chen Cheng, CHEN Hong, et al. An improved PTV system for large-scale physical river model[J]. Journal of Hydrodynamics, Ser. B, 2008, 20(6): 669-678.

[8] Tang Hongwu, Chen Hong, Tang Limo , et al. Edge detector applied to the investigation of river-regime[C]. 7th International Symposium on Test and Measurement, 2007, Beijing, 1205-1208.

[9] 谢凌峰, 唐洪武,等. 珠江三角洲八塘尾潮汐河段航道整治探讨[J]. 水运工程, 2000, 4: 34-39.

[10] 唐洪武, 肖洋, 李福田,等. 李家沙水道切嘴工程对其分流比的影响[J]. 河海大学学报, 2003, 31(2): 128-131.

[11] 王志良, 唐洪武, 肖洋,等.西、北江三角洲李家沙水道的分流特性研究[J]. 河海大学学报, 2001, 29(2): 66-70.

[12] 唐洪武, 丁兵, 杨明远. 河口治导线放宽率的确定[J]. 水利学报, 2008, 39(1): 59-65.

[13] Mellor GL. Users guide for a three dimensional, primitive equation, numerical ocean model [R]. Princeton University, Princeton, NJ 08544 - 0710, 1998.

[14] Sheng Y P. On modeling three dimensional estuarine and marine hydrodynamics[J]. Three Dimensional Model of Macrine and Estuarine Dynamics, Elsevier Science Publishers, 1987, 35-54.

[15] Trisula. A program for the computation of nonsteady flow and transport phenomena on curvilinear coordinates in 2 or 3 dimensions[R]. Delft Hydraulics, Delft, 1993.

[16] 严以新,高进,郑金海,等.长江口南港泥沙运动的水动力条件[J].河海大学学报(自然科学版),2002,30(5):1-6.

[17] 严以新,高进,诸裕良,等.长江口深水航道治理与河床演变关系初探[J].河海大学学报(自然科学版),2001, 29(5): 7-12.

[18] 严以新,诸裕良.珠江三角洲航道网水沙数学模型研究[R].2001.

[19] 诸裕良,金勇,王昌杰.河口推移质水道冲淤计算公式[J].河海大学学报(自然科学版),

2002, 30(3):64-67.

[20] 诸裕良, 严以新, 李瑞杰, 等. 河网海湾水动力联网数学模型[J]. 水科学进展, 2003, 14(2): 131-135.

[21] 诸裕良,严以新,李瑞杰. 河网海湾水动力联网数学模型[J]. 水科学进展,2003,14(2): 131-135.

[22] 诸裕良,严以新,贯良文,等. 一维河网非恒定流及悬沙数学模型的节点控制方法[J]. 水动力学研究与进展(A 辑),2001,16(4):503-510.

[23] 郑金海. 贴体正交曲线坐标系下水流泥沙数学模型的构建与应用[J]. 海洋通报,2003 , 22(1):1-8.

[24] Zhang Wei, Ruan Xiaohong, Zheng Jinhai, et al. Long-term change in tidal dynamics and its cause in the Pearl River Delta, China[J]. Geomorphology, 2010, 120(3/4): 209-223.

[25] Zhang Wei, Yan Yixin, Zheng Jinhai, et al. Temporal and spatial variability of annual extreme water level in the Pearl River Delta region, China[J]. Global and Planetary Change, 2009, 69(1 2): 35-47.

[26] 张蔚,严以新,郑金海,等. 珠江河网与河口一二维水沙嵌套数学模型研究[J]. 泥沙研究, 2006,(6):11-15.

[27] 张蔚,霍光,诸裕良. 珠江三角洲一维河网非恒定流悬沙预测模拟[J]. 河海大学学报(自然科学版),2005,33(5):542-545.

[28] 陆永军. 三维紊流泥沙数学模型及其应用[D]. 南京水利科学研究院博士后研究报告,2002.

[29] 王船海, 李光炽. 流域洪水模拟[J]. 水利学报,1996,27(3): 44-50.

[30] 王船海, 向小华. 通用河网二维水流模拟模式研究[J]. 水科学进展,2007, 18 (4): 516-522.

[31] Wang Chuanhai, Bai Yaoling. Algorithm for real time correction of stream flow concentration based on Kalman filter[J]. Journal of Hydrologic Engineering, 2008, 13(5): 290-296.

[32] Tang Hongwu, Lei Yan, Lin Binliang, et al. Artificial intelligence model for water resources management[J]. Proceedings of Institution of Civil Engineer-Water Management, 2010, 163 (4): 175-187.

[33] Tang Hongwu, Xin Xiaokang, Dai Wenhong et al. Parameter identification for modeling river network using a genetic algorithm[J]. Journal of Hydrodynamics, 2010, 22(2): 246-253.

[34] 唐洪武, 雷燕, 顾正华. 网河水流智能模拟技术及应用[J]. 水科学进展, 2008, 19(2): 232-237.

[35] 李义天,李荣. 具有河网水沙运动特点的人工神经网络模型[J]. 水利学报,2001,(11): 1-7.